渭河文明

张骅 唐群 编著

陕西新华出版传媒集团
太白文艺出版社

图书在版编目（CIP）数据

渭河文明 / 张骅，唐群编著. —— 西安：太白文艺出版社，2018.1
ISBN 978-7-5513-1285-1

Ⅰ．①渭… Ⅱ．①张… ②唐… Ⅲ．①渭河—文化史 Ⅳ．①K928.42

中国版本图书馆CIP数据核字（2017）第202373号

渭河文明
WEIHE WENMING

作　　者	张骅　唐群
总 策 划	党　靖
责任编辑	蒋成龙　刘　宇
封面设计	可　峰
版式设计	钱克方
出版发行	陕西新华出版传媒集团
	太白文艺出版社（西安北大街147号 710003）
	太白文艺出版社发行：029-87277748
经　　销	新华书店
印　　刷	陕西金德佳印务有限公司
开　　本	787mm×1092mm　1/16
字　　数	245千字
印　　张	16.25
版　　次	2018年1月第1版 第1次印刷
书　　号	ISBN 978-7-5513-1285-1
定　　价	40.00元

版权所有　翻印必究
如有印装质量问题，可寄出版社印制部调换
联系电话：029-87250869

总序

人与河的相知

水是生命的源泉,也是精神的源泉。作为水的一种存在形式,遍布地球大陆上的河流演绎了太多的故事,带给人类太多的创造活力。地球上的河流滋养了众多神奇的存在,创造了一个个丰富多彩的文明与文化奇迹。作为万物的灵长,人类生命与文化的成长无不与河流息息相关。河流与土地、空气和阳光一起构成了人类赖以发展的基础。放眼世界,从古代的农业文明到现代的工业文明,利用河流的活动始终是人类历史实践活动的重要组成部分。

作为人类生存的依托,河流从一开始便与人类乃至其文化的生产建立了一种不解情缘。以全球的眼光纵观人类的历史文化演变,我们更加坚定了这种认知。美索不达米亚文明的血液是底格里斯河和幼发拉底河的河水,这是人类历史上的第一个高度的文明。埃及是"尼罗河的赠礼",古埃及文明由于跟尼罗河的共生关系又被称为尼罗河文明。在古代埃及,尼罗河每年的洪水带来的泥沙和腐殖质促进了埃及农业的发展，继而按照城市的各项所需把土地上的产品源源不断地送来，又促进了商业文明。尼罗河更像是一套稳定的神经系统促进了国家的整合。古印度河也促进了其沿岸农业生产的发展。农业文明是古印度的主要特征，这里生产的小麦、大麦、豌豆、甜瓜、芝麻和棉花等农作物，都依靠印度河的滋养。黄河流域是中华民族文明的发祥地。距今大约180万年前，人类就开始在黄河流域繁衍生息；大约6000年前，在黄土地上出现了以半坡文明为代表的母系氏族文化。在黄河流域的深处，流淌着一条更加厚重、博大、悠远的河流，她就是渭河。渭河流淌的历史满溢了中国历史这部皇皇巨著的前半部。在漫漫的历史长河中，渭河伴随着先民的成长以及对自然的认知，由物质的意义逐渐升华到一种精神的存在。渭河不仅决定了先民的物质生产生活，而且她在与先民的互动与交流中塑造了华夏民族的精神气象。

渭河的源头位于甘肃省渭源县的鸟鼠山。据传，大禹当年在鸟鼠山用铁锹挖出泉水造就了渭河，因此又被称为"禹河"。如果你去探访这条伟大河流的源头，就会发现她的源头是一个仅容一只大碗的"品"字泉。这里的渭河还是一个婴儿，她的生命在流经狭长而广袤的区域里得到成长、壮大。长流渭川水，源头只一盅，渭河也有着她的生命和存在价值。

渭河一路向东流淌，在历史的风雨中创造了华夏民族的奇迹。渭河流经甘肃、宁夏、陕西，最后在陕西潼关注入黄河。她全长818公里，总流域面积13万多平方公里。渭河流经的最大川地为陇西川，最长的峡为宝鸡峡，峡下的河道388公里，贯穿了整个八百里秦川。渭河一路兼容并包，敞开胸怀，纳川容溪，收河携峪，最终浩浩汤汤向东奔流，实现了其伟大的价值。

渭河最大的手笔是她缔造了关中平原。渭河穿越陇陕黄土塑造的连绵沟壑，汇聚了南麓北源的各脉支流，形成了富饶的关中平原。关中平原西起宝鸡，东至潼关，东西长约300公里，因其在函谷关和大散关之间，故被称为"关中"。关中平原四面是天然屏障，易守难攻，在战国时就有"四塞之国"的说法。关中平原自古灌溉充沛，是重要的商品粮产区。在这片土地上，渭河孕育了无数的神奇，在哺育沿岸人民的同时也为后世留下了引以为豪的灿烂文明。处于渭河之滨的西安，历史上曾经先后有13个王朝建都，在中华五千年的文明史中有一千多年的黄金时代，渭河流域一直是我国政治、经济、文化的中心。

《管子·水地篇》有这样的话："集于草木，根得其华，华得其数，实得其量。鸟兽得之，形体肥大，羽毛丰茂，文理明著。万物莫不尽其机，反其常者，水之内度适也。"管子认为，万物之所以充满生机与活力而生生不息，就是因为水的滋养哺育。如果没有水，万物就失去了生存的根本。渭河就是华夏民族的母亲河和文化河，她打开了华夏民族的史书，开启了华夏民族的文明。我们需要以一种特殊的方式纪念她的功绩，正视她的现在，思考她的未来。

千年渭河，浩浩汤汤，哺育万物，造就文明，她的功绩需要总结和传播，需要发扬和继承。"渭河文化"丛书从策划、写作到出版，正是基于这样的一个宗旨。丛书以渭河为中心，探讨河流、生态、社会、经济与文化发展的关系，旨在提高读者对渭河作为母亲河的重要地位和价值的体认。丛书也致力于挖掘渭河深厚的文化底蕴，使之与当前渭河流域的发展相互支撑，把实现人与河流的和谐相处与发展作为追求。本丛书由《渭河传》《渭河文化》《渭河文明》《渭河安澜》辑成，各有侧重，从多个方面立体呈现了渭河的历史与现状，呼唤和引领读者思考渭河的未来发展。其中，《渭河传》从文化的角度探讨秦岭，以作家的眼光审视渭河，用散文的笔法将渭河精神史诗化地呈现，展示了博大精深的中国文化和自强不息的中华民族精神；《渭河文化》重在探索渭河孕育的文化形式，从水利文化、水运文化、关道文化、台原文化等物质文化到商贾文化、宗教文化、文艺风象、民间文化等精神文化都有涉及，是一部挖掘渭河文化底蕴的作品；《渭河文明》则以渭水为钥匙，通过对渭河文明的深度解读，呈现千年流淌的中华民族文明，总结渭河对于华夏民族的重要贡献；《渭河安澜》详述古往今来中华民族治理渭河的历史和理念，见证了炎黄子孙在渭河治理事业中不断开拓、走向胜利的足迹。可以说，这套丛书是对渭河颁发的一枚功勋章，是对渭河养育陕西人民的历史记载与客观评价。

我们在赞颂、讴歌母亲河——渭河的同时，也要看到渭河在当代面临的危机。近30年来，随着渭河流域人口的增加，经济社会的快速发展，渭河承载的压力日益增大，人水关系、水地关系日趋紧张。水资源短缺，水污染加剧，对渭河流域经济社会发展的制约也日趋突出。我们的母亲河——渭河老了，需要儿女的爱护。保护渭河，不仅是本地区国民经济发展和社会进步的需要，也是造福于子孙后代的利国利民之举。

著名水利科学家潘家铮把人类与河流相处的历史分为"无能无力""征服战胜""和谐相处"三个阶段。的确如此，在新的世纪，陕西儿女正在以平等、爱护的姿态来善待养育了我们的母亲河——渭河，而不是无尽地索取。渭河是陕西的母亲。只有珍惜和善待我们的母亲，我们才能与母亲长期地相依相存。正是基于这个意义，我们希望本丛书的出版，能够起到推动社会关注和保护渭河的作用，社会各界能够更多地关爱我们的母亲河——渭河。

"渭河文化"丛书编者
2017 年 7 月

代序

渭河：中华民族文明的摇篮河

郭兴文

渭河汤汤，八百公里奔流，滋润着八百里秦川沃土。以甘美乳汁哺育了蓝田猿人，泽惠半坡先民，碧波映照出华夏文明第一缕曙光；渭水泱泱，伴中华五千年历史沧桑，成就了炎黄二帝；西周傍渭水定鼎，建立丰镐二京，大秦以渭水贯都，完成了席卷天下、统一六国的大业，刘邦建都长安，渭河激荡大汉雄风，隋唐定都大兴，盛唐遗韵一直伴着渭水流淌至今。汤汤渭河、泱泱渭水，哺育了十三朝古都长安几千年辉煌！炎黄子孙在渭水流域，谱写下雄奇壮丽的历史华章！

河流是人类的母亲，是人类灿烂文明的摇篮。在全世界人类发展的文明史上，伟大的文明发祥总是与河流相伴。如尼罗河哺育了古埃及文明，底格里斯河和幼发拉底河两河流域哺育了著名的巴比伦文明。而源远流长九曲十八弯的黄河被称为中华民族的母亲河，尽管现在常说中华文明的发源具有多源性特点，但是，中华民族文化最核心的地区无疑是黄河最大的支流渭河流域，这里是中华文明的破晓之地，还没有哪一支河流能取代渭河在中华民族发展史上重要的历史地位。这是我捧读张骅、唐群编著的《渭河文明》的第一感受。渭河是中华文明发源的河流，从中华文明第一缕曙光显露，到成为世界上人口第一的泱泱大国，从文字的产生、国家的形成，到宗教、文化的方方面面都与这条渭河有着千丝万缕的联系。

承载着五千年中华文明的渭河，浸透五千年中华文化的碧波，是中华民族文明发展史上的摇篮河、生命河。人类的文明发展总是与河流生命相伴相生，自古以来人们都将水源作为自身赖以生存的一种资源，任何一个民族都是沿水生活、逐水而居，河流带来的肥沃土壤和便利交通孕育了无数文明。我们只有充分认识了河流文明，才能进一步认识人与河流的关系，认识河流的性格特点，才能解析民族文化。《渭河文明》不是流水账式的《渭水志》，而是以渭水为钥匙，通过解读渭河文明而解读千年流淌的中华民族文化血脉。认识了渭河，就认识了中华文明，读懂了渭河，就读懂了中华文化，甚至可以夸张一点地说，弄清了渭河，就懂得了中国的文化历史！

从中华文化整体发展的高度和视野来解读渭河文化，无疑是一种高屋建瓴的见解，是一般的水利专家和文化学者不易企及的高度。这与两位作者不凡的阅历、渊博的知识、深厚的学术素养有着密切关系。张骅先生不仅是我尊敬的长辈，而且是陕西的水利专家、高级工程师。他曾担任陕西省水土保持局副局长，主编《陕西水利》杂志，作为老专家，他不仅对陕西的水文资源了如指掌，而且博学多识、多才多艺。除撰写大量水利专著外，他还新编、改编过《缇萦闯宫》《秦王求贤》《桃色姻缘金钱梦》《柳玉娘》《芙蓉屏》《喜脉案》《小楼风波》《鸡鸣店》等8部秦腔戏剧本，当年这些作品在各地演出时，无不轰动全场。他根据李仪祉修泾惠渠历史创作的《江河赤子》，被改编为8集电视连续剧在中央一套和20多个省市电视台播出。他还担任过陕西楹联协会会长，西安钟鼓楼及陕西许多古建筑上都挂有他撰写的楹联，由于他的成绩突出，中国楹联学会授予他最高成就奖——梁章钜奖。他的这些业余爱好，足以展示张骅先生深厚的文化修养。当然，张骅先生的主要成就还是在他的专业上，他参与编写了《黄河水文志》《陕西水利志》等大型史志书。记得15年前，张骅先生临近退休时写出一部极具分量的学术专著《善治秦者必治水》，这部书曾由晚辈我斗胆作序。该著作出版后受到时任陕西省省长程安东及后继省市领导的重视。他退休以后，比以前更为勤奋，真是宝刀不老，每年都有新的大作问世，连续写出了《陕西治水史话》《水事春秋》《秦国名相》《秦郑国渠》《水利泰斗李仪祉》《西安建筑文化》《水事杂览》《西安生态文明启示录》等18本著作。这次的渭河文化系列丛书，他以76岁高龄承担撰写《渭河文明》这部书稿的任务，可以说在这部大作中凝结了他一生的水利工作经验和文史知识积累。

这本书的另一位作者唐群教授，是陕西学术界著名的才女，大学毕业后短短几年，由于在学术研究上成果丰硕，教学成绩斐然，年仅29岁的她便从助教破格提拔为大学副教授，38岁便晋升为教授。她从研究中国科举制度史、教育史到研究陕西地方史志，均有不凡成就，出版学术专著有《中国科举制度》《陕西教育史》《青铜文化》《秦都咸阳文化研究》等8部，发表论文多篇。她的论著曾获得陕西省历史学会、陕西省教育厅优秀科研成果一等奖。现担任学校重点学科带头人、地方史研究所所长。她突出的成绩、丰硕的成果得到同行的赞佩。

  一位是多才多艺的水利界著名老专家，一位是史学界成就杰出的女教授，两位成就不凡的专家教授合作完成了这部20多万字的《渭河文明》，不仅见解不凡，而且功力扎实，资料翔实，内容完整丰富。因为渭河文化历史跨越久远，资料纷繁庞杂，一次梳理全面实属不易。据我所知，这是有史以来第一次全面梳理渭河流域文化的学术专著，从渭河流域的史前文明、政治文明、农业文明、科技文明、物质文明、宗教文明等方方面面予以归纳总结，每一个方面都有新颖的看点。有很多历史史实及文物古迹尽管我们耳熟能详，但是，它们与渭河的关系我们却未必能够联系起来。这部作品就是以渭河作线，把渭河流域的文化历史遗存像串珍珠一样串联起来。以五千年历史为经，以发生在关中平原的人物事件为纬，织成了渭河流域文明的锦绣华章。从这个角度讲，《渭河文明》解读的不仅是渭河这条河流的文化，而且是通过渭河流域的文化揭秘中国文化的密码。

  当然，渭河文化不仅是积淀深厚的历史文化，渭河也不只是历史上的浸透中华民族血脉、奔流八百公里的渭河，今天的渭河更是具有经济大发展的战略意义。2009年国务院批准通过的《关中—天水经济区发展规划》，以西安市为中心打造了关中—天水经济区，建成后将成为国家经济发展战略的重要组成部分，西安也将成为国际化大都市。其以西安和渭河构建"一核、一轴、三辐射"的格局，带动大关中城市群的发展，辐射陕南、陕北、陇南、陇东，引领大西北的经济发展。随着国家提出的"一带一路"倡议，打造中国—东盟自贸区升级版，推动"丝绸之路经济带"发展中，西安又将是"新丝绸之路"的新起点和桥头堡，一条渭河串联的天水、宝鸡、西安、咸阳、渭南、华阴等城市无不充满活力，呈现出蓬勃发展的态势。这些年伴随着城市发展，渭河治理也成为头等大事，全线治渭工程在近几年取得了显著的成效。"引汉济渭"工程也全面展开和泾河东庄水库的兴建，渭河注入新鲜血液后将进一步焕发青春。渭河是有着悠久历史文化的古老河流，映照过炎黄二帝的伟业、周秦汉唐的辉煌。渭河又是年轻的河，浪花澎湃，迎着朝阳一路高歌奔向光辉的未来！

滔滔渭河，见证历史，滚滚东流，告诉未来。而此时，张骅、唐群的《渭河文明》问世，可谓正当其时。付梓之际，嘱我作序，本应阐精发微，但面对这砖头厚的大作，只能草草浏览、匆匆动笔，故言不及其深义，书中精妙之处，未能全面展示。相信读者品读之时会有惊喜的发现。

（郭兴文，《西安晚报》资深记者、杂文家、文史专家，韬奋新闻奖获得者，享受国务院特殊津贴专家）

目录

第一章　渭河曙光——史前文明发祥地　／1

　　第一节　蓝田猿人　／3

　　第二节　半坡人　／4

　　第三节　华胥氏　／7

　　第四节　伏羲氏　／10

　　第五节　炎帝和黄帝　／14

第二章　渭河华彩——盛世文明中心地　／17

　　第一节　礼乐渊薮——西周王朝与周代礼乐文明　／19

　　第二节　郡县一统——秦代统一中国与建都咸阳　／28

　　第三节　长乐未央——汉代开辟丝路与建都长安　／42

　　第四节　南北一统——隋代再次统一与建都大兴　／50

　　第五节　盛世气象——唐代盛世与长安国际大都会　／54

第三章	关陇之中——全国交通枢纽地	/67
第一节	西安古代的水路交通	/69
第二节	西安古代的陆路交通	/78

第四章	川衍野沃——古代农业兴起地	/85
第一节	周代的农业	/87
第二节	秦代的农业	/88
第三节	汉代的农业	/89
第四节	唐代的农业	/90
第五节	发达水利促进农业增产	/91
第六节	古代畜牧业的兴旺发达	/101

第五章	四海通达——国际商贸中心地	/103
第一节	秦代的商业贸易	/105
第二节	汉代的商业贸易	/111
第三节	唐代的商业贸易	/119

第六章	巧思天工——科学技术繁荣地	/139
第一节	古代的四大发明	/141
第二节	卓越的医药技术	/148
第三节	高超的建筑水平	/150
第四节	精湛的制造工艺	/161

第七章	精神家园——中国宗教发源地	/171
第一节	大慈恩寺	/173
第二节	大荐福寺	/174
第三节	大兴善寺	/175
第四节	广仁寺	/176
第五节	青龙寺	/178

第六节　草堂寺　/179
第七节　公输堂　/180
第八节　长安兴教寺　/181
第九节　长安香积寺　/182
第十节　长安净业寺　/183
第十一节　周至仙游寺　/184
第十二节　蓝田水陆庵　/185
第十三节　西安八仙庵　/186
第十四节　周至楼观台　/187
第十五节　重阳宫　/188
第十六节　西安大清真寺　/189
第十七节　甘肃省的佛教石窟　/191

第八章　山明水秀——环境优美灵秀地　/195
第一节　关中平原　天府之国　/197
第二节　秦岭横亘　森林茂密　/199
第三节　八水环绕　水源充沛　/205
第四节　气候温和　四季分明　/208
第五节　营造园林　美丽都会　/213
第六节　重视环保　立法保护　/234

参考文献　/238

后　记　/241

第一章　渭河曙光——史前文明发祥地

第一节　蓝田猿人

第二节　半坡人

第三节　华胥氏

第四节　伏羲氏

第五节　炎帝和黄帝

黄河流域是中华民族的发祥地，而作为黄河支流的渭河则是核心之地。从蓝田猿人到半坡人，从华胥到伏羲氏，从炎帝到黄帝，在此创造了丰富多彩波澜壮阔的史前文明。

第一节　蓝田猿人

20世纪60年代，中国科学院古脊椎动物与古人类研究所在陕西蓝田县灞河（渭河支流）流域公王岭和陈家窝村附近发现了猿人头盖骨和牙齿化石，距今有70多万年的历史，是我国早期猿人化石之一。

人类出现距今有300万年左右，当初人很少，变成化石保存下来的就更少了。截至目前，世界上发现猿人化石的地方只有8处，在8处猿人化石中有头盖骨的仅4处，蓝田猿人便是其中的一处。所以蓝田猿人头盖骨化石是稀世之宝，为研究人类起源和发展提供了宝贵的资料。

在我国发现的蓝田猿人是世界上已发现的猿人化石中头骨高度最小的化石，头骨耳上颅高只有87毫米（爪哇猿人为91毫米，北京猿人为93.5毫米），比爪哇猿人和北京猿人更为原始。这是蓝田猿人的原始特征之一。

猿人的眉骨形成一个突出的横脊梁，像屋檐一样遮住了眼睛，在人类学上叫"眶上圆枕"，随着猿人进化，眉骨逐渐变小变平。蓝田猿人眶上圆枕硕大粗壮，眉间部稍向前突，眶上圆枕的两侧端明显向外方延展，不像爪哇猿人和北京猿人那样稍向后弯曲。这是蓝田猿人的原始特征之二。

蓝田猿人的脑容量，根据科学家测定是780毫升，大于猿类脑容量（平均为415毫升），小于北京猿人（850～1300毫升），接近爪哇猿人（775～900毫升）脑容量的下限。这是蓝田猿人原始特征之三。

蓝田猿人颅骨壁厚度是16毫米，爪哇猿人是9～10毫米，北京猿人是7～9.9毫米，以前者最厚。这是蓝田猿人原始特征之四。

蓝田猿人"下颌前倾角"(指由门齿点到下颌下缘点的连线与齿槽平面相交的角)仅55度,北京猿人是58~60度。这说明前者比后者嘴巴更为伸长。而这正是蓝田猿人原始特征之五。

以上五个特征,确实证明在渭河流域生活的蓝田猿人是我国早期猿人阶段的古猿。蓝田猿人化石是我国研究古猿的珍贵实物,是国之瑰宝。

在发现蓝田猿人化石的同时,还发现了剑齿象、小古熊、剑齿虎、直隶狼、大角鹿、古野牛、鬣狗、獏等近40种动物化石以及削器、石片、石核等7件石器工具,这为研究蓝田猿人生存的自然环境、狩猎对象、生产水平等提供了依据。当初秦岭北麓是原始森林,川原地区是草木丰盛的梢林和草原,有足够的水源。蓝田猿人可能就在这里用粗笨简单的石器工具从事狩猎、采果等活动,晚上栖息于林木之上。

1978年在渭河下游发现了大荔人,大荔人处于从猿人向智人的过渡阶段,是我国首次发现的早期智人,其脑容量更大,前额隆起,面部特征与现代黄种人比较接近,是正在形成和发展中的黄色人种。这一发现填补了我国及东亚古人类学研究的一大空白。蓝田猿人和大荔人的发现证明:很久以前,我们中华民族的祖先就生息繁衍在渭河流域这块广袤的土地上。

第二节　半坡人

人类逐水而居,由山区采果、狩猎生活,向平原进发,过起渔猎农牧生活,蓝田猿人也进化到半坡人了。生活在渭河支流浐河岸边的半坡人,所创造的文化属新石器时代的仰韶文化(在河南省渑池县仰韶村首先发现,故命名为仰韶文化)。半坡遗址是黄河流域典型的原始社会母系氏族公社村落遗址,距今6000多年。遗址于1953年春季被发现,同年9月中国科学院考古研究所对其做了详细调查,总面积约5万平方米。1954年秋季至

1957年夏季,中国科学院考古研究所先后进行了5次有计划的、大规模的发掘工作,发掘面积共有1万平方米。在发掘的半坡村遗址上,于1957年冬季建成了我国当时第一座规模最大的遗址博物馆。1958年4月1日正式开放展出。半坡遗址是祖国珍贵的文化遗产,对研究原始社会的历史有着重要的科学价值,因此,1961年被国务院列为国家重点文物保护单位,也成为西安著名博物馆旅游点。

考古工作者通过对半坡遗址的发掘,获得了丰富的实物资料。遗址分为居住、墓葬、制陶3个区,发现比较完整的房屋遗迹46座,圈栏两座,储藏东西的窖穴200多处,烧制陶器的窑址6座,成人墓葬174座。出土的生产工具和生活用品达万件之多,此外还有兽骨、果核、腐烂的粟米等。

据半坡遗址出土文物的考证分析,半坡近山、依原、傍水,自然条件优越,有利于半坡先民从事农耕、打鱼、放牧、狩猎。半坡人以农耕和渔猎为主,他们的物质和文化水平,是蓝田猿人望尘莫及的。他们以崭新的面貌,出现在人类历史的舞台上。半坡人的食品除果类、肉类外,已经有了粮食。他们学会了纺织,身上穿有衣服;学会了造屋,可以抵御风寒;学会了制陶,生产出许多生活用品;学会了绘画,有了艺术形象;学会了在器物上用符号记事,有了文字的萌芽;学会了制作装饰品,美化了生活。他们用自己辛勤的劳动和聪明的智慧创造了丰富多彩的仰韶文化。

半坡遗址和大量的出土文物向人们展现了半坡先民当时生产和生活的情景。

半坡人的生产工具主要用石、骨两种原料制作。石制工具有斧、锛、凿、刀、铲、镞、杵、锤、纺轮、磨棒、磨盘、刮割器、敲砸器等。骨制工具主要有刀、匕、针、鱼钩、鱼叉等,其中鱼钩上锐利的倒钩和鱼针上细小的针眼,十分精美。此外,还有陶制刮割器和陶锉等。

生活用品主要是陶器。按造型分类,有盆、碗、壶、盘、盂、杯、瓮、瓶、罐、钵、甑等;按用途分,有饮食器、水器、炊器和储藏器等;按质料分,有细泥陶、粗砂陶、细砂硬陶三种;按颜色分,主要是红色陶,其次有灰色陶和黑色陶。不少陶器上有各种花纹图案和动植物形象,彩绘颜色以红底黑花为主,形状以几何图案最多。出现了直线纹、波折纹等线形图案,方格形、三

角形、条带形的几何图案和花卉图案,特别是口衔双鱼的人面形、张大口的鱼形、奔鹿形等生动的动物画面,他们用铁矿石和氧化锰等天然原料着色,显示出很高的绘画艺术水平。有些陶钵口的外沿部分,刻画着×、+、|、V、⌒、K、∨等22种符号,可能是半坡人用来记数、记事的标记。陶器底部多有席纹和布纹,说明半坡人已学会编席和织布,衣着有了很大的进步。

半坡人装饰用品种类很多,有很高的审美价值。出土文物中有陶环、石环、石珠、骨珠、骨笄、玉环、玉璜、玉耳坠等,还有蚌壳穿孔制成的佩戴物。在一个少女腰部发现了许多用骨珠串成的珠带,是一件罕见的精致艺术品。

半坡人居住的房屋,按结构形式分为半地下室和地面木架建筑两类,形状有圆形和方形两种。门都向南,便于采光。房子中间有一个灶坑。房屋主要建筑材料是草泥土和木料,屋顶草泥土覆盖较厚,可以起到冬暖夏凉的作用。房屋旁多有一个或几个储藏粮食或其他东西的圆形袋状和长方形圆角窖穴。围绕着居住区的有深5~7米,宽6~8米,现存长度300多米的围沟,可能是防御设施。

半坡人的墓葬区,展现了先民们的埋葬习惯。成人死后埋葬在村落北部的公墓里,埋葬形式有单人仰卧伸直葬、俯身葬、二次葬、二人或四人合葬等,也有个别屈肢葬,随葬品中最多的是生活用具和装饰品。夭折的小孩采用瓮棺葬,将尸体装入一个大型陶瓮里,口上盖一陶钵,钵底凿一小洞,成群或单独埋在住房旁,不进公墓,一般没有随葬品。

半坡人的制陶区,保存了完整的烧制陶器的横穴窑,其由火膛和窑室等部分构成,是我国目前发现最古老的陶瓷窑遗址之一。

从半坡人的生产和生活可以看出,关中地区自蓝田猿人的旧石器时代起,在经过数十万年之后,进入了新石器时代,原始社会也进入氏族公社时期,揭开了我国古代文明历史的序幕,为商、周生产力的发展和西安成为古代政治、经济、文化中心创造了条件。

陕西渭河流域的仰韶文化中比较有名的还有宝鸡北首岭遗址、长武县泾河畔下孟村遗址、渭南县临渭区史家遗址和临潼区姜寨遗址等。其中1972—1979年发掘的姜寨遗址比半坡有过之而无不及,在一万多件出土的生产工具和生活用具中,有最早的黄铜片和最早的石砚等绘画工具,姜寨的彩陶符号也更有规则,更加显出原始文字的特征。值得注意的是,1982年发掘的何家湾遗址中,出土了一件迄今为止我国发现最早的骨雕人头像,是极为罕见的原始雕刻艺术珍品。

陕西境内的龙山文化遍布渭河流域,上述姜寨遗址中就包括龙山文化堆积层,但最具代表性的是西安市长安区客省庄遗址。最近在渭北的三原县邵家河村亦发现龙山文化遗址,这表明它在陕西分布很广。龙山文化以黑陶为主要特征,距今约为四五千年。但陕西龙山文化还有一些独特的文化特征,以灰陶为主,黑陶甚少,最引人注目的是房屋建筑。客省庄二期文化有10座房屋遗址,都分内外两室,中间有通道,平面呈"吕"字形。

龙山文化产生于父系氏族时期,那时私有观念、贫富差异都已产生,随之出现了父权制和军事民主酋长制,自此,原始社会开始走向解体。恩格斯说,从母权走向父权,是"人类所经历过的最激烈的革命之一""一切文化民族都在这一时期经历了自己的英雄时代"。我国的英雄时代就是所谓的"三皇五帝"时期。因此,陕西龙山文化上限应与传说中的黄帝、炎帝相对应,下限应与夏文化和早期周文化有直接的联系。

第三节　华胥氏

人类的历史源远流长,自盘古开天地之后生于渭河流域蓝田县华胥乡宋家村的华胥氏,是我国上古时期最古老的母系氏族社会中杰出的部落女首领。华胥氏生下了伏羲与女娲兄妹,伏羲和女娲生了少典,少典又生了炎黄二帝,所以华胥氏是中华民族的始祖母。

据史料记载,燧人氏时代居住在华胥渚雷泽一带的华胥氏,"太昊之母……履巨人之迹,意有所动,虹且绕立,因而始娠,生帝于成纪,以木德王,为风姓"(《竹书纪年·前篇》),"蛇身人首,有圣德"(《史记·三皇本纪》)。

华胥氏是神话传说中的九河神女。晋代王嘉在《拾遗记》中说到大禹凿龙门时,见到一蛇身人面神,"神即示禹《八卦》之图,列于金版之上,又有八神伺侧。禹曰:'华胥生圣子,是汝也?'答:'华胥是九河神女,以生余也。'乃探玉笴授禹,长一尺二寸,合十二时之数,使量度天地。禹即持此笴以平水土,蛇身之神,即羲皇也"。九河在《尔雅·释水》中记为徒骇、太史、马颊、覆釜、胡苏、简、絜、钩盘、鬲津等九条河。九河的具体位置今很难确定。但是,为了中华民族的繁衍生息,华胥氏率领部落,到达甘肃成纪(今天水市秦安县),生下了伏羲和女娲,几年后华胥带着一双儿女回到陕西,经陈仓(宝鸡)回到了故乡陕西蓝田。

华胥氏时期相传距今有8300多年的历史,它是母系氏族社会的一种形态。华胥时期,部落成员人人平等,"无师长",没有私人占有的"嗜欲"。为部落间的生存利益,人们赴汤蹈火在所不辞。华胥氏所创立的华胥国,在史前社会中,是一种有序而又规范的社会形态,闪烁着史前文明的光辉。据清嘉庆《蓝田县志》记载:"人文始祖轩辕黄帝曾梦游华胥国,并把它作为理想的王国,久久难以忘怀。"《列子·黄帝》篇记:"黄帝昼寝而梦,游于华胥氏之国……其国无师长,自然而已。其民无嗜欲,自然而已。不知乐生,不知恶死,故无夭殇;不知亲己,不知疏物,故无爱憎;不知背逆,不知向顺,故无利害;都无所爱惜,都无所畏忌,入水不溺,入火不热。斫挞无伤痛,指擿无痟痒。乘空如履实,寝虚如处床;云雾不硋其视,雷霆不乱其听,美恶不滑其心;山谷不踬其步,神行而已……黄帝既寤,悟然自得。又二十有八年,天下大治。"

伏羲和女娲是中国乃至东方的"亚当和夏娃"。女娲是伏羲之妹,被其兄封为女皇。女娲制造了乐器——笙簧,制定了婚姻嫁娶制度,其主要功绩有"捏泥造人"和"炼五色石补天",功垂万世。而华胥作为伏羲和女娲的母亲,繁衍了中华民族。华胥氏是中华始祖,华夏之根,民族之母。故殷函、尹红卿编译司马迁《史记·五帝本纪》开首卷写道:"有文字记载的历史,从华胥氏开始,她是中华民族的始祖母,华胥氏生伏羲、女娲,伏羲、女娲生少典,少典生炎黄二帝。"这些典籍的记述,都清楚地说明了华胥氏是中华民族的始祖母。

以华胥氏、伏羲、女娲为代表的先祖们,在长期的生存和治世斗争中,创造出了亘古长新的华胥文化。而华胥文化博大精深的内涵,则集中体现在《羲母庙碑》中,碑文中载:"其开物成务,八卦泄天机之蕴,六书肇文字之源,记干支作甲历为历象之示,正姓氏制嫁娶为婚姻之祖,虑民所统也,则龙师龙名上相下相以定其分,忧民不知食也,则造网养蓄教庖置厨,以成其化。太昊、女娲德被一时,功垂万事,故兹不忘圣德,宜先不忘圣德之所由,不鞅圣功,宜先不殁圣功自所生。"

这段碑文将华胥文化的脉络描写得十分清楚,作为华胥文化,它的形成是一个漫长的时期,它作为中华文化的源头,是华胥氏和她的子女伏羲、女娲及后裔共同创造的。它主要内容有"制嫁之礼"。《帝王世纪辑存》载:"女娲祷神祠,祈而为女媒,因置婚姻。"《太平御览》引应劭的《风俗通》:"造网罟、教渔猎",认为这是畜牧文化的源头。今西安半坡出土的6000年前的彩陶盆,盆上有人面鱼纹,说明当时先民们主要过着渔猎和采摘为主的生活。

"作书契以代结绳",简单的文字在此时出现了。从此,人类的历史进入了文明期。《拾遗记》记载:"伏羲坐于方坛之上,听八方之气,乃画八卦。"八卦的产生,被炎黄的后裔逐步发展成为《易经》,是中国哲学的源头,涉及天文、地理、乐律、乐法、韵学、算术等领域,探究了宇宙的起源,推演了宇宙演化模式和运行规律,历经几千年,形成了一脉相承的中华民族文化,所以说华胥文化是中华民族的源头。

华胥死后葬于西安市蓝田县孟岩村,华胥陵北枕骊山,南临灞水,隔河与白鹿原相望,是一块纯阳的风水宝地。

华胥陵墓原周长200米,高8米,封土堆南北长80米,东西宽40米。陵区古柏参天,林荫蔽日,钟鼓高悬,殿宇祭台雄伟,常年祭祀不断。

据《太平寰宇记》记载:"蓝田为三皇故居,境内有华胥陵。"明清七部《蓝田县志》均载:"蓝田有华胥氏陵,尊庐氏陵,女娲氏谷遗址,史称三皇故居。"

华胥陵周围分布着许多同华胥氏有关的人文遗址、遗迹。有华胥沟、三皇庙、毓仙桥、阿氏村(娲氏村)、女娲堡、补天台、人宗庙、磨合山、华胥窑、画卦台等。宋家村至今还保存着一块记载"三皇"功绩的碑石,碑文正中刻有"古华胥国"字样,左右两边分别刻有"伏羲肇娠,黄帝梦游"八个字。这些都进一步印证了《陕西通志》"羲母陵在(蓝田)县北三十五里"的记录。华胥陵是中华大地上一座古老而神秘的陵冢,是一个令全球华人向往祭奠的圣地。

2006年龙头节(农历二月初二),全球华裔5万多人云集陕西蓝田,举行了规模空前、声势浩大的全球祭祀中华民族始祖母华胥氏的大典。此后年年进行祭祀,缅怀这位伟大的始祖母。

第四节 伏羲氏

华胥氏来到天水的成纪,后来在外出游,在雷泽(今山东鄄城县)中无意看到一个特大的脚印,好奇的华胥用足丈量了特大脚印而受孕,怀胎12年后,在天水生下了伏羲。所以说天水是"伏羲故里"。

伏羲氏,一作宓羲、包牺、伏戏,亦称牺皇、皇羲。一说伏羲即太昊,本姓风。传说他有圣德,像日月之明,故称太昊。伏羲蛇身(龙身)人首,散发披肩,身穿鹿皮,一派远古风范,生活在仰韶文化时代,距今5000～7000年,相传他活了194岁,在位164年,建都于陈(今河南省淮阳县境内)。

伏羲被推三皇之首,百王之先,成为中华民族的人文始祖,为中国的远古文明做出了卓越贡献。

一、伏羲为三皇之首:伏羲为三皇(伏羲、女娲、神农即炎帝)之首,他与女娲结婚。女娲也是母系社会的首领,同是中华民族的人文始祖。他与女娲在位期间领导人民开创了远古文明,展开了同大自然的英勇斗争。传说水神共工与颛顼争夺天下,共工惨败,一头撞倒了不周山(撑天的大柱),造成恶果:"天倾西北,故日月星辰移焉;地不满东南,故水潦尘埃归焉。"(《淮南子》)女娲烧取芦草灰,制止了滔天洪水,使人民得救,安居乐业。这就是女娲补天的神话故事。伏羲发明渔猎工具,让人民过着狩猎捕鱼的生活,制定了嫁娶礼仪,规范教化人民,"造书契以代结绳之政"改变了结绳记事的历史,制作了历法,创制了琴瑟礼乐,开创了远古文明。

二、伏羲发明八卦:八卦表示事物自身变化的阴阳系统。用"—"代表阳(阳爻),用"--"代表阴(阴爻),用三行符号(三爻)为一个组合,按照阴阳变化排列,组成八种不同形式,叫作八卦。每一卦形代表一定的事物,乾代表天,坤代表地,坎代表水,离代表火,震代表雷,艮代表山,巽代表风,兑代表泽。八卦互相搭配又得到六十四卦,用来象征各种自然现象。

上古时期,河南孟津东部有一条图河与黄河相接,龙马负图出于此河,伏羲氏依龙马负图画出了乾、兑、离、震、巽、坎、艮、坤为内容的卦图,后人称为伏羲八卦图,用来解释天地万物的演化规律和人伦秩序。龙马负图遂成为"河图之源",伏羲氏则被奉为中华民族的"人根之祖""人文之祖"。《汉书·孔安国传》曰:"龙马者,天地之精,其为形也,马身而龙鳞,故谓之龙马,龙马赤纹绿色,高八尺五寸,类骆有翼,蹈水不没,圣人在位,负图出于孟河之中焉。"

三、伏羲繁衍了人类:在中国古代神话中,开始繁衍人类的任务,就是交给了伏羲和女娲。

生活在"华胥之国"的华胥氏,到风景特别的雷泽去游玩,偶尔看到了一个巨大的脚印,便好奇地踩了一下,于是受感而孕,于农历三月十八日生下一个儿子,取名"伏羲"。雷泽中的脚印其实是雷神留下的,这位雷神长着龙的身子人的头(与女娲、盘古等神一样是人头蛇身),雷神在《山海经·海内东经》被记载为:"雷泽中有雷神,龙身而人头,鼓其腹。"因此,伏羲本来就是一个龙身(蛇身)人首的"龙种"。在清代梁玉绳《汉书人表考》卷二引《春秋世谱》称:"华胥生男为伏羲,生女为女娲。"伏羲、女娲为夫妇。

唐朝李冗《独异志》卷下："昔宇宙初开之时,只有女娲兄妹二人在昆仑山,而天下未有人民。议以为夫妇,又自羞耻。兄即与其妹上昆仑山,咒曰:'天若遣我兄妹二人为夫妻,而烟悉合,若不使,烟散。'于是烟即合。"此说即伏羲、女娲造人的传说大略。又徐旭生《中国古史的传说时代》第六章云:"清初陆次云的《峒溪纤志》里面曾说:'苗人腊祭曰报草。祭用巫,设女娲、伏羲位。'现代的人类学者实地考察,才得到些苗族传说。按他们的传说,苗族全出于伏羲与女娲,他们本为兄妹(或姊弟),遭遇洪水,人烟断绝,仅存此二人,他们配为夫妇,绵延人类。"

传说洛神为伏羲的小女儿,洛神因迷恋洛河两岸的美丽景色,降临人间,来到洛河岸边。那时,居住在洛河流域的是一个勤劳、勇敢的民族有洛氏。洛神便加入有洛氏当中,并教会有洛氏百姓结网捕鱼,还把从父亲那儿学来的狩猎、养畜、放牧的好方法也教给了有洛氏的人们。

四、伏羲降龙辨向:很早以前,西边很远的大山里,有个深水潭,方圆的百姓都靠潭里的水浇地、做饭过日子。有一天夜里,呼呼起了大风,刮得树倒屋塌。原来有一条黄龙从别处飞来,钻进了深潭里。这条黄龙很可恶,吃人吃畜生,害得这一带百姓没法活,人都往外地逃。人祖伏羲正在八卦台推算八卦,掐指一算,知道有条黄龙在西方作恶,那儿的百姓有了大灾大难。他拿起青龙拐杖,说声"变",青龙拐杖变成了一条青龙,伏羲骑着它来到西边。黄龙见到青龙,扑上前撕咬。两条龙打得天昏地暗,经历了九九八十一天,青龙受了很重的伤。眼看青龙就要败了,伏羲用唾沫在青龙身上画了一个八卦。青龙立刻力气大增,又和黄龙打了七七四十九天,终于将黄龙打倒。伏羲为了防止黄龙再出来祸害人间,在黄龙身上画了一个八卦,将黄龙变成一座山,将青龙变成一块大青石,压在山顶。从此黄龙再也没有出来过。

古时候,伏羲在宛丘,也就是现在河南省淮阳县,教人打猎捕鱼。后来,人多了,伏羲挑了一批会打猎捕鱼的人,教他们去东西南北四方,到那里打猎捕鱼。大家问伏羲:"东西怎么分?"伏羲说:"东方属木,西方属金。日头出东落西。"又有人问:"南和北怎么分?"伏羲说:"南热北冷。"到这里,大家都明白了怎样辨别东西南北。

伏羲死后葬于淮阳,称太昊陵。太昊陵,位于河南省淮阳县羲皇故都风景名胜区,毗邻风景秀丽的万亩龙湖。国家 AAAA 级旅游景区,全国重点文物保护单位,中国十八大名陵之一。太昊伏羲陵占地 875 亩,规模宏大,肃穆庄严。始建于春秋,增制于盛唐,完善于明清,历时 3000 多年。太昊陵庙以伏羲先天八卦数理兴建,是中国帝王陵大规模宫殿式古建筑群之孤例,分外城、内城、紫禁城三道皇城,有三殿、两楼、两廊、两坊、一台、一坛、一亭、一祠、一堂、一园、七观、十六门。景区内主要景点,包括中轴线上的一系列建筑——午朝门、道仪门、先天门、太极门、统天殿、显仁殿、太始门、八卦坛、太昊伏羲陵墓、蓍草园构成的主景区,以及附属景点——独秀园(原剪枝公园)、碑林、西四观、岳忠武祠、同根园、博物馆。人文始祖祭祖活动绵延千年历久不衰,每年的农历二月初二到三月初三,来自世界各地的几百万人涌向淮阳县太昊陵庙朝拜伏羲,农历每月初一、十五,均有盛大的祭祖活动。游客人数日达数十万。2008 年太昊陵庙会以"单日参拜人数最多的庙会"被上海大世界吉尼斯总部载入吉尼斯世界纪录,它是当前中国规模最大最古老的民间庙会。

伏羲庙也称太昊庙,俗称人宗庙,在甘肃省天水市秦州区西关伏羲路,为甘肃省级文物保护单位。伏羲庙临街而建,院落重重相套,四进四院,宏阔幽深。庙内古建筑包括戏楼、牌坊、大门、仪门、先天殿、太极殿、钟楼、鼓楼、来鹤厅等 10 座,新建筑有朝房、碑廊、展览厅等 6 座,新旧建筑共计 76 间。整个建筑群坐北朝南,牌坊、大门、仪门、先天殿、太极殿沿纵轴线依次排列,层层推进,庄严雄伟。而国内唯一有伏羲塑像的就是天水伏羲庙。

1988 年天水市恢复伏羲祭典活动。1990 年以来每年举办伏羲文化艺术节。1992 年 8 月 13 日,江泽民总书记视察天水时亲笔题词"羲皇故里"。从 2005 年开始,每年由甘肃省人民政府主持举办公祭伏羲大典,海内外众多华人纷纷前来参加祭典活动。2007 年 6 月,时任全国人大常委会副委员长的李铁映曾致《祭伏羲文》。"太昊伏羲祭典"已被列为首批国家级非物质文化遗产名录。

第五节 炎帝和黄帝

从战国后期,我国便有"三皇五帝"的传说了。所谓三皇,有七说,可归纳为两种:一种是指天皇、地皇、泰皇,另一种是指伏羲、神农(或女娲)、黄帝。所谓五帝,有四种说法,比较流行的有两种:一种是指黄帝、颛顼、帝喾、唐尧、虞舜,另一种是指太昊、炎帝、黄帝、少昊、颛顼。总之,"三皇五帝"讲的都是我国最古老的圣贤帝王,在封建社会曾长期被视作神圣的经典之说,无人怀疑。20世纪20年代以来,以顾颉刚为首的古史辨派,以大胆的疑古精神和科学的历史演进方法,推翻了用"三皇五帝"传说构成的古史系统。顾颉刚以"层累地造成的中国古史"的观点论证:周人心目中最古的人是禹,孔子时变为尧、舜,到战国时就有黄帝和神农之说,到秦有三皇,到汉以后有盘古等。他认为"盘古开天""三皇五帝"都是后人树起的偶像,原本并不存在。从此,便不再有人把"三皇五帝"之说当成信史了。

作为历史,"三皇五帝"已失去意义,但作为有数千年之久的神话和传说,它在人们的民族意识和感情方面还有着巨大作用和影响。中国人有寻根习惯,公认民族始祖为黄帝和炎帝,喜欢以炎黄子孙自居,并以此相互认同,维系着整个中华民族的内在情感。因此,"三皇五帝"传说现在仍具有存在价值。

根据"三皇五帝"的传说,我国古代有三大部族:伏羲、女娲出于南方,太昊、少昊出于东方,黄帝、炎帝出于西北华夏。华夏族后来控制了中原(包括关中和关东),成了中华民族的代表,所以炎黄时代就成了中国最早的传说历史,炎帝与黄帝也就成了中国人的始祖。西汉司马迁把黄帝列为五帝之首,视为古史传说中的最早圣王,流传2000年。

黄帝与炎帝部族同是由西北少典氏与有蟜氏两个氏族联姻而分出的新氏族,因而传说中又把炎帝与黄帝看成兄弟。炎帝号神农氏,部族居姜水,故姓姜。姜水是岐水的一段,而岐水出于岐山,即陕西岐山县东,流经武功县,注入渭河。宝鸡有姜城堡、清姜河和神农庙,并有仰韶文化遗址,说明原始时代确有人居住。因此这里很可能是炎帝部族的发祥地。此外,炎帝之后的姜姓部族的两个名人姜嫄和姜太公也出于关中西部。姜嫄是有邰氏女,而邰在今陕西省武功县西南。姜太公发迹的磻溪水在宝鸡与岐山之交的渭水之南。这些足可证明炎帝出自陕西关中西部渭水上游。

黄帝部族居姬水,故姓姬。姬水位置史书记载不清,但姬姓却是关中古老的部族的姓氏,是周人祖先,而且与姜姓世代联姻,显然相距不远。周人始祖弃封地于邰,周人早期活动区域多在关中西部,中心是在岐山的周原。姬姓在西周以前绝对没有进入关东地区。此外,黄帝死葬桥山,而桥山只有两处,一为陕北黄陵县,一为陕北子长县。由此可见,说黄帝出于河北、河南、山东都是有意附会,没有根据。作为传说中姬姓最早的领袖,黄帝只能出自后世姬姓生存繁衍的关中或黄帝死葬之地陕北。正由于他与黄土高原密不可分,所以司马迁说他有土德之瑞,故称"黄帝"。

炎帝号神农氏,属农业部族。黄帝号有熊氏,而且有人说"黄"字本意是"兽皮",因此黄帝最早可能属游牧部族。但姬姓与姜姓联姻,学会了农耕,所以传说又讲黄帝善种五谷,而且姬姓祖先弃又名后稷(稷是五谷的代称),是公认的农神。关中农村直到近世还习惯供奉一种有头无身的农神,叫"大头爷",也叫"后稷头"。这些表明炎帝、黄帝部族又与我国最早的原始农业发祥地——属于仰韶文化的西安半坡和宝鸡斗鸡台等地有一定渊源。

黄帝又叫轩辕,是居"轩辕之丘",以地名为号的缘故。有人考证轩辕在阿尔泰语中为"可汗"之意,"轩辕之丘"必存西北。相传5000年前,天下混乱,战争不断。西北炎帝部族与东南的九黎部族都比较强大,在相互攻伐中,炎帝战败,便向兄弟部族黄帝求援。黄帝与炎帝联兵在涿鹿(河北涿鹿)与九黎首领蚩尤激战。蚩尤无比凶暴,又有勇将夸父,举世无敌。但黄帝不畏强悍,率领虎豹熊黑般的将士奋力向前,他的部将应龙更是勇猛非凡,经过殊死搏战,终于擒杀蚩尤。但以后炎帝恃强侵凌诸侯,民愤很大,黄帝规劝不成,便与炎帝在阪泉(河北怀来)决战。经过三次大战,打败炎帝,统一了西北两大部族,更加强大无敌。炎帝死后葬于现在宝鸡市秦岭北麓的山坡上,规模可观,气势恢宏。现在在市区还建成炎帝祠。战胜炎帝的黄帝于是大会诸侯于釜山(涿鹿西南),到会的有"万国"之多。他被诸侯尊为天子,成为中华民族公认的始祖。他为治理天下不断奔忙,从未宁居过,东巡到海,南达长江,西至崆峒(甘肃),北征山戎,奠定了中国的基本疆域。

由于黄帝的文治武功十分显赫,因此很多有关他的传说都将上古许多发明创造归于他的名下,把他说成是万能的圣人。比如黄帝命大臣发明天干地支,组成六十甲子,用以计算年月日,称为黄帝历;还命大臣发明衣、帽、鞋,使人民有衣穿。他的妻子嫘祖发明养蚕制丝,形成男耕女织的生产方式。黄帝本人计亩设井,划野分州,营建宫室,制作舟车和弓箭。他还让伶伦制音律,让仓颉创造了古代文字。这些由于年代久远,无法考证。相传中医经典《黄帝内经》记载的就是黄帝和岐伯的问答。这些当然都不可信。因为在上古时期,任何发明创造都要经历许多人世代摸索积累经验才能逐步完成,就像弓箭这样的"决定性武器",早在一两万年前山顶洞人时代就已经出现。但是,黄帝以传说中的圣王身份,对我国上古文明的形成和发展做出了应有的贡献,从而成为黄土地上最古老文化的象征,则是合乎情理的。真实的历史中,与黄帝的传说同时代同地域的关中半坡和姜寨文化,恰恰产生了最早的农耕、建房、织布、制陶等生产技术,甚至可能创造了最早的文字。另外,1986年陕西考古专家在关中发掘龙山文化晚期遗址时发现原始骨刻文字,形体结构与甲骨文近似。这些实物证明,在相当于黄帝的传说时代,或略晚一些的夏代初期,渭河流域已经产生文字。

黄帝死葬桥山(陕西黄陵)。这里全是荒秃的黄土山峁,唯独桥山沮水环绕,松柏成林,郁郁参天,成为陕北高原上奇特的景观。

桥山顶上的黄帝陵,古朴自然,相传是汉武帝祭黄帝所筑的祈仙台。据说黄帝死时乘龙升天,所以陵前立有一块石碑,刻着明人唐锜写的"桥陵龙驭"四个大字。还有清朝陕西巡抚毕源所立的陵碑。桥山脚下为黄帝庙,庙内古柏参霄,最大的一株周长竟达十米,相传为黄帝亲手所植。庙内还有七十块石碑,记载了历代皇帝祀祭之文和修庙之事。正殿悬挂着"人文初祖"的横匾。如今,每逢清明,海内外华人都怀着景仰和怀念之情,到此祭奠黄帝。黄帝经历数千年的供奉和祀祭已升华为亿万中国人心目中的民族与历史的象征。他是不落的民族之星。

第二章 渭河华彩——盛世文明中心地

第一节 礼乐渊薮——西周王朝与周代礼乐文明

第二节 郡县一统——秦代统一中国与建都咸阳

第三节 长乐未央——汉代开辟丝路与建都长安

第四节 南北一统——隋代再次统一与建都大兴

第五节 盛世气象——唐代盛世与长安国际大都会

中国从古至今，共建立了大小朝廷83个，共有帝王559位。83个王朝中，主要有周、秦、汉、隋、唐、宋、元、明、清9个朝代为全国统一政权，其中渭河流域的西安、咸阳作为政治中心的就有周、秦、汉、隋、唐5个朝代。

中国从古至今建都之邑共计有210余处，其中以西安、洛阳、开封、南京、杭州、北京最为重要，被称为六大古都，以西安为首建都时间最长，历时达1100多年，连同罗马、开罗、雅典被称为世界四大古都。西安以一幅壮丽的历史画卷，展现了3000多年的古代文明，北京只有元、明、清三代政权统一，洛阳只有东周和东汉两代政权统一，开封只有北宋一代政权统一，南京和杭州偏安一角，多为分裂割据政权建都之地。所以渭河流域成为历史最悠久、最辉煌的京畿之地。

第一节　礼乐渊薮——西周王朝与周代礼乐文明

周兴起于关中地区的西部，得益于关中地区优越的自然条件，以擅长农业而著称于史。由渭河及其支流冲积而成的关中平原，又称关中盆地、渭河平原、渭河盆地。这里土地平衍，土质疏松而肥沃，所谓"厥土惟黄壤，厥田惟上上"，是最适合农业生产的地方。上古时期，社会生产力还很低下，最好的生产工具为铜器，其次是骨器，而较多使用的仍然是石质和木质的生产工具。关中地区的土壤条件就为利用比较原始的生产工具从事垦殖提供了有利条件，这也正是关中地区农业经济发展较早的重要原因。农业生产最早在这里发生，而且经营状况良好，形成了区域经济的富足和繁荣，这一切都对其他地区起到了重要的示范作用。或者是周人的先进种植技术自然向周边地区传播，或者是周边及其他地区的人们到周地去学习和取经，都起到了推广和普及农业生产的作用。于是，周人在农业经营方面的成就和功绩，就广为世人称颂，后世还将周人的始祖"弃"尊为农神，号后稷。

经济的不断发展与繁荣,使周的国力大幅提升,进而促进了社会的进步。于是,一个强大的周国便雄起于西方,不但敢与当时的商王朝抗衡,而且最终灭商取得了胜利,建立了周王朝。第一次在渭河流域建立起了中国古代统一王朝首都——丰、镐二京,或合称丰镐,成为十三朝古都西安在建都历史上的第一代都城。

一、西周王朝的建立

1. 由豳迁岐

活动在渭水流域的周人,其第一位男性始祖是后稷,他是中国农业的开创者。稷是黄土高原上最先种植的耐旱农作物,即今人所吃的小米。关于他的降生,在《诗经·大雅·生民》里有很生动的描写。《史记·周本纪》记载:"周后稷,名弃。其母有邰氏女,曰姜原。姜原为帝喾元妃。姜原出野,见巨人迹,心忻然说,欲践之。践之而身动如孕者。居期而生子,以为不祥。弃之隘巷,马牛过者,皆辟不践;徙置之林中,适会山林多人,迁之;而弃渠中冰上,飞鸟以其翼覆荐之。姜原以为神,遂收养长之。……后稷卒,子不窋立。不窋末年,夏后氏政衰,去稷不务,不窋以失其官而奔戎狄之间。"不窋便迁移到甘肃的庆阳,不窋的孙子公刘又迁居于邠,邠的古文作"豳",就是今天的彬县。公刘到豳后经过九代人的经营,传到古公亶父(周太王),由于戎狄的不断侵扰,在古公亶父的率领下,周人爬过梁山,沿着漆水(渭河支流)、沮水到达岐山下周原,就是今天的岐山和扶风,史称西岐。

周原具体位置在今陕西岐山与扶风之间,地方不大,但土地肥沃,田里的野菜甜滋滋的。《诗经》里说"周原膴膴,堇荼如饴",当是真实的写照。1975年,陕西考古工作者在这里挖掘,发现了宫室,更重要的是在这里首次发现了周代甲骨文。

古公亶父传位于儿子季历,季历传位于姬昌,姬昌史称周文王,一天夜里,他梦见一只飞熊向其扑来,醒后便觉得这是一个好梦,于是就坐上车,带着卫队出发了。他这次出行名为游猎,实为访贤,物色帅才。他们来到渭水边,看见一个大约七八十岁、须发斑白的老人坐在河边。老人对经过的车马卫队置若罔闻,稳坐在那里聚精会神地钓鱼,口中还念念有词。姬昌感觉很奇怪,便下车向老人走去。走近一看,更为惊奇,发现老人钓鱼的鱼钩离水面挺远,而且鱼钩是直的,上面也没有鱼饵。姬昌觉得此人非比寻常,于是就和老人攀谈起来。交谈中得知老人名叫姜尚,姬昌发现姜尚谈吐非凡、学识渊博,兵法战策无所不通,便高兴地说:"我祖父在世时曾对我说:'将来一定会有个栋梁之材帮你将周兴盛起来。'你就是我祖父所盼望的人才。"说罢就请姜尚同他一起乘车回宫,筹划治国安邦的宏图大业。因姜尚是姬昌祖父所盼望的人才,所以被大家尊称为"姜太公"。

姜尚(约公元前1156—公元前1017),字子牙,吕氏,一名望,尊称太公望,武王尊之为"师尚父",世称"姜太公"。看过《封神榜》的人,相信对那个白发苍苍、一直坐在渭水边钓鱼的姜子牙并不陌生。晚年的姜子牙帮助姬昌及其儿子周武王夺得天下并建立周朝。姜太公是一位很有学识和军事谋略的人,他不负众望,辅佐文王,一面加紧生产,一面训练兵马,先后灭掉了密须、崇等诸侯国家,使周的疆界大为扩展,为灭商奠定了坚实的基础。因姜子牙灭商有功,受封齐地,称为齐国的始祖。姜太公是周朝的开国元勋之一,是齐文化的奠基者,亦是中国古代影响久远的杰出的韬略家、军事家与政治家。儒、道、法、兵、纵横诸家皆追认他为本家人物,被尊为"百家宗师"。

3. 武王伐纣

公元前1027年,周人兴兵伐纣。征商大军一路浩浩荡荡,在克服路途中暴风骤雨所带来的困难之后,于二月甲子这一天的拂晓时分赶到了商都郊外的牧野。在牧野,"周公佐武王,作牧誓"。周公在为武王起草的《牧誓》中对商纣王的罪行进行了声讨:"古人有言曰:'牝鸡无晨;牝鸡之晨,惟家之索。'今商王受惟妇言是用,昏弃厥肆祀弗答,昏弃厥遗,王父母弟不迪。乃惟四方之多罪逋逃,是崇、是长、是信、是使,是以为大夫卿士,俾暴虐于百姓,以奸宄于商邑。"它揭露了商王所犯罪行有三:一是听信妇人的话;二是不祭祖宗和神灵;三是任用四方逃亡的罪人,使他们残暴地对待老百姓,在商国作乱。《牧誓》中对商纣王的指责,虽远不如后世檄文那样把对手说得如何荒淫、残暴，但却极具针对性。它巧妙地利用商代普遍盛行的"天命"观和父系社会以来人们对妇女的偏见，以一种"敬德保民"的思想声讨商纣王不能"保民"的罪恶，得出人人皆可诛之的结论。这就使一支由周、庸、蜀、羌、髳、微、卢、彭、濮诸部族联合组成的反商同盟军队统一了认识，坚定了消灭商纣王军队的决心。《牧誓》中还宣布了战斗的纪律和策略："今日之事，不愆于六步、七步，乃止，齐焉。夫子勖哉！不愆于四伐、五伐、六伐、七伐，乃止，齐焉。勖哉夫子！尚桓桓如虎、如貔、如熊、如罴，于商郊，弗迓克奔，以役西土。"它要求将士们行军时不超过六七步，就要停下来整顿一下；刺杀时不超过四五次、六七次，就要停下来整顿一下，以保阵形不乱。还要求将士们要像虎貔熊罴一样勇猛，直捣商都。同时还强调不许杀掉前来投降者。后来的战事证明，《牧誓》起到了极好的战前动员及约束的作用。反商盟军先由姜太公率百名勇士在商纣王军队阵前挑战，再以大军冲杀商纣王军队，将士们个个奋勇争先。商纣王军队中的士兵多为奴隶，他们纷纷在阵前倒戈。于是，不到一天时间，以少击多的盟军就大获全胜，商纣王逃回朝歌，在鹿台自焚。商王朝五百年江山毁于一旦。

灭商后的第二天，周人即着手建立新王朝。他们开始整修道路，修复太社和商纣王的宫室。一切就绪后，周人在商王宫举行了盛大的开国典礼。这一天，由100名高大健壮的男子高举着大旗作为先导，武王在散宜生等开国功臣的簇拥下，威风凛凛地行进至太社祭祀天皇。武王拜祭道："膺更大命，革殷，受天明命。"正式宣告周王朝承天命取代商王朝而一统天下，这是第一个在渭河流域建立的王朝。

二、西周王朝的治国成就

1. 周公平乱

周武王和周公在灭殷之初，就制定了对殷人的分化瓦解政策，利用归附西周的殷人首领来统治广大殷民。同时，又封纣王的儿子武庚为殷侯，让其仍居殷之故地，管理殷民。但是，他们对武庚不放心，所以又派遣了管叔、蔡叔、霍叔三个兄弟去监督、管理，称为"三监"。武王死后，"三监"首先发难,在新王朝爆发了一场规模巨大、历时较久的动乱。以武庚率领的殷人为主,联合了管叔、蔡叔、霍叔等十几个诸侯国,一同向西进军。顷刻间,整个西周王朝已塌了半边天。周公亲自率军东征,周公凭借过人的才智,很快就击溃、瓦解了管、蔡叛军,取得了东征第一个战役的胜利。东征军队初战即告大捷,乘胜渡过黄河,直捣武庚盘踞的老巢朝歌。这场平乱战争历时三年,最终以周的胜利结束。

大乱平定之后,周公对当时的政治局面做了几项重要安排:第一,他以周成王之命把殷地及殷遗民七族封给武王的少弟康叔,国号卫。第二,把商丘一带的土地及一部分殷遗民赠给纣的庶兄微子启,以存殷祀,建国曰宋。并以一批新建的姬姓封国环绕着它,有滕(今山东滕州市)、曹(今山东定陶县)、蒋(今河南固始县西北)、息(今河南息县)、蔡(今河南郑州市东北)等国。第三,把鲁迁于奄国旧地,以周公子伯禽就国。又改封姜太公的儿子吕伋于鲁之北,国号齐(都城位于今山东临淄市)。又迁燕于齐之北,建都蓟丘(今北京附近)。齐鲁两国都是殷遗民的聚居地。第四,为加强对东方的控制,于洛邑(今河南洛阳)建立东都,并把一大批"殷顽民"迁到那里。洛邑又称"成周",镐京又称"宗周"。这样一来周的版图不但扩大了,而且商的残余势力,也在周人的严密控制之下,失去了叛乱的机会。周人对殷民的强迫迁移分散,是战胜国处置战败国遗民常用的办法。

2. 周公制礼

周公(?—约公元前1090年),姓姬,名旦,是周文王姬昌的第四个儿子,周武王姬发的亲弟弟,因封地在周(今陕西岐山北),故称周公或周公旦。周公一生功勋卓著,助武王灭商,武王死后,辅佐成王,平管蔡、营洛邑、封诸侯、制礼乐,是西周初期杰出的政治家、军事家和思想家,被尊为儒学奠基人,孔子一生最崇敬的古代圣人之一。在周公众多的丰功伟业之中,周公制礼作乐的故事最为后人推崇。

周公制礼并不是一蹴而就,而是一个漫长的过程。周公制礼的第一步就是对礼制的指导思想进行改造,周公提出了"德"的概念,并用德充实和丰富礼的内容。为了使礼深入人心,周公还制定了很多仪式和音乐,仪式是礼的外在表现形式。史书记载周礼包括"五礼",即吉礼、凶礼、军礼、宾礼、嘉礼。吉礼是五礼之冠,主要是对天神、地祇、人鬼的祭祀典礼;军礼是师旅操演、征伐之礼;凶礼是哀悯吊唁忧患之礼;宾礼是接待宾客之礼;嘉礼是和合人际关系、沟通、联络感情的礼仪,有饮食之礼、婚、冠之礼、宾射之礼、飨燕之礼、脤膰之礼、贺庆之礼等。西周初年,世风浇薄,婚俗混乱。周公亲自制礼教民,从男女说亲到嫁娶成婚,共分纳采、问名、纳吉、纳征、请期、亲迎、敦伦七个环节,合称"婚义七礼"。为让人理解如何执行"七礼",周公还与妻子一起演礼,现身说法。孔子重修礼典时,将"敦伦"一节删掉,"六礼"于是产生。不过民间照旧把世代相传的葫芦瓢置于婚仪中。孔子又顺遂民意收葫芦瓢入礼书,称为"合卺",但这不算婚仪中的正规礼器,而是夫妇"共牢而食"(即共吃祭祀肉食)后以酒漱口的器具,时间一久,演变为喝"同心酒"的器具。直到今天,在许多农村地区年轻男女结婚仍然遵照着"六礼"的程序。人们常称夫妇同房为"周公之礼",虽然带有戏谑意味,但也能说明周公制礼的影响。

3. 平王东迁

在西周幽王统治时期,周王室力量已大大减弱,此时的西部游牧部族西戎经常侵犯镐京,对周人的京畿之地进行掠夺。为了保证周王室的安全,也便于各地诸侯勤王,人们在西周京畿地区建了许多烽火台,这样当西戎进犯之时,人们会点燃烽火台的烽火,诸侯见到烽火台狼烟四起,便迅速调兵赶往京都保护周王。烽火台建成后由于诸侯救兵能及时赶到援救君王,西戎各部也不敢轻易向周都城进犯。但是,周幽王在位时,宠爱美女褒姒,而褒姒并不喜欢幽王,自从被选送宫中,整日里皱着眉头,从不见她有一点笑容,这下可急坏了好色的周幽王。他想尽一切办法博取这位美人一笑,结果均没如愿,于是昭告天下,若谁能让美女褒姒一笑,便赏他黄金千两。

一日,虢石父给周幽王出了个主意,让周幽王带着美人登上烽火台,用点燃烽火的办法,让诸侯救兵上当,这样美女或许会高兴。周幽王听后便命令属下点燃烽火,各路诸侯见到烽火台狼烟四起,便带兵前来救助,赶到京城却不见一个敌人,褒姒在烽火台上看到许多兵马忙来忙去也不知在干什么就大笑了起来,这可把幽王高兴坏了,但他哪里知道这样做的严重后果。上了当的诸侯得知周幽王是为博美人一笑而点的烽火,以后再见到烽火台的烽火都不出兵相救了。

之后不久褒姒就给周幽王生了个儿子,起名叫伯服,当时的王后和太子均被周幽王废掉了,其立褒姒为王后,伯服为太子。消息被王后的父亲申侯得知,他勾结犬戎向周发动了进攻,周幽王急忙命人点燃烽火,谁知各路诸侯竟没一个发兵来救,幽王无奈只好逃出了京城,结果被犬戎杀死于骊山之下。

申侯本来勾结犬戎举兵来攻,目的是为了保住女儿及外孙的王后与太子地位,结果犬戎却杀了周幽王,并在京畿地区烧杀抢掠,将周王朝搞得一团糟。申侯见势不妙,又联合各路诸侯打败了犬戎,拥立原太子宜臼为周王,这就是历史上的周平王。

此时的镐京已被犬戎烧杀抢掠得不成样子,宫殿房屋几乎被烧尽。公元前770年,周平王在郑国、秦国、晋国等诸侯国的护卫之下,放弃镐京,迁都洛邑,建立了东周王朝。平王东迁之后,西部故土大量丧失,潼关以西广大地区被秦国所占,南面是楚国及其附属国,北面地区多为晋国所控制,东面地盘大量被郑国侵占,周王室只有伊洛河地区以洛阳为中心方圆不足六百里的地盘。周天子控制诸侯"天下共主"的权力已实际丧失,一些强大起来的诸侯不再听命于周王,而只是利用周王的旗号"挟天子以令诸侯",历史迈入王室衰微、大国争霸的新时期。

4. 青铜文化

中国的青铜分布之广、范围之大举世罕见,青铜器出土数量之大和历史之悠久,也是独一无二的。东到山东,西至甘肃、青海,南及两广,北至辽宁、内蒙古都有青铜器出土。陕西的周原、丰镐,河南的安阳、郑州、三门峡、洛阳,江西的新干,四川的三星堆等地西周时期的青铜器十分集中。据史书记载,自西汉神爵四年(公元前58年)以来,仅陕西各地出土的各种青铜器即达万件之多,全国范围内,其数量就更为可观了。

出土的青铜器主要有兵器、生活用具和生产工具三大类。青铜兵器常见的有戈、矛、剑、钺、戟、刀、弓、镞、甲胄等,这些兵器都是车战所必需的。生产工具分农业生产工具和手工业生产工具两类。农业生产工具主要有耒、铲、锄、镰、鱼钩等,主要用于起土、除草、收割、修渠等,种类相当齐全。手工业生产工具主要有斧、斤、锛、凿等,使用广泛,应用于建筑、纺织、车辆、船舶、制革、牙雕、骨雕、木雕、髹漆等各行各业。至于青铜生活用具就更多了,到西周时已演变成体现当时社会等级的礼器。周公制礼作乐以后,规定了一整套等级森严的礼仪制度,这种制度渗透到当时社会的各个角落,人人都必须遵守,平时日用的青铜食器、水器、乐器等,此时又成了礼器,用于祭祀天地先祖。例如鼎、簋由本来的食器演变成了奴隶主权力的象征。

青铜礼器有酒器、乐器、炊器和水器等,器型有鼎、簋、鬲、爵、角、觚、簠、盨、敦、豆、匕、觥、尊、卣、盉、缶、盂、勺、罍、壶、盘、匜、鉴等。许多青铜器都模仿动物进行造型,栩栩如生。如周原博物馆的折觥,宝鸡青铜博物馆的三足鸟、象尊,陕西历史博物馆珍藏的牛尊,国家博物馆的鹗尊,以及流落在美国华盛顿史密斯博物院弗利尔博物馆的青铜觥,日本东京白鹤美术馆的鸟卣等,都形象逼真。青铜乐器有铙、钟、镈、铎等。青铜器具上铸刻的文字,称为铭文或金文。这种文字具有重要的史料价值、文字学价值和书法艺术价值,它是研究商周历史文化的第一手资料,皆为真实事件的实录。中国青铜文化,历史悠久、内容丰富,是世界文化宝库中的精华。

5.《周易》文化

《周易》是一部在中国文化史上具有深远影响的重要典籍。它被推崇为"大道之源,众经之首",直至今日,仍能给我们以深刻的启迪。这部伟大的哲学宝典就诞生在渭河流域这片神奇的土地上。

《周易》分经、传两部分。"经"传说是周文王所作。十篇"传"又称"十翼",传说是孔子所作。"传"是对"经"的诠释,提出了许多非常深刻的哲学观点,从而使《周易》成为一部哲学典籍。在春秋战国时期,《周易》已为各国卿大夫所传诵。《左传·宣公十二年》记载"晋师救郑",智庄子评论云:"此师殆哉!"引用《周易·师卦》"师出以律,否臧凶。"又昭公元年(公元前541年)"晋侯求医于秦,秦伯使医和视之",引《周易·蛊卦》"女惑男,风落山"云云。此外以《周易》进行占卜的事例颇多,足证《周易》在春秋时已流传于周、鲁、秦、晋诸国了。《史记·孔子世家》记载:"孔子晚而喜易。"

在先秦儒家的典籍中,唯有《周易大传今注》对于天地的本原、天地万物的普遍规律,提出了精深微妙的观点。这些理论学说补充了《论语》《孟子》的不足,为之后儒家建立本体论体系提供了坚实的基础。

在汉代,《周易》已高居于五经之首。《汉书·艺文志》的《六艺略》首列《易经》。三国时代,玄学兴起,老庄之说流行了起来,儒家经典之中唯有《周易》仍受尊崇,与《老子》《庄子》并称"三玄",列为玄学的经典之一。

宋代理学的创始人周敦颐、张载以及程颢、程颐的学说,主要是得力于《周易》经传,他们都是凭借《周易》经传来构建自己的哲学体系。周敦颐的《太极图说》虽然受到了道家的影响,但其中"太极""阴阳"都是来自《易传》的,篇末赞《易》云:"故曰:立天之道曰阴与阳,立地之道曰柔与刚,立人之道曰仁与义。又曰:原始反终,故知死生之说。大哉《易》也!斯其至矣!"表明了自己的思想渊源。张载早年著《易说》(即《横渠易说》),着重阐发了《周易大传》中的辩证观念与唯物主义思想,晚年又将《易说》中的精粹文句收入所著《正蒙》之中,这表明张载的主要思想是在钻研《周易》时提出的。二程(指程颢、程颐)论学,经常引用《周易》《论语》《孟子》《大学》及《中庸》。二程的基本范畴,如"道、器""形上、形下""生""易"等,都来自《易传》,《周易大传》也是二程学说的重要根源。

在《周易》这部古老的典籍中,一些思想具有历久弥新的意蕴,具有令人赞叹的感染力,因而熔铸了中国传统文化的基本精神。如《象传》所谓"天行健,君子以自强不息""地势坤,君子以厚德载物",集中表述了中国传统文化的基本精神,在历史长河中,广泛地受到人们的服膺尊崇,激励着广大民众奋发前进,在困难面前绝不屈服,同时保持着广阔的胸怀。直至今日,"自强不息""厚德载物"对于我们仍然起着鼓舞激励的作用。

6.《诗经》的产生

《诗经》是我国第一部诗歌总集,共收入自西周初期至春秋中期500余年的诗歌305篇,最初称《诗》,汉代儒者奉为经典,乃称《诗经》。约在公元前6世纪编纂成书,据说是由儒家创始人孔子编定的。

《诗经》分为《风》《雅》《颂》三部分。《风》是地方乐调,收录当时15国的民歌；《雅》分大雅、小雅，多为贵族所做的乐章；《颂》是用于宗庙祭祀的乐歌。

《诗经》除了周王朝乐官制作的乐歌，公卿、列士进献的乐歌外，还有许多流传于民间的歌谣。这些歌谣中，一部分是周王朝派专门的采诗人到民间搜集的，以了解政治和风俗的盛衰利弊；另一部分民歌是由各国乐师搜集的。乐师是掌管音乐的官员和专家，他们以唱诗作曲为职业，搜集歌谣是为了丰富他们的唱词和乐调，这样诸侯之乐便汇集到朝廷里了。所以其作者的成分很复杂，产生的地域也很广。

《诗经》中的乐歌，原来的主要用途，一是作为各种典礼的一部分，二是娱乐，三是表达对于社会和政治问题的看法。但到后来，《诗经》成了贵族教育中普遍使用的教材，学习《诗经》成了贵族人士必需的文化素养。这种教育一方面具有美化语言的作用，特别在交往时，常常需要摘引《诗经》中的诗句，曲折地表达自己的意思，这叫"赋诗言志"。《论语》记孔子的话说："不学诗，无以言。""诵诗三百，授之以政，不达；使于四方，不能专对，虽多亦奚以为？"可以看出学习《诗经》对于上层人士以及准备进入上层社会的人士，具有何等重要的意义。另一方面，《诗经》的教育也具有政治、道德意义。《礼记·经解》引用孔子的话说，经过"诗教"，可以让人"温柔敦厚"。

《诗经》毕竟不是一部单纯的诗歌文集，它既是周王朝的一项文化积累，又是贵族日常诵习的对象。它从多方面表现了那个时代丰富多彩的现实生活，反映了各个阶层人们的喜怒哀乐，为后世留下了立体的、具象的历史画卷。

第二节　郡县一统——秦代统一中国与建都咸阳

继周人之后，秦人在关中崛起。秦人最先生活在渭河上游的甘肃省礼县一带,随着部族势力的不断增强,他们便开始了逐渐向东迁徙的进程。周孝王时期,秦人迁到了渭河中游的"汧渭之会"一带,即进入了今关中平原的西部,也就是周人发迹的地方。秦人在此立邦建国,定都于雍(在今凤翔县南),自此开始了它快速发展的历程。经过秦人的努力经营,其势力日益强大,等到秦穆公称霸西戎,秦已雄峙一方,成为春秋时期势力强大的诸侯国之一。当时西戎的大臣由余来到秦国,看到巍峨壮丽的秦王宫室,遂发出了"使鬼为之则劳神矣;使人为之亦苦民矣"的惊叹。秦穆公十三年(公元前647年),晋国发生了饥荒,求助于秦,秦国的船队满载援晋的粮食,浮渭而下,自雍至绛,史称"泛舟之役"。由此可见,此时的秦国已经有了一定的大国风范。

秦人完成了西方霸业,又将目光转向关东六国和南方的巴蜀。其一大举措是:把都城向关中的中东部迁徙,以利于势力的东扩和与关东六国争雄。秦人先后把都城迁于栎阳(在今阎良武屯)和咸阳(在今咸阳东窑店街道办),栎阳因距渭河稍远,故又迁至咸阳,濒临渭河,从而起到以水运济的作用。秦人的第二大举措是:兴修了引泾工程——郑国渠。这是秦国经济发展过程中一大壮举。郑国渠引用渭河第一大支流泾河之水,工程首起泾水西出仲山之瓠口,尾入洛河,渠线全长约150千米,引泾水灌溉泽卤之地4万余顷。这是一个庞大的灌区,在灌区内,农业生产的抗旱防灾能力大大加强,同时又使往日大片潟卤瘠薄的土地得以改良。用泾水浇灌过的土地,可亩产粟一钟,约合今180斤,这在当时的生产力条件下实属高产。引泾工程的修建,为秦国经济的发展增添了新活力,进一步促进了秦国经济的繁荣,增强了秦国的综合国力。太史公司马迁甚至认为,郑国渠的修建,使得"关中为沃野,无凶年,秦以富强,卒并诸侯"。这里将郑国渠的修建与秦统一六国的盖世功业联系在了一起。用今天的话说,就是郑国渠灌区的富饶为秦最后完成国家统一大业奠定了物质基础。此说当非虚言!

一、秦帝国的建立

(一)秦襄公开创霸业

秦人祖居东方,司马迁认为他们是东夷人的后裔。西周初年,东夷人的一个分支嬴氏一族被西迁,游牧于渭水流域。后因秦非子养马有功,周孝王将"秦"这块土地封赏给了他,并准许其在秦(今甘肃天水)地修城筑邑。西周晚期,秦仲诛伐西戎有功,后传位长子庄公。秦襄公是秦庄公次子。公元前778年庄公死,襄公即位。襄公深知秦人是在夹缝中求生存,稍有不慎将会导致灭种之祸。他审时度势,一是将妹妹嫁与西戎王为妻,二是把都邑迁到汧邑(今陕西陇县东南)。

西周王朝逐渐衰亡,为秦人走上历史舞台创造了一个历史机遇,尤其是周幽王烽火戏诸侯,视国家大政如同儿戏的做派,大部分诸侯对西周王朝失去了信心。秦襄公审时度势,奋起勤王。周平王即位后,看到戎人随时都有卷土重来的可能,再加上镐京已成废墟,自己兵力有限,无法在关中地区统治下去,于是在公元前770年,由各国诸侯护送,把都城迁到了洛邑,史称东周。周平王东迁的时候,秦襄公率兵护送有功,周平王封秦襄公为诸侯,并把岐山以西的大片土地赏赐给秦。《史记·秦本纪》记载:"襄公于是始国,与诸侯通使聘享之礼。"从此,秦正式成了一个诸侯国,可以同别的诸侯国平起平坐了。

秦襄公是春秋初期的一位杰出诸侯国主,在位时间虽不算长,但他开创的基业,为秦国社会的发展和强盛奠定了基础。因此,司马迁评说:"秦起襄公,章于文、穆、献、孝之后,稍以蚕食六国,百有余载,至始皇乃能并冠带之伦。"这正是历史不会忘记秦襄公的原因所在。

(二)穆公称霸西戎

周平王把岐山以西的土地赐给了秦。之后,秦不断和戎狄斗争,扩张了疆土。襄公的儿子文公战败犬戎,占据关中地区,并决定在汧渭交汇处建都,到宪公(也作宁公)时,又迁都平阳(今陕西宝鸡东),德公时迁都于雍(今陕西凤翔南),实现了秦文公的迁都计划。雍是一个重要的交通要道,对于秦的发展颇为有利。公元前688年,秦武公向西灭邽、冀(今甘肃天水附近)两地的戎族,并把这两地作为秦国的县,次年灭小虢(今陕西宝鸡附近)等地,获得了西周王朝京畿内的大片沃土。地域疆土的扩展以及冶铁技术的发达,为秦的进一步发展提供了雄厚的物质基础。

德公迁雍以后宣公(公元前675—公元前664)和成公(公元前663—公元前660)在位十几年间,秦国对戎狄的斗争没有取得太大进展。到了秦穆公时,便积极向东扩展自己的势力,才逐渐强大起来。公元前628年,晋文公死,晋襄公立。次年,秦穆公想乘机潜师灭郑,但从秦到郑,中途要经过好几个小国,潜师是不可能的,果然师至中途,就为郑国和晋国所知。秦因密谋泄露,急忙退师,又被晋人截击于殽(今河南洛宁),大败而回。公元前624年,秦伐晋获胜,得复前仇;但秦穆公的东进之路终被晋全力阻挡。秦穆公随即改变方针,尽力向西发展,于是向西去征伐这些落后的部族,史称其"益国十二,开地千里,遂霸西戎",秦穆公最后还是成了西戎的霸主。到他死时(公元前621年),秦人已占据渭水流域的大部地方。自殽之战后70年间,秦晋所发生的战争,据史册所记,共有10余次,但晋国终不可动摇。等到秦人再展其东进的雄图,已是200多年以后的事了。

(三) 商鞅变法

秦孝公即位之初,便下诏求贤。鞅本卫国公子,游仕于魏,魏惠王不能用,因而投奔秦国,深得秦孝公的信任。他以魏国的新法为蓝本,订立了一套富国强兵的计划,作为秦国政治革新的准绳。

新政的推行,使秦国家给人足,社会安宁至道不拾遗、盗贼绝踪。外交方面,公孙鞅抛弃以往的闭关政策,主动向东方各国进攻。秦国民风的强悍质朴,严刑峻法,使得他们养成了服从命令恪守纪律的习惯。秦培养了一支优良军队,倾全力向外发展,自然战无不胜。公元前340年,秦孝公封公孙鞅于商(今陕西商洛商州区),因此后人又称他为商鞅。

公元前338年,孝公死,子惠文王(公元前356—公元前311)继立。惠文王因商鞅曾在其为太子时黥其师傅,久蓄怨恨,故即位后族诛商鞅。但新法仍被保留,惠文王是凭借着商鞅为秦国奠定的基础,继续向外扩张。

(四) 建立秦朝

公元前247年,嬴政即位。当时六国中,实力较强的只有赵、楚二国。赵的士兵善战,并有名将李牧。李牧曾伐燕和匈奴,武功彪炳一时,甚为秦人畏忌。楚则地盘广大，还有相当的实力。但六国早已失去个别对秦作战的能力，秦人的侵略，曾一度促成他们团结。公元前241年，楚、赵、魏、韩、卫合纵伐秦，楚王为合纵长，而以楚相春申君主其事。联军攻至函谷关（今河南灵宝市西南），为秦军所败。楚迁都寿春（今安徽寿县），以避其锋。此后秦更积极攻魏，魏形势极危。但不久秦国内部发生变故，局面才又告缓和。

秦太阳纹瓦当、鹿纹瓦当图，歌颂秦始皇统一六国逐鹿中原思想在建筑中的反映

嫪毐于公元前238年在咸阳城中发动叛乱，但立即为嬴政讨平。嬴政乘机夺回太后的政权，吕不韦也于次年被免职，两年后自杀。嬴政从此大权独揽，致力于扫定六合的伟业。

六国中第一个被灭的是韩。韩因地盘过小，人力物力都缺乏，同时与秦接境，因此首先被灭。公元前230年，秦以内史腾灭韩，虏韩王安。公元前228年，赵国被灭。秦军曾于公元前233年为赵将李牧所败，其后李牧始终是秦人的劲敌。公元前229年，秦贿赂赵王近臣郭开，诬李牧欲反，李牧被杀，赵国也接着灭亡。韩、赵既灭，秦军本应立即攻魏，但公元前227年，燕太子丹遣荆轲行刺嬴政未成，秦军遂即先伐燕。秦先攻下燕国本土，燕王喜逃到辽东，杀太子丹以和。公元前225年，秦军分两路进攻魏和楚。攻魏秦军由王贲率领，攻楚秦军由李信率领。同年，王贲军攻破大梁，杀魏王假，魏亡。李信则为楚军大败，秦王改派王翦率60万秦军攻楚。次年，王翦大破楚军，杀楚军统帅项燕。公元前223年，楚国才告灭亡。公元前222年，秦以王贲攻辽东，虏燕王喜，燕也灭亡。当赵亡后，赵公子嘉逃至代郡（今河北蔚县），自立为代王，赵人归之者甚多，也在这一年被秦人扫平。这时只剩下齐国，齐王建已在位40余年，因事秦唯谨，又地居沿海，故能40余年不受兵祸。但到公元前221年，王贲的军队挥戈南下，攻入临淄，轻易地灭了齐国。

公元前221年，秦始皇完成了统一大业并建立了中国历史上第一个统一的封建王朝。"秦王扫六合，虎视何雄哉！"秦王嬴政建都咸阳，成为中国封建王朝的第一位皇帝。

二、秦国治国成就

(一) 推行郡县制

县、郡的设置春秋时期已有。春秋的县可分为两种类型：楚和秦的县都直属于君主，晋、吴的县多是卿大夫的封邑。两者都是直属于国君的别都，具有边防重镇的作用。春秋后期，县制逐渐开始推行于内地。战国时期，县的设置已较广泛，并转变为地方政权实行官僚制度的县制。县令为一县之长，由国君任免。县之下有乡、里等作为国家对居民进行控制的基层组织单位。郡的设置较晚。公元前651年，晋公子夷吾（即晋惠公）与秦国使者谈到"君实有郡县"，此为秦国设郡的最早记载。

商鞅变法时，废分封，行县制。秦统一后对是否推行郡县制进行了一场激烈争论。以丞相王绾为首的群臣，主张沿用周代以来的封国建藩制度，分封诸皇子为王。他们的理由是有利于统治新征服的六国地区。而廷尉李斯则力排众议，主张废除分封诸侯制度，全面推行郡县制度。很显然，李斯的主张符合专制皇权和国家统一的要求，因而得到了秦始皇的采纳，将全国分为三十六郡。后随秦边境的不断开发和郡治的调整，增至四十余郡。

郡是中央政府管辖的地方行政单位，其组织机构与中央政府略同，设郡守、郡尉、郡监（监御史）。郡守，为一郡最高行政长官，掌全郡政务，直接受中央政府节制；郡尉，辅佐郡守，掌管全郡军事；郡监，掌监察工作。

郡以下设县。县是秦朝统治机构中关键的一级组织，是从中央到地方政府机构中具有相对独立性的一个单位。满万户以上的县设县令，不满万户的设县长。令、长为一县之首，掌全县政务，受郡守节制。县令下设尉、丞。尉，掌全县军事和治安；丞，为县令或县长的助手，掌全县司法。

县以下设乡、里和亭。乡和里是行政机构，亭为治安组织。乡设三老、啬夫和游徼。三老掌教化，啬夫掌诉讼和税收，游徼掌治安。乡以下为里，是秦国最基层的行政单位。里设里正或里典，其职能除与乡政权职能大体相同外,还有组织生产的任务。此外,还有司治安、禁盗贼的专门机构亭。秦规定,两亭之间相隔十里,设亭长。所以当时亭遍布于城乡各要地。

秦朝这套从中央到地方的统治机构,有明确的职责分工,既相互配合,又彼此牵制,统治机构的最高统治权掌握在皇帝一人手中,确保了封建君主专制统治。这套金字塔般统治机构的建立,标志着封建专制主义中央集权制度进一步强化,有利于防止地方割据分裂,有力地维护了国家的统一。

(二)统一岭南的战争

在我国今天的浙江、福建、江西、广东、广西一带,很早就有一个人数众多、历史悠久的民族,这就是史籍上所载的越族。越族由于族属众多,种姓互异,各部族间存在着相当大的差别,故又称之为"百越"。百越一名,首见于《吕氏春秋·恃君篇》。越而称百,可见其聚处之广,种姓之多,其中大的部族,依其分布地区的不同,主要有于越、闽越、瓯越、南越、西瓯等。

秦始皇在兼并六国之后,紧接着就开始了针对岭南的大规模军事行动。始皇派屠睢率兵50万,南征百越。秦军溯湘水至西瓯境,以粮秣运输困难,由监军史禄率人开凿了一条长3万米的灵渠,以沟通湘江和珠江上游的漓水,便利漕运。这一工程,直接解决了军粮运输的困难。秦军得到沿湘江、经灵渠运抵岭南的大批粮饷与物资的接济,得以深入西瓯,继续作战。秦始皇于公元前214年攻占岭南,并分置桂林(治今广西桂平附近)、象(治临尘,今广东崇左市)和南海(治番禺,今广东广州)三郡,基本上统一了岭南。次年,始皇又征集了1.5万名未婚妇女至岭南,"以为士卒衣补"。还一再大批地迁徙刑徒和内地民众到这里屯戍垦殖。大批内地民众南迁之后,与南越、西瓯人杂居共处,对于开发岭南,促进民族间的交往无疑起到了积极的作用。

(三)北击匈奴、修筑长城

匈奴是我国古代一个强大的游牧民族。他们"逐水草迁徙,毋城郭常处耕田之业""士力能弯弓,尽为甲骑",主要活动于蒙古高原和南至阴山、北抵贝加尔湖的广袤地区。公元前3世纪前后,建立了奴隶主贵族统治的政权。其最高首领为单于。单于之下,置左右贤王等。随着奴隶制的发展和国家的强大,加之中原地区正处于战乱割据状态之中,因而匈奴时常侵扰赵、燕的边境,抢劫财物,掳掠人口作为奴隶。战国末年,以头曼单于为代表的匈奴贵族统治者,乘机占据了河套以南(即河南地)的大片区域,并继续南下侵扰。这是对刚刚建立的秦王朝北边的严重威胁。

为了解除侵扰,安定北边,秦始皇乃命蒙恬发兵30万,大举出击,很快就收复了河南地以及榆中(今内蒙古伊金霍洛旗以北)一带的广大地区,并在这里分设三十四(一作四十四)县。接着,蒙恬率军渡过黄河,乘胜追击,又收复了阳山和北假(均在今内蒙古乌加河以北和乌梁素海一带),直抵阴山一带的广大地区,为巩固河南地区,秦建立九原郡(郡治九原,今内蒙古包头市西北),使其统辖北抵阴山,南至河南地北,西过大河,东邻云中(今内蒙古呼和浩特市西南)的大片边地。同时,朝廷又徙去大批刑徒,还鼓励一般民众移居边地。这些迁去的民众与刑徒,一面屯垦,一面戍边,对于开发北方边地、充实武备发挥了重要作用。

为了维护安定统一的政治局面,加强中央政府对北部边防的控制和联系,坚决抵御匈奴势力南侵,秦始皇于公元前212年命大将蒙恬主持修建了直道。直道只有一条,由今咸阳市淳化县北的梁武帝村开始,进入甘泉山,北行至子午岭上,循主脉北行,到定边县南,再由此向东北行,进入鄂尔多斯草原,过乌审旗北,经东胜区西南,在昭君墓附近渡过黄河,到达包头市西南秦九原郡治所。一半路程修筑在山头岭上,一半路程修筑在平地草原。据说登上1800米的子午岭,站在秦直道最高点,便可看到直道如一条巨龙飞架在群山中。因所修道路北口与南口大体相对,故有"直道"之称。

秦在顺利击败匈奴的侵扰之后,为了巩固在战场上取得的成果,又命蒙恬主持修筑了我国历史上最大的军事防御工程——万里长城。

长城的兴修,始于战国年间。当时,魏、赵、楚、齐、燕、秦等国都修筑过长城。据《史记·秦始皇本纪》载,秦代修长城始于始皇三十三年(公元前214年)。这一年,蒙恬夺得河南地及榆中后,即"城河上为塞"。此后,修筑工程逐渐扩大。始皇三十五年,使长子扶苏"北监蒙恬于上郡"。扶苏到上郡后,主要也是"与蒙恬筑长城"。蒙恬修筑的长城,主要由三大段组成。

西北段,西南起临洮,东北至九原。除部分利用秦旧有长城外,大多以河为塞,并在险要处新筑了许多亭障;北段,由高阙至代郡以北;东北段,由代郡东行,抵辽东碣石。这两段大抵因赵、燕旧长城缮修、增筑而成。整个工程"因地形,用制险塞,起临洮,至辽东,延袤万余里"。长城修筑后,虽未能阻挡匈奴的南下,但在当时的历史条件下,还是起到了一定的防卫作用。同时,长城本身作为伟大的建筑工程遗留后世,是我国古代劳动人民智慧和独创性的见证。

(四)统一文字、度量衡、货币

公元前221年,秦始皇统一六国后,采取了一系列措施来加强对帝国的统治。

统一文字:以秦国通行的大篆为基础,修改后成为官方统一使用的小篆,即"书同文"。从秦小篆字体来看,它一方面保留了大篆的字体结构和象形文字的基本特点;另一方面则对字体的结构进行了较大的整理加工,使之相对统一和规范。具体来说,一是各种偏旁形体统一,每字所用偏旁基本固定为一种,而不用别种代替;二是偏旁的位置相对固定,不能随便移动;三是大致确定每个字的书写笔数和笔顺。文字的统一,实质上是对社会生活习俗以及人们的行为方式的变革,自然有一个认可、接受和适应的过程;加之在推广之初,人们对小篆的结构不太熟悉,很难一下写得得心应手。于是,李斯的《仓颉篇》、赵高的《爰历篇》、胡毋敬的《博学篇》问世,这三部书既作为学童的识字课本,又是推行小篆的模板,供国人学习临摹。这种在当时纯粹以实用为主,兼辅美观的文字书体,最后发展成了东方古老的书法艺术之一。

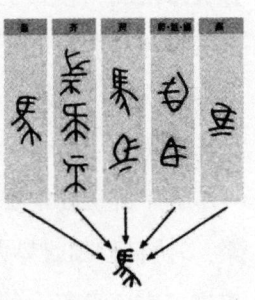

统一文字

统一度量衡:所谓度量衡,主要指长度、容积、重量的计量器具,在我国古代主要器具有尺、斗、秤。春秋战国时期,度量衡没有一个统一的标准,各诸侯国按照自己的喜好,制定了不同的计算单位和不同的计算进制。秦统一中国后,李斯上奏皇帝,建议废除六国旧制,把度量衡从混乱不清的状况中明确统一起来,得到了秦始皇的允许。公元前221年颁布"一法度衡石丈尺"诏书,规定依秦制划一全国度量衡标准。在李斯的亲自指挥下,度制以寸、尺、丈、引为单位,采用十进制计数;量制以升、斗、桶为单位,也采用十进制计算;衡制则以铢、两、斤、钧、石为单位,二十四铢为一两,十六两为一斤,三十斤为一钧,四钧为一石固定下来。如以铭文所记数据计,秦度1尺约合今0.23米,秦量1升约合今0.2升,秦衡1斤约合今0.253千克。为了有效地统一制式、划一器具,度量衡器由官府遵照诏书负责监制,民间不得私造。秦律中还规定了量器误差限度,《工律》规定:有关官吏每年至少要检查校正一次度量衡,允许有误差,但误差不能超过4‰。如一石误差不许超过八两,否则主管官吏要受罚一盾;如果超过十六两,则罚一甲。至此,战国以来度量衡制不一的局面得以结束。2000多年来,无论朝代更迭,这种计量方法几无更改。甚至时至今日,我们的生活当中依然还有它们的身影。此外,战国时各国亩制不一,秦始皇还统一了田亩制度,规定以六尺为一步,二百四十方步为一亩,结束了田畴异亩的局面。

中国最早的统一度量衡公告——秦诏版,铜质,1961年咸阳长陵火车站北沙坑出土。长方形,长10厘米,宽6.5厘米,厚0.2厘米,正面刻秦始皇为统一天下度量衡而发布的诏令。文曰:"廿六年,皇帝尽并兼天下诸侯,黔首大安,立号为皇帝。乃诏丞相状、绾,法度量则不壹歉(嫌)疑者,皆明壹之。"共40字。现藏于陕西历史博物馆。

中国最早的统一度量衡公告

统一货币:之前各诸侯国铸造的货币形状、大小各不同。如齐、燕通行的是刀币,是从实用的刀子变化来的。韩、赵、魏通行布币,是由古代农具镈演变而来,其状像铲,所以又称铲币。楚国通行蚁鼻钱,是从贝壳形的铜币演变来的。蚁鼻钱正面突起,铸有文字,笔画像只蚂蚁,两个小口像鼻孔,所以称蚁鼻钱。楚国还通行爰金,爰金是方形的,每小块一两,十六块为一金(斤)。周、秦用圆形的钱。秦统一

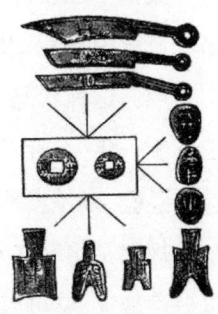

统一货币

六国后,秦始皇采取了两种统一货币的方法:一是由国家统一铸币,严惩私人铸币,将货币的制造权掌握在国家手中。二是统一通行两种货币,即上币黄金和下币铜钱。改黄金以"镒"为单位,一镒为二十两。铜钱以"半两"为单位,并明确铸"半两"二字。铜钱造型为圆形方孔,俗称"秦半两"。"半两"钱外圆内方,无内外廓,背平无文;篆书"半两"二字分别列于穿孔两侧,钱文凸起,据说是丞相李斯所创,布局严谨,笔画方折,雅卓刚健。"半两"钱圆中有方,方外有圆,刚柔并济,静动结合,达到了匀称均衡之美的最高境界。

"半两"钱的造型极具政治色彩,它是秦代"天命皇权"的象征。秦代的统治者认为外圆象征天命,内方代表皇权,把钱做成外圆内方的形状,象征君临天下,皇权至上。"秦半两"流通到何处,皇权威仪就散布到何方。

秦半两

(五)三大水利工程

都江堰、郑国渠、灵渠并称为秦代三大水利工程。

都江堰位于四川都江堰市城西,建于秦昭王末年(约公元前256～前251),是战国时期秦国蜀郡太守李冰父子率众修建的一座大型水利工程,是全世界迄今为止,年代最久、唯一留存、仍一直使用、以无坝引水为特征的宏大水利工程,被誉为"世界水利文化的鼻祖"。

成都平原在古代是水旱灾害十分严重的地方,李白在《蜀道难》这篇著名的诗歌中"蚕丛及鱼凫,开国何茫然"的感叹和惨状,就是那个时代的真实写照。这种状况是由岷江和成都平原恶劣的自然条件造成的。秦昭襄王五十一年(公元前256年),秦国蜀郡太守李冰和他的儿子,吸取前人的治水经验,率领当地人民,主持修建了著名的水利工程都江堰。都江堰的整体规划是将岷江水流分成两条,其中一条水流引入成都平原,这样既可以分洪减灾,又可以引水灌田、变害为利。主体工程包括鱼嘴分水堤、飞沙堰溢洪道和宝瓶口进水口。在李冰的组织带领下,他们克服了重重困难,经过8年的努力,终于建成了这一历史工程。

公元前246年,秦王采纳韩国人郑国的建议,并命郑国主持修建郑国渠,它西引泾水东注洛水,长达300余里。泾河从陕西北部群山中冲出,流至礼泉进入关中平原。平原东西数百里,南北数十里。平原地形特点是西北略高,东南略低。郑国充分利用这一有利地形,在礼泉县东北的谷口开始修干渠,使干渠沿北面山脚向东伸展,很自然地把干渠分布在灌溉区最高地带,不仅最大限度地控制了灌溉面积,而且形成了全部自流灌溉系统。郑国渠修成后,灌溉面积达四万余顷,是我国古代最大的一条灌溉渠道,为秦统一六国奠定了经济基础。郑国渠工程之浩大、设计之合理、技术之先进、实效之显著,在我国古代水利史上是少有的,也是世界水利史上所少有的。

公元前221年,秦始皇统一六国以后,为了完成统一大业,接着向岭南地区发动了战争。起初战争打得很不顺利,究其原因是岭南地区山路崎岖,运输线太长,粮草接济不上。因此,军粮的运输问题成了当时决定这场战争胜败的关键。秦始皇果断地做出了"使监禄凿渠运粮"的决定。在史禄的主持下,经过秦军与被征发的劳动人民的艰苦劳动,几经寒暑,灵渠开凿成功。至此,从湘江用船运来的粮饷,可以通过灵渠,进入漓江,源源不断地运到前线,保证前方的需要。至秦始皇三十三年(公元前214年),秦军攻下了岭南全部地区,设置了桂林、南海、象三郡,并派兵戍守。至此,秦始皇完成了统一全国的伟大事业,而灵渠是我国乃至世界最古老的运河之一,其为完成这一伟大事业做出了重要的贡献。

(六)《吕氏春秋》

《吕氏春秋》,又名《吕览》,是吕不韦召集门下宾客,"兼儒墨,合名法",集体编纂而成的一部书。吕不韦(约公元前292—公元前235),本是阳翟富商,在邯郸经商时,结识了在赵国做人质的秦公子嬴楚。他深知奇货可居,便设法使嬴楚成为秦国的太子,待嬴楚登位,他随即被拜为丞相,封为文信侯,从此弃商从政。秦始皇执政后,尊其为相国,号仲父,但不久被免职,迁往蜀郡,忧惧自杀。

吕不韦身为秦相国时召集门客撰写的《吕氏春秋》,实际上是吕不韦提出的一套施政大略,反映了吕不韦对社会文化和人文文化的多方位体认。全书分为"十二纪""八览""六论"三个部分,共160篇,撮取儒、道、名、法、墨、兵、农、阴阳等诸家之说,内容涵盖政治、经济、军事、农业、外交、伦理、道德、修身等各个方面,同时涉及天文、历法、地理、乐律、术数等,是一本体系庞杂的学术著作,既有指导实践之用,又有知识教育之功,且蕴含着耐人深思的哲学意味,可谓先秦诸子百家的自然知识、社会知识、实践经验以及各种文化观念、哲学思想的提取和浓缩。而在总体思想构架上,则如汉代高诱《吕氏春秋序》所述:"以道德为标的,以无为为纲纪,以忠义为品式,以公方为检格,与孟轲、孙卿、淮南、扬雄相表里也。"是为糅合儒、道、法、墨为骨干,但尚未形成有机贯通的整体思想体系,所以《汉书·艺文志》将之列入"杂家"类。

《吕氏春秋》在当时并未大行于世,但其影响却始终不绝。汉代以后的历代统治思想实际上都是儒、道、法三家的互补,《吕氏春秋》可谓这种统治思想结构的萌芽,对后世具有启迪作用。因此,《吕氏春秋》是研究先秦思想史的重要资料,同时也是研究先秦文化史的可贵资料。从文章学的角度看,《吕氏春秋》结构比较完备,篇章规划整饬,不少文章明朗犀利,将故事、譬喻、议论有机融合在一起,在古代散文史上也有相当地位。

(七)百代皆行秦政事

秦王嬴政从公元前230年到公元前221年,用了10年时间,先后灭掉韩、赵、魏、楚、燕、齐六国,统一了中国,建立了秦朝,定都咸阳。秦朝的疆域,西自陇西(今甘肃临洮),东到大海,北起长城一带,南至象郡(今广西崇左)。

秦朝建立后,秦王嬴政自称"始皇帝"。为了巩固政权统一,维护封建统治,秦朝实行了一系列新的政策和措施:首先,创立了一套以皇帝为中心的官僚制度,把全国大权都集中到皇帝手里。中央设置了丞相、御史大夫和太尉等官职,协助皇帝处理朝政。他们都由皇帝任免,绝对服从和执行皇帝的命令,皇帝具有至高无上的权威。其次,推行郡县制。秦朝废除了古代分土封藩的制度,把全国划分为 36 个郡(后来陆续增设到 40 多个郡);郡下设县,郡县的长官都由皇帝直接任免。这样,皇帝就把统治全国的权力紧紧掌握在自己手中。

秦朝的建立,结束了长期割据混战的局面,建立了中国历史上第一个统一的多民族的封建国家。秦朝建立的封建专制的中央集权制度,在之后的 2000 多年间,一直为后来的封建朝代沿用,正可谓"百代都行秦政事"！秦对中国历史贡献巨大,作为封建王朝大统一的开创者,几乎没有哪个朝代可与之比肩。

三、秦都咸阳的建设

公元前 350 年,秦孝公在咸阳筑城建都,经过 100 多年准备,至秦始皇时,十年征战,剪除六国,第一次建成了中国历史上统一的多民族的封建帝国。咸阳之所以成为举世瞩目的历史古都,在于它是秦王朝八代 144 年的国都所在地。秦都咸阳规模恢宏,宫殿建筑鳞次栉比,是当时东方最大的城市,正如李商隐诗曰:"咸阳宫阙郁嵯峨,六国楼台艳绮罗。自是当时天帝醉,不关秦地有山河。"

秦咸阳城以商鞅建造的"冀阙宫廷"为中心,形成了一个群体拱卫的宫阙建筑。这里地处咸阳原边,极目南望,滔滔渭水东去,巍巍终南入怀。平畴沃野,群峰叠嶂,百二雄关尽收眼底;背倚"北陵",泾水环列,占据退守控扼要津。加之地势险要,物产丰饶,应该说是秦孝公、商鞅高屋建瓴的科学选择。其后,秦又兴建了以咸阳宫为中心的建筑群,北接"冀阙宫廷",南达渭滨,"端门四达",系渭北诸宫之冠。在灭掉六国的过程中,秦国陆续在咸阳宫东北,仿照六国宫殿,营建六国宫殿建筑群。

六国宫殿散布于咸阳原,同咸阳北区的其他宫殿杂处,在今咸阳市渭城区怡魏村一带仍可找到它们的踪迹。"殿屋复道,周阁相属",组成了如网如织的经络体系,充分体现了战胜群雄的大秦帝国的强盛气概。随着秦国的扩张,秦始皇又在渭河南岸修建了双子星座的章台宫、兴乐宫建筑群,通过横桥,直接同咸阳宫连为一体。渭河南岸另建极庙(信宫)建筑群,规模恢宏,甬道四出。两侧筑有屏障,横连渭北、骊山和甘泉。到秦始皇统治后期,又在渭南修筑了阿房宫建筑群,实现了都城重心的南移。阿房宫地处上林苑中,"表南山之巅以为阙,络樊川以为池",完全是拟议中的建宫设想与远景规划。

分布在秦都咸阳的其他宫殿建筑,多属离宫别馆、行宫,散布在泾水之南、渭河两岸,各具千秋。如兰池水色澄碧,蜿蜒曲折,沉璧熔金,悠然入渭。兰池宫掩映于万绿丛中,风景如画。宜春苑中水波潋滟,万花簇拥宜春宫。望夷宫独树高标,危楼耸峙,临泾控北,望断烽烟。渭水之南,地势平阔,殿屋重重,星罗棋布,六英、华阳、芷阳、清台等宫殿建筑,点缀其间,更具一番诗情画意。

虽然秦咸阳古都存在的时间很短,便遭到项羽入关时"楚人一炬,可怜焦土"的焚毁之灾,没有像其他古都那样留下较多的遗迹。但它确曾以富丽雄壮的姿态存在并屹立于渭水之滨,昔日咸阳的精神气象,建筑格局,规划方略,也是空前绝后的。从历史的角度讲,它当为历史古城之最,属海内外独树一帜的古代帝国之都。

第三节 长乐未央——汉代开辟丝路与建都长安

西汉政府很重视发展农业,鼓励老百姓从事农业生产,首先是掀起了一个兴修水利的热潮。在关中中部,由于郑国渠年久湮塞,遂兴修了白渠,以浇灌原郑国渠灌区的土地;又另修六辅渠,以灌溉原郑国渠旁高仰之地;同时还在周至县兴修了灵轵渠。在关中西部,兴修了引自汧水的渠和引自渭水的成国渠。在关中东部,兴修了引自洛水的龙首渠,即历史上有名的井渠。其次还有西起长安城,东迄渭河入黄河处的漕渠,兼有漕运与灌溉之利。再加上代田法、区田法等新农作技术也是首先在关中发明和推广的。这些都有力地促进了关中经济的进一步发展和繁荣,也为首都长安城的建设和扩大提供了丰富的物质支持,从而使长安城成为当时全国最大的城市以及政治、经济、文化中心。自张骞出使西域后,长安城又成为丝绸之路的起点,并逐渐发展成为国际性的大都会。汉长安城规模宏大,建筑宏伟,当时世界上的其他任何一座城市都无法与之相比,它代表了当时城市发展的最高水平。

一、西汉王朝的建立

(一)秦暴政与陈胜发难

公元前210年,50岁的秦始皇第五次出巡,由于长途跋涉,劳累过度,归途中一病不起,车驾行至沙丘(河北巨鹿东南),悄然死去。赵高、李斯互相勾结,拥立胡亥即位为二世皇帝。秦二世即位后,推行了一系列倒行逆施的政策。首先,"灭大臣而远骨肉",尽除先帝之故臣,残杀兄弟姊妹。其次,秦二世又兴师动众东巡郡县,至会稽,到辽东,名曰"威服海内",实属劳民伤财之举。再次,大兴土木,加重赋役刑法,复修阿房宫,赋敛愈重。秦二世赵高集团的荒淫无道,最终导致了陈胜吴广起义的爆发。

公元前209年,秦二世下令征发淮河流域的900名贫苦农民去防守渔阳(今北京密云)。佣农出身的陈胜和贫农出身的吴广被指定为屯长。当他们走到蕲县大泽乡(安徽宿县西南)的时候,连绵的阴雨把他们阻隔在这里,不能如期赶到渔阳戍地。按照秦法规定,误了期限就要全部被处死。押送他们的两个军尉非常残暴,陈胜和吴广就借机把军尉杀掉,接着对大家说:"各位遇到大雨,都已误期,误期要被处斩。即使不杀我们,而戍守边疆死的也有十之六七。何况壮士不死则已,既然要死,就要干出一番轰轰烈烈的事业来!"他们的话激励了戍卒的斗志。大家推举陈胜为将军,吴广为都尉,提出了"伐无道,诛暴秦"的口号,组成一支农民起义军。中国历史上第一次农民大起义爆发了。起义军占领大泽乡,攻下蕲县,其所到之处,贫苦农民纷纷响应。陈胜、吴广领导的起义军攻占陈县后,建立了张楚政权,陈胜为王。这是中国历史上第一个农民革命政权。陈胜、吴广起义虽不到一年即告失败,但因此在全国燃起的反秦烈火,不久就推翻了秦王朝的统治。

(二)西汉王朝的建立

秦朝末年天下大乱,到处出现割据势力,而刘邦和项羽也在这时崛起。他们找到了楚王的后代,立为楚怀王(后为楚义帝),并且各自出兵,打算攻灭秦朝。

刘邦听从谋士的安排,于公元前206年首先攻入秦都咸阳,秦王子婴投降,刘邦实现"先入关者为王"的约定而成汉王,但因自己的实力不及项羽,便退军霸上。此后项羽渐握大权,他杀掉了楚义帝,自封为"西楚霸王",凭借自己强大的武力进行统治,分封诸侯。他将刘邦封在陕南,且将刘邦的国号定为汉。不久,刘邦整顿军队大举进攻项羽,前期并不占据优势。不过,刘邦的军事才能虽然无法与项羽相比,但刘邦善于使用人才,他重用萧何、张良、陈平等谋士为他效力。更重要的是,他得到了不被项羽重用的将领韩信,正是韩信出色的军事才能使局面逆转。在最后的垓下战役中,刘邦赢了项羽,而项羽拒绝了属下东渡乌江卷土重来的建议之后,在乌江边自尽,为楚汉战争画上了句号。

公元前202年,刘邦称帝,定国号为汉。五月定都长安,西汉王朝就此诞生了。

二、西汉治国成就

(一)从文景之治到汉武强国

汉高祖十二年(公元前195年)四月刘邦去世,享年63岁。子盈嗣位,是为惠帝。惠帝生性忠厚,但相当懦弱,因此由他的母亲吕后主持国政。吕后为人刚毅,知人善任。惠帝之初,仍以功臣萧何、曹参为相国,曹参信奉黄老学说,以"清静无为"作为理政的原则,一切遵循萧何所定的旧规,竭力避免苛烦的兴作,以休养生息;对外族保持和平关系,对诸侯国也采取放任政策。

汉初之所以推行无为政治,原因有二:一是秦虽以尚法亡国,但其制度,甚为完备。汉初儒学衰微,汉人更承袭了秦人的轻儒之风。道家在战国末年虽是显学,但其本身并没有形成一套完备的政治制度。至于汉廷君臣,大都出身于底层社会,本身没有创立制度的能力。因此汉廷除承袭秦法外,别无其他的途径可循。二是自秦统一直至汉初的20年间,人民因暴政及战乱,财产及精力早已消耗殆尽,举国上下莫不希望获得喘息的机会,而道家的政治精神正合乎他们的心意。因此汉初实行无为政治,实有其情势上的必要。

在吕后主政的15年中,她始终遵循着无为的政治原则,与民休养生息。公元前180年9月,陈平、周勃尽诛吕氏诸王,拥立代王刘恒为帝,开始了文景之治。

文帝、景帝时期,进一步采取了轻徭薄赋,与民休养的政策。汉文帝十分重视农业生产,他即位后多次下诏劝课农桑,按户口比例设置三老、孝悌、力田若干员,经常给予他们赏赐,以鼓励农民发展农业。同时还注意减轻人民负担,文帝二年(公元前178年)和十二年(公元前168年),曾两次"除田租税之半",即租率减为三十税一,文帝十三年还全部免去田租。文帝时,算赋也由每人每年一百二十钱减至四十钱,徭役则减至每三年服役一次。景帝二年(公元前155年),将秦时17岁傅籍给公家徭役的制度改为20岁始傅,而著于汉律的傅籍年龄则为23岁。这对于农业发展都有一定促进作用。汉文帝对秦代以来的刑法也做了重大改革,下诏废除黥、劓、刖,改用笞刑代替;景帝又减轻了笞刑。文帝时许多官吏能够断狱从轻,持政务在宽厚,不事苛求,因此狱事简省,人民所受的压迫比秦时有显著的减轻。文景两代对周边少数民族也不轻易动兵,尽力维持相安的局面。后元二年(公元前162年),文帝与匈奴定和亲之约,此后匈奴虽背约屡犯边境,但文帝只是诏令边郡严加备守,并不兴兵出击,以免烦扰百姓。

文景之治之所以成为封建社会的盛世,与文帝的励精图治是分不开的。他即位不久,就废止了诽谤妖言之罪,使群臣能大胆地提出不同的意见。文帝自己也相当节俭,在位24年,宫室苑囿、车骑服御之物都没有增添。他屡次下诏禁止地方上贡奇珍异物。因为文帝提倡节约,所以当时国家的财政开支有所节制和缩减,贵族官僚也不敢滥事搜括、奢侈无度,从而减轻了人民的负担,这是"休养生息"政策的重要内容之一。西汉文帝、景帝两代40年左右的时间,政治稳定,经济生产得到显著发展,被视为封建社会的盛世,史称"文景之治"。

汉武帝时,为进一步加强中央集权,统一全国思想,汉武帝采纳了大臣主父偃的建议,实行"推恩令";设刺史和司隶校尉,监察地方和中央;削弱相权,加强皇权;最为重要的是采纳董仲舒"罢黜百家,独尊儒术"的建议。此外,汉武帝大量提拔儒生充当中央和地方官吏,不治儒学之博士皆被罢免,自宰相至地方官几乎全由士人充任。汉武帝又设五经博士,专授儒家经典,同时又设太学、办学校、察举孝廉,使儒家思想渗透到各个阶层,成为国家政策及统治的理论依据。

军事上对匈奴发动了三次大规模的进攻。公元前200年,刘邦因"白登之围",使其在西汉前期对于匈奴只好奉行和亲的政策,但匈奴还是屡次南下,威胁到长安的安全,中原地区的农耕生产也屡遭破坏。因此,在公元前127年,汉对匈奴发动进攻,第一、二次进攻分别夺回了河套和河西走廊地区,第三次把匈奴赶到蒙古大沙漠以北,使得匈奴在相当长的一段时间再无实力与西汉抗衡,部分匈奴人开始西迁。

外交上汉武帝派张骞两次出使西域,西域各国相继派使者访问长安。张骞通西域后,形成了"丝绸之路",促进了东西方的经济文化交流。中国成为当时世界上著名的强国。

汉武帝统治时,西汉达到了鼎盛时期。中央集权得到了进一步加强,当时国家的不稳定因素也得到了解决,实行的"罢黜百家,独尊儒术"使得儒家学说成为封建王朝的正统思想,在我国延续了2000多年。

(二)从和亲到北击匈奴

西汉初期一直采取和亲政策,对匈奴忍让,企图换取边境的暂时安宁。不过匈奴却愈益骄横,连年入侵边郡,抢掠人口畜产。据史籍所记,陇西、上谷、云中、辽东等郡经常遭侵袭,特别是云中、辽东,每年被匈奴杀害和掳去的人口在一万以上。匈奴"小入则小利,大入则大利",西汉完全处于被动挨打的地位。汉景帝时,由于经济的恢复,军事力量逐渐增强,匈奴只能"小入盗边",双方力量的对比开始发生变化。

公元前133年,汉武帝采纳了王恢的建议,遣马邑(山西朔县)人聂壹诱匈奴单于深入掠夺,汉兵30万埋伏在马邑附近山谷中,准备一举歼灭匈奴的主力。不料计谋泄露,匈奴迅速撤兵,逃出边境。从此西汉与匈奴展开了长期的频繁的战争。卫青、霍去病率军多次击败匈奴。危害汉朝百余年的匈奴边患基本得到解决。

汉宣帝时,匈奴内部发生严重的纷争,五个单于争夺统治权,最后呼韩邪与郅支两个单于据地对抗。公元前52年,呼韩邪单于降汉,愿为汉防守阴山。公元前36年,汉西域副都护陈汤在康居击杀郅支单于,呼韩邪单于复得匈奴全部土地。从此匈奴亲汉,不再南侵。此后六七十年间,汉北部边境呈现了"边城晏闭,牛马布野"的和平气象。

(三)张骞通西域

玉门关(在甘肃敦煌市西)、阳关(在甘肃敦煌市西南)以西的中亚、西亚乃至欧洲,汉时统称为西域。天山以南,昆仑山以北,葱岭以东有广大的塔里木盆地(天山南路),这一带存在着36个小国,因为东部接连敦煌,汉势力向西发展,这些小国首先被征服。汉时狭义的西域,就是指的这36个小国。

公元前119年,汉武帝组织了一个300多人的探险队,携带大量的马匹、牛羊、金帛货物,以张骞为首,出使乌孙国。张骞在乌孙分遣副使,到大宛、康居、大月氏、大夏等国,汉与这些西方国家开始了正式的交流。此后,汉武帝连年派遣许多使官到安息(波斯)、身毒(印度)、奄蔡(在咸海与里海间)、条支(安息属国,在波斯湾西北岸,底格里斯及幼发拉底两河汇合处)、黎轩(又作犁靬,即大秦。这里是指当时附属于大秦的埃及亚历山大城)诸国去。汉文化随着这些使官广泛地传播到遥远的西方。

从西方传到中国来的,物产方面,家畜有汗血马,植物有苜蓿、葡萄、胡桃、蚕豆、石榴等10多种。文化方面,有乐器乐曲的传入。这些西方文化特别是佛教哲学的东来,大大影响了东方人的精神生活。

从中国传到中亚以至欧洲去的货物,主要是丝、丝织品、铁。公元前四五世纪,希腊人称中国为塞里斯(Seres),意思是丝国。自通西域后,汉与中亚的交通更通畅,丝的输出也更多了。安息地处中亚和欧洲交通的要塞,丝就靠着安息商人转运到欧洲。

公元前 60 年,西汉政府设置了西域都护府,总管西域事务,保护往来商旅。从此,西域正式归在中央政权的统治下。

张骞不畏艰险,从渭河流域这片土地上出发,两次出使西域,沟通了中国同西亚和欧洲的通商关系,开拓了历史上著名的"丝绸之路"。

三、汉长安城建设

汉长安城的修建经历了三个时期。汉高祖时,修复了兴乐宫并更名为长乐宫,又建起了未央宫、北宫和武库。汉惠帝又分五次完成了长安四面城墙的修筑工程,并建成了东市和西市。第三个阶段是汉武帝时期,在长安城内增建了桂宫和明光宫并扩修北宫,城西南扩充了上林苑,并开凿昆明池,这是汉长安城建设的鼎盛时期。西汉末王莽时期,在城南修建起明堂、辟雍、灵台等礼制建筑。

汉长安城遗址位于今西安市西北郊约 5000 米的汉城乡一带,其城墙高大结实,汉惠帝前后用了 5 年时间才修筑而成。汉长安城城墙为夯土结构,高约 12 米,墙基宽 12~16 米,东墙约长 6000 米,南墙约为 7600 米,西墙约长 4900 米,北墙约为 7200 米,周长 25700 米左右,城内总面积达 36 平方千米,至今遗址地面仍有断续残存,残存最高达 8 米。城墙外侧环绕宽约 8 米、深约 3 米的城壕,高大结实的城墙和护城壕构成了汉长安城的防御体系。

汉长安城四面各有三座城门,每座城门大小不一,但都依据严格的规制设计,从东墙北起:东面是宣平门、清明门、霸城门;南面是覆盎门、安门、西安门;西面是章城门、直城门、雍门;北面是横门、厨城门、洛城门。每个门各有 3 个门道,门洞宽 6 米。目前,东面的霸城门城墙保存较为完整。

汉长安城内街道布局整齐,共有 8 条大街,160 个里坊,9 个市。这 8 条街道在城内交错纵横,将长安城分割成了大小不等的一块块方形或长方形区域。每条大街宽约 45 米,道旁栽植槐、榆、松、柏等树木,以水沟间隔成并行的三股,中间是皇帝专用的驰道,两侧为官吏和平民使用。大街互相交叉汇合,长度不一(最长的是安门大街,长达 5500 米)。

城内以宫殿、贵族邸宅、府寺、宗庙等建筑为主。宫殿集中于城的中部和南部,约占长安城面积的 2/3。少数贵族的邸宅在未央宫的北阙一带,被称为"北阙甲第"。东、西市工商业区在城的西北角,有著名的"长安九市",商业极为发达。居民区分布于城的东北部,以里为单位,共 160 个。这种布局改进了战国时期大小城相套的旧制,把三区同置于一城之中,后世都城建制都沿袭这一格局。

汉长安城内的主要宫殿有长乐宫、未央宫、桂宫、北宫、明光宫等,城西墙外有建章宫,有主要的三大殿区,即长乐宫区、未央宫区和建章宫区。

长乐宫位于城东南隅,又称"东宫"。此宫由 14 座宫殿楼阁组成,宫墙墙基宽约 20 米,周长约 10 千米,宫内面积约 6 平方千米,约占长安城总面积的 1/6。宫内有前殿、临华殿、长信宫、长秋殿、永寿殿、神仙殿、永昌殿和钟室等。汉高祖刘邦在这里视朝。刘邦死后,惠帝移住未央宫。长乐宫专供太后居住,称为东宫或东朝。

未央宫位于城西南隅,又称西宫,由惠帝开始,成为皇帝朝会之处。此宫由 40 多座宫殿楼阁组成,呈正方形,宫墙东西长约 2150 米,南北宽 2250 米,宫内面积约 5 平方千米。四面各开辟有一个司马门,东门和北门外立有阙。宫内的主要建筑物有前殿、宣室殿、温室殿、清凉殿、麒麟殿、金华殿、承明殿等。从西汉开始,西晋、前赵、前秦、后秦、西魏、北周等 7 个朝代的皇帝都在未央宫内处理朝政,是中国历史上最著名的宫殿。

建章宫位于城西上林苑内,由众多宫殿组成,号称"千门万户",是汉武帝修建的别宫。其前殿高于未央宫,东有凤阙;北有太液池,池中有蓬莱、方丈、瀛洲诸岛;南有神明楼、井干楼等建筑。

汉长安的另一特点是在城东南与渭河北岸的咸阳原上设置了 7 座城市——陵邑,所谓"七星伴月",这些陵邑都是从各地强制迁移来的富豪之家,用以削弱地方势力,加强中央集权。

第四节　南北一统——隋代再次统一与建都大兴

隋朝是中国历史上,上承南北朝、下启唐朝的重要朝代。为了巩固统治,隋朝政府在政治、经济、文化及外交等领域进行了大刀阔斧的改革。

一、隋王朝的建立

长达两个多世纪的南北分裂给中华民族带来了深重的灾难,在水深火热中挣扎的黎民百姓盼望统一、思念和平。而承担结束分裂割据局面,重新统一中国这一历史重任的,就是隋文帝杨坚。

《隋书》是这样记载杨坚相貌的:"为人龙颜,额上有五柱入顶,目光外射,有文在手曰'王',长上短下……"由此可知,杨坚是一个相貌非常奇特的人。杨坚是弘农郡华阴(今陕西华阴)人,出身于北朝有名的关陇大族弘农杨氏,相传他是东汉太尉杨震的十四代世孙。其父杨忠,是北周名将之一,早年随宇文泰在关西起兵。由于杨忠屡建奇功,位至柱国大将军、大司空、随国公。少年时的杨坚不喜读书,因其父亲是功臣,杨坚在14岁就开始了政治生涯。15岁被授予散骑常侍、车骑大将军。16岁迁为骠骑大将军。周武帝时,晋封大将军。公元566年,鲜卑大贵族、柱国大将军独孤信意识到杨坚前途无量,便把自己14岁的女儿嫁给了杨坚。从此杨坚成为周明帝的连襟,杨坚的地位得到进一步提高。公元568年,杨忠死,杨坚继承了随国公的爵号。公元577年,北周灭北齐,杨坚立下战功,又晋封柱国。

不久周武帝又将杨坚长女聘为皇太子妃,从此,杨坚更加受宠。建德七年(578年),周宣帝即位,杨坚长女被立为皇后,杨坚拜为上柱国、大司马,掌握了朝政大权。北周大象二年(580年)春,年仅7岁的周静帝继位。杨坚以太后父亲的身份总理朝政,控制了北周最高军政大权。当时,相州

(今河南安阳)总管尉迟迥不满杨坚专权,联合益州(今湖北安陆)总管司马消难先后起兵反杨。杨坚命上柱国韦孝宽讨伐尉迟迥,平息了叛乱,完成了夺取北周政权的准备工作。

公元581年,杨坚终于穿上了龙袍,在百官簇拥下坐上皇帝的宝座。杨坚由继承父亲的随国公起家,进位随王,故把自己新王朝的国号定为随,他又感到随字是走字旁,与走同义,不太吉利,便改"随"为"隋"。改元开皇,舍去了汉长安城,在其东南另建新都,称大兴城,唐称长安城。

隋文帝结束了自西晋末年以来近300年的分裂割据局面,实现了自西晋灭亡衣冠南渡以来中国的又一次统一。宋朝的陈普在《历代传授歌》中歌颂道:"北齐后周犹一隅,隋文混一朔南暨。"著名学者王夫之评论说:"隋文之待威也,固以古大臣之任望之;威之所以自见者,亦以平四海、正风俗为己功。"又说:"开皇元年,隋主服黄,定黄为上服之尊,建为永制。"自隋文帝开始穿黄袍以后,黄色的袍服就成为中国历代皇帝的专用服色。

二、治国成就

(一)开凿南北大运河

隋朝统一全国后,隋文帝先在汉长安城的东南龙首原建大兴城作为都城,为供京师所需。开皇四年(584年),隋文帝命宇文恺主持修建了一条150千米长的广通渠,从大兴城东引渭河水到达潼关,与黄河连接起来,用以漕运关东的粮食。开皇七年,为准备灭陈,又派梁睿沿春秋时吴王夫差所开挖的邗沟故道,开挖山阳渎,自山阳(今江苏淮安)引淮水,经江都至扬子(今江苏仪征)入长江,用以向南方运兵、运粮。

隋炀帝即位后,于大业元年(605年)征调江南、淮北100多万民工修建通济渠(汴渠),从洛阳西苑引谷、洛二水到达黄河,再从板渚(今河南荥阳东北)引黄河水入汴水,复自大梁东面引汴水入泗水,最后到达淮水。同年,又征发淮南十几万民工,用半年时间,对隋文帝时开挖的山阳渎进行疏通、扩大。大业四年,征发河北100多万民工,修建永济渠,南引沁水达黄河,北到涿郡(今北京)。这就是洛阳到北京的北段大运河。因炀帝亲自巡幸,故名御河。大业六年,又在长江以南开挖江南运河,从京口(今江苏镇江)引长江水到达余杭(今浙江杭州)。至此,贯通南北、以洛阳为中心、南通杭州、北通北京的大运河凿通,全长2700多千米。

从隋大业六年(610年)全线贯通,到1855年南北断航,大运河作为中国水路运输的重要通道历时1200多年,在中华民族的发展史上,为发展南北交通,促进南北之间经济、文化等方面的交流做出了巨大的贡献。

(二)开创科举制度

隋初,围绕着选士问题,曾经展开过激烈的争论。隋文帝为了集中选士大权,于开皇三年(583年)下诏举贤良。587年,隋文帝下诏,每州每岁贡士三人。州县保荐贡士的标准是文章华美。文章华美的士人,州可保荐应秀才科,受特别考试。山东士族受南朝影响,学华美文章为专业,早成风气,朝廷无法遏制。开皇十八年隋文帝令京官五品以上,地方官总管、刺史,以志行修谨(有德)、清平干济(有才)二科举人。取士按德才,是想改变文章取士的惯例,可是事实上还是行不通。李谔上书请正文体,言及魏晋士人"竞骋文华,遂成风俗,江左齐梁,其弊弥甚……世俗以此相高,朝廷据兹擢士"。可见齐梁以来,南朝士族求官,不仅凭门阀,还要凭文章。南北统一后,南方士人一向有这种惯例,自然要用文章做进仕的工具。到隋炀帝大业二年七月"始建进士科"。大业三年又定十科举人,包括孝悌有闻、德行敦厚、节义可称、操履清洁、强毅正直、执宪不挠、学业优敏、文才秀美、才堪将略、膂力骁壮等,其中"文才秀美"一科,当为进士科。朝廷用试策的方法加以考试(所谓策是指时务策,也就是国家政治生活方面的政论文),以考试的成绩作为录取的标准。进士科的开始标志着科举制的正式产生。

隋炀帝本人是个文学家,创立进士科,以考试诗赋为主。这是科举(主要是进士科)制度的开始,南北士人凭文才来竞争高低,魏、晋以下凭门阀高低做官的制度,从此逐渐为科举制度所代替。进士科的作用,不仅是提倡华美文学,更重要的意义是有助于消除南北士族的界限。科举之制在隋代只不过初具雏形,国运短暂也使新生的科举制度未能发挥出应有的作用,加之隋统治者多好佛老而不尚儒术,所以也不甚重视科举取士。科举在隋代虽还不居于主导地位，但它取代了九品中正制，从政治上、文化上削弱了士族豪门势力，在一定程度上限制了门阀士族把持选士的局面，为社会中下层有能力的读书人参加政权开辟了道路，扩大了统治阶级的社会基础。

三、营建大兴城

唐长安城的前身是隋大兴城。我们今天所说的唐长安城，其实是隋文帝杨坚的决策，建筑大师宇文恺的杰作。唐代的辉煌，掩盖不住隋代的光辉。

公元581年，杨坚改朝换代，建立了隋朝，仍以汉长安城为都。但建于西汉初年的汉长安城，久经战乱，破败不堪。近800年来历经数个朝代，城市诸多功能已丧失殆尽。尤其是城市垃圾一直采取挖坑掩埋的方式进行处理，生活污水直接排入地下，导致地下水源严重污染。隋朝大臣庾季才向皇帝报告："汉营此城，经今将八百岁，水皆咸卤，不甚宜人。"隋文帝是一个有雄图抱负的人，立志建立一个强大统一的新王朝，加之汉长安城面积狭小，也不宜再做新都，遂决定放弃旧城，另辟新址，最后选择在汉长安城东南龙首原南坡的平原上兴建都城。杨坚早年曾被封大兴公，新都便取名"大兴城"，取其永远兴盛之意。

西安总的地形为东南高西北低。发源于秦岭山地的灞河、浐河和潏河等，因为受到这种地形特点的制约，纵贯西安东南地区，趋向西北流入渭河。这些河流，切割了西安市区的平原，使它们几乎都成为东南、西北向的长条形。相对来说，只有灞河、浐河和潏河之间的这块平原最为开阔，东西宽约17千米，南北长约40千米，它以龙首原为分界线，形成南北两个不同的地形单元。龙首原位于现在西安市区的北部，呈西南—东北走向，形似一条游龙，当初汉长安城就建在龙首原的北部。而在龙首原南面与少陵原北面之间恰有一块平原，海拔大致在400米到450米之间。尽管其间仍有不少高地和低地参差起伏，但原面基本平坦，而且从它的东、西、南方向引水入城，还可以解决城市用水问题。

公元582年,隋文帝任命宰相左仆射高颎总领其事,任"巧思过人"的太子左庶子宇文恺为总设计师,营建新都。第二年3月即已基本建成宫室。同月,隋文帝迁入新都。自决策建都到迁都,只用了10个月时间。当时除外郭城垣还来不及建成外,其他如宫城、皇城、宫殿、官署、坊里、住宅、两市、寺观引水渠道多已建成,修建速度相当快。这一方面由于新都规划完善,组织施工有方;另一方面是因为新都不少宫殿、官署是从汉长安故城迁建的。如唐玄宗开元初年长安太庙坍毁,大臣报告说因为它原是前秦苻坚的太庙,隋文帝迁建于此,故年久朽毁。不管怎样,如此庞大的都城能在不到一年时间里完成,仍然体现出设计者与施工者非凡的组织才能与高超的运筹天赋。

第五节　盛世气象——唐代盛世与长安国际大都会

唐朝是中国历史上的盛世之一,也是当时世界的强国之一,在文化、政治、经济、外交等方面都有很高的成就。当时新罗、高句丽、百济、渤海国和日本等周边的民族政权和属国在政治体制与文化等方面都受到唐朝的很大影响。在唐朝初期,社会经济处于上升阶段,是历史上中国向周边国家进行文化与技术大输出的一个时期,同时亦是从外族文明汲取诸多的一个时期。唐朝的后期,处于中国历史的转折期,土地、盐铁、赋税制度的改革标志着社会的变化,自中期以下的繁荣,主要表现在工商业特别是商业的兴盛上。唐代的科技、文化、经济、艺术具有多元化的特点。唐朝文化兼容并蓄,接纳海内外各民族文化,形成开放的国际文化。

唐长安城因为唐代经济的繁荣,成长为更大的国际化大都市。其规模更加宏大,整个城垣面积达84平方千米,居住人口超过百万以上。城中的坊里布局与规划,代表了古代城市发展的新阶段和新水平。城中设置了两个市场,即西市和东市,都是国际化的大市场,特别是西市,每天往来的西域商人多达数千人,其交易之繁盛可见一斑。还有国际使者、留学生、僧人等,络绎于途,推动和促进着唐长安城中国际政治、经济与文化方面的交流。

一、唐王朝的建立

(一)晋阳起兵

李渊祖籍陇西成纪(今甘肃秦安),祖父李虎为西魏时的柱国大将军,与宇文泰、独孤信等为著名的"八柱国",北周时追封为唐国公。其父李昞曾任北周安州总管、柱国大将军。

李渊7岁袭封唐国公,母独孤氏与隋文帝的皇后独孤氏都是独孤信的女儿。妻子窦氏是隋定州总管神武公窦毅之女,其母为北周武帝之姐襄阳长公主。因此李渊与北周、隋朝的上层统治集团有着极为密切的关系。

大业十三年(617年),隋炀帝任命李渊为太原留守。5月,李渊、李世民父子在晋阳令刘文静、晋阳宫监裴寂等人的支持下,以"通突厥"的罪名杀掉副职王威、高君雅,于晋阳城(山西太原市)起兵反隋,史称"晋阳起兵"。

同年7月,李渊任命四子李元吉留守太原,自己亲率兵甲3万,从晋阳出发,沿着汾河谷道南下,自壶口渡河,至朝邑长春宫(今陕西大荔朝邑镇西北),"关中士民归之者如市"。李渊分兵两路,命李世民率刘弘基等数万人,攻取渭水北岸之地。命李建成、刘文静数万人屯永丰仓(今陕西华阴东北),扼守潼关,以御东方援敌,以此对长安形成钳形攻势。

李渊的女儿(柴绍之妻,开国后封为平阳公主)听到李渊进军的消息,在鄠县(今陕西户县)散家财,召集数百人,又遣家人马三宝说降邻近的李仲文、向善志、何潘仁、丘师利等部,部众至数千人。李渊的女婿段纶在蓝田起兵,有众万余。李渊的从弟李神通也在鄠县起兵,众至数千。其中平阳公主的势力最大,召集诸部攻下盩厔(今陕西周至)、武功(今陕西武功西北)、始平(今陕西兴平)等县,部众发展至7万人,号称"娘子军"。李世民一路西进,所到之处,"吏民及群盗归之如流"。及至泾阳(今陕西泾阳),胜兵9万,与"娘子军"相会,声势大震。李渊乃命李建成率永丰仓精兵,自新丰西进长乐宫,李世民回师北屯长安故城。李渊引军西行,10月,李至长安,驻营春明门(长安城东面三门之一)外。"所过离宫园苑皆罢之,出宫女还其亲属。"然后合兵20余万,围攻京城。11月,发起攻势,一时"云梯竞耸,楼橦争高,百道齐来,千里并进"。军头雷永吉等先登,守军溃散,遂克长安。李渊入城,迎代王杨侑于东宫。李渊居长乐宫,"与民约法十二条,悉除隋苛禁"。之后迎立13岁的代王杨侑为帝,即隋恭帝,遥尊炀帝为太上皇。

(二)李渊建唐

李渊出身关陇贵族,由于其母的关系,他7岁袭唐国公,长大后更是"倜傥豁达,任性真率,宽仁容众",且"无贵贱咸得其欢心"。李渊历任谯、陇、岐三州刺史,荥阳、楼烦两郡太守,殿内少监、卫尉少卿、太原留守。显赫的官宦世家和多年的仕途历练,把李渊培养成为一名成熟的政治家。

隋朝末年,天下大乱,农民起义风起云涌,先后有上百支队伍竖起了反隋大旗。隋各地方势力也纷纷倚兵自重,隋朝在烽烟四起中动荡飘摇。此时的李渊不显山、不露水,在诸多反隋势力中,他起步较晚,却能够在极短的时间内率先攻下长安。从大业十三年(617年)六月起兵反隋,到武德元年(618年)五月称帝建唐,前后只有一年时间。

在历史上,刘邦创建西汉用了7年,刘备立足西蜀用了33年,石勒图霸中原用了25年,拓跋珪复兴故国用了11年,阿保机扬威草原用了10年,元昊称霸西北用了6年,铁木真崛起漠北用了22年,朱元璋驱除鞑虏用了16年。与他们相比,李渊只用1年就奠定了大唐基业,堪称奇迹。历代通过沙场征战改朝换代的开国皇帝,像李渊这般沉稳、老练、缜密、果决者,恐怕找不出第二个。

李渊起兵时,恰逢李密、窦建德、杜伏威等在中原和江淮地区牵制了隋军主力,隋炀帝本人也坐镇江都。而长安反倒成为隋朝军事力量比较薄弱的地方。自古就有"得关中者得天下"之说,谁占据关中,谁就能掌握主动权。战机稍纵即逝,李渊抓住关中空虚这一时机,兵锋西指,乘虚入关,直取长安。这支军队如同一把尖刀,径直插向隋朝的腹心地带,抢先占据了长安。长安是隋朝国都,也是全国的政治、经济、文化中心。李渊以长安"号令天下",可谓走了一条捷径。

占据长安后,李渊没有急于称帝,而是重新打出了尊隋的旗号,架空隋炀帝,把年仅13岁的杨侑立为皇帝。李渊此举,一方面可以避免谋反罪名,缩小敌对面;另一方面可以打着安定隋室的幌子公开招兵买马,扩大自己的势力。同时,李渊对有功之臣和隋朝旧臣大肆封赏,以收买人心。义宁二年(618年)四月,隋炀帝被杀,秦王杨浩、越王杨侗相继被立为皇帝,其他地方势力和起义军也纷纷称帝称王。在这种形势下,李渊也加快了改朝换代的步伐。

公元618年5月,杨侑禅位,李渊登基称帝。孙伏伽上表赞誉李渊"龙飞晋阳,远近响应,未期年而登帝位"。虽有吹捧之意,却也符合史实。此后,李渊开始了对外的统一战争,先后追杀薛仁杲、驱逐刘武周、迫降王世充、俘斩刘黑闼,统一了全国;对内加强中央集权,不断完善各项制度、法律,为"贞观之治"打下了坚实基础。李渊是反隋建唐的核心决策者,如果没有李渊的高瞻远瞩、海纳百川和统一指挥,唐朝的建立与否还是个未知数。不少学者把唐朝的建立归功于李世民,显然是不符合历史事实的。

二、治国成就

(一)从贞观之治到开元盛世

公元626年,李世民发动玄武门之变,杀死自己的兄长太子李建成、四弟齐王李元吉及二人诸子,被立为太子。唐高祖李渊不久退位,李世民即位,即为唐太宗,改元贞观。

唐太宗从隋末的农民战争中认识到广大群众力量的伟大,吸取隋朝灭亡的教训,非常重视老百姓的生活。其留心吏治,选贤任能,知人善用,从谏如流,重用魏徵等诤臣;并采取了一些以农为本,厉行节约,休养生息,文教复兴,完善科举制度等政策,使得社会局面安定;其大力平定外患,尊重各民族风俗,促进了民族关系的融合,稳固边疆。太宗被四方诸国尊为"天可汗"。太宗执政的贞观年间(627—649),在君臣的共同努力之下,出现了一个政治清明、经济发展、社会安定的治世局面,史称"贞观之治",其为后来的开元盛世奠定了坚实的基础。唐太宗死后,李治即位,是为唐高宗。唐高宗共在位34年。高宗在即位之初,继续执行太宗制定的各项政治经济制度,由李勣、长孙无忌、褚遂良共同辅政。他们君臣都牢记太宗的遗训,奉行不渝。故永徽年间,边陲安定、百姓阜安,有贞观之遗风,史称"永徽之治"。

公元712年,唐睿宗让帝位于李隆基。公元713年7月,李隆基果断地除掉了太平公主及其党羽,并将投靠太平公主的官员全部罢官废黜,把朝廷大权牢牢地掌握在自己手中。从此以后唐玄宗励精图治,任用贤才,终于开创了有唐一代的鼎盛局面,史称"开元盛世"。

唐玄宗在位44年(712—756),其统治可分开元(713—741)和天宝(742—756)两个时期。唐玄宗在开元年间,是一位励精图治的皇帝,他先后在宰相姚崇、宋璟、张说、张九龄等人的协助下,针对中宗、睿宗时的弊政,进行各方面的改革:裁汰冗官,擢拔贤才,打击豪强,裁减封户,兴修水利,发展农业等。到开元中后期,唐朝社会经济发展到最高峰,史称"开元盛世"。这种鼎盛的局面不仅指开元时期,而且也包括安史之乱爆发前的天宝时期,当时的政治家元结(次山)说:"开元、天宝之中,耕者益力。四海之内,高山绝壑,耒耜亦满。人家粮储,皆及数岁。太仓委积,陈腐不可较量。"史书在描述这一时期社会状况时写道:"海内富实,米斗之价钱十三,青、齐间斗才三钱,绢一匹钱二百。道路列肆,具酒食以待行人,店有驿驴,行千里不持尺兵。天下岁人之物,租钱二百余万缗,粟千九百八十余万斛,庸、调绢七百四十万匹,绵百八十余万屯,布千三十五万余端。"这些记载大体上反映了当时的社会基本情况。诗人杜甫在《忆昔》一诗中也说:"忆昔开元全盛日,小邑犹藏万家室。稻米流脂粟米白,公私仓廪俱丰实。"由于经济的繁荣,人口也大量增加。开元二十八年(740年),全国户数由唐初841万户增至2871万户,人口由3609万人增至4814万人。这些数据是指官府户籍统计的数字,实际人口数还要大大超过此数。

由于经济的繁荣、国力的强盛,统治集团内部的矛盾与阶级矛盾都有所缓和,因此社会稳定,一派歌舞升平的景象。

(二)辉煌灿烂的唐文化

唐代是中国古典诗歌发展的鼎盛时期,长安则是大批优秀诗歌的诞生地。李白、杜甫、白居易等都在长安创作了许多不朽的诗篇。李白初到长安,就以他青年时代的作品《蜀道难》被誉为"谪仙人"。杜甫的《石壕吏》《潼关吏》《新安吏》等著名诗篇,都是在长安一带写成的。白居易的《秦中吟》《新乐府》等数十首诗篇,也是在关中问世的。善写自然风景的孟浩然,以七绝著称的王昌龄,以描写田园山水而富有诗情画意的王维,以边塞诗闻名的高适、岑参,还有韩愈、刘禹锡、柳宗元、韦应物、杜牧等,也都是唐代诗人中的佼佼者。

唐代是一个音乐高产的时代。当时传入的各种异国曲调和乐器,如龟兹乐、天竺乐、西凉乐、高昌乐等,融合传统的雅乐、古乐,有了许多创新。从宫廷到市井,从中原到边疆,从太宗的"秦王破阵"到玄宗的"霓裳羽衣",或武或文,或豪壮或优雅,正如当时的边塞诗和田园诗一样,都是那个时代的写照。

两幅《唐代乐舞图》(见下页),纵分别为142、148厘米,横分别为141、137厘米。经专家考证该壁画成于唐天宝四年(745年)。苏思晟墓内壁画有"四神侍者""胡腾舞图"等。这两幅《胡腾舞图》为舞者两侧的乐队。右图为右侧5人,前排3人跪坐,分持竖笛、七弦琴和箜篌,后排二立者,一吹排箫,一为乐队指挥;左图为左侧6人,前排3人分持琵琶、笙和钹,后排3人,一指挥,一横笛,一击拍板。人物形象写实生动,神情刻画入微,线条奔放流动,是一幅盛唐风俗画的精品。

《唐代乐舞图》出土于西安市东郊经五路苏思晟墓

《黄釉乐舞图》瓷扁壶(如右图),壶身两面模印着一模一样的胡人乐舞图像。舞蹈者和伴奏者的形象、服饰表现的是典型的西域胡人,而表演的乐舞来自当时的"石国"(即今中亚塔什干地区),该乐舞就是后来盛行于唐代的"胡腾舞"。

(三)马球运动

马球是长安最具特色的体育项目之一,也是这一时期球戏中最为流行的一项运动。

《黄釉乐舞图》瓷扁壶

唐朝帝王中不打球者较少,太宗、中宗、玄宗、宣宗、敬宗、僖宗、昭宗等,都是打球能手。如果说唐太宗令全国学习打马球,标志着唐代马球运动的兴起,那么,唐中宗李显幸梨园亭子观看打球,则标志着唐代马球进入了发展阶段。唐代的马球从中宗开始在宫廷全面开展起来,并成为唐代贵族体育中最为突出的一项运动,被后人称为"王者运动"。唐代壁画《马球图》的发现,是当时马球运动得到发展的一个真实反映。《唐摭言》里还记载了有关唐文人进士与左右神策军的军官们打球消闲娱乐的情景。故宫博物院还珍藏着一枚唐代打球图的青铜镜,上面刻有四个唐代妇女骑马打球的场面。1972年在新疆阿斯塔那唐墓出土的打球俑,其形象非常逼真。1956

年,考古工作者在西安唐长安城含元殿遗址中,发掘出一块方形石碑,上刻"含元殿及球场等,大唐太和辛亥乙未建",说明唐代宫城或禁苑中筑有马球场。这些都从侧面生动形象地反映出当时唐代社会喜爱马球运动的风尚。

1971年在陕西乾县发掘的唐章怀太子墓,墓道西壁上有《打马球图》壁画。画面上有骑马人物20多人,有的在球场上击球,有的在一旁观战。前面几名骑马者手执球杖,正在驱马抢球,其中一人做反身击球状,姿态矫健。这幅壁画线条流畅,形态生动,是唐代墓室壁画艺术中的佳作,同时也再现了当年马球比赛的精彩场面。

唐代《打马球图》

(四)长安国际大都会

唐朝是一个统一的多民族国家,唐太宗较为开明的民族政策,使得各民族之间更加融洽,迁居长安的少数民族数量十分可观。仅贞观时迁居长安的突厥族人就有一万户,突厥贵族被唐政府任命为将军、中郎将等五品以上官吏的达百余人。所以身着各式服装的边疆各族聚集长安,使长安成为国内各民族交往的中心。

唐都长安也是一座国际性的大城市,是中外经济文化交流的中心。《唐六典》记载唐王朝曾与300多个国家和地区互相交往,每年都有大批外国客人来到长安。唐政府设有专门机构(鸿胪寺、礼宾院)负责接待外宾,设置翻译人员,提供各种便利。陕西乾县章怀太子墓道东壁的礼宾图,生动地描绘了中外友好往来的场面。例如波斯(伊朗)曾不断派遣使者前来长安,波斯商人遍布长安、洛阳、广州、扬州等地。很多波斯人长期甚至世代留居长安等地。波斯人李元谅在唐朝官至尚书左仆射、镇国军节度使。波斯商人很多从事珠宝行业,大多住在西市,经营普通商业的也有,如长安两市有波斯邸(专供波斯人居住或存放货物之处)、波斯酒店等,可见在长安居住的外国侨民很多。

长安城里上百万人口需要大量的商品供应,全国各地的商人和外国商人云集京城,兴贩贸易,使长安东西两市的商业达到兴隆繁盛的高潮。仅见于历史记载的,两市行业就有铁行、肉行、笔行、大衣行、鞦(牛马后部的革带)辔(驾驭牲口的缰绳)行、药行、秤行、绢行、麸行、鱼店、酒肆、帛肆、衣肆、寄附铺(寄卖所)、波斯邸等。到唐后期,两市繁荣达到极盛。由于长安城规模大、人口多,大小工商业为满足居民需要,在两市周围和城门附近各坊发展起来。如崇仁坊"一街辐辏(集聚),遂倾(超过)两市,昼夜喧呼,灯火不绝,京中诸坊,莫之与比"(《长安志》卷八)。说明中唐以后,长安城工商业的发展,在地区上突破了东西两市的范围,在时间上突破了夜禁的限制。

《宾客图》,乃唐代壁画,纵187厘米、横342厘米。陕西唐李贤墓的墓道东西两壁各绘有一幅礼宾图,这是东壁的一幅。唐代长安是个国际化大都市,当时外国使节、宾客纷至沓来,中外文化、经济交流十分频繁。《宾客图》形象地记录了这一史实。画面共有6人,左边3人为唐鸿胪寺官员,头戴笼冠,身着红袍,手执笏板,正侃侃而谈,友好接待宾客。第五人头戴羽冠,身穿红领白袖袍,腰束宽带,着黄靴,据《旧唐书》有关日本、高丽的记载推断,似为日本或高丽使节。其他两人可能是东罗马使节和中国东北少数民族来宾。礼宾官与使节位置安排得当,主次分明。人物形象写实,特征显著,神采飞扬,气氛严肃和谐。线条流畅精练,根据人物官品、国别、民族特征而随类赋彩,着色浓淡相宜。这幅具有确切年代的壁画,表现了唐与各国和各民族的友好往来。

宾客图

(五)农业水利成就

唐代兴修水利工程以安史之乱(755—763)为界,可分为前后两个阶段。前期是北方水利的复兴阶段,以开渠引灌为主;安史之乱后,南方农田水利建设呈现出迅速发展的趋势,如江南西道在短短10多年中就兴修小型农田水利工程600处。南方的水利工程偏重于排水和灌水,特别是东南地区盛行堤、堰、坡、塘等的修建。这些农田水利工程大多分布在太湖流域、鄱阳湖附近和浙东三个地区,其中大部分是灌溉百顷以下的工程,但也有不少可灌溉数千顷至上万顷。唐代曾于秦汉所发展的郑白渠基础上,另外又开凿了太白、中白和南白三大支流,世称"三白渠"。其灌溉区域主要分布在泾阳(今陕西泾阳县)、栎阳(今陕西西安市阎良区)、高陵(今陕西西安市高陵区)、云阳(今陕西云阳镇)、三原(今陕西三原县)、富平(今陕西富平县)等区域。

随着水利的发展,唐代的灌溉工具也有了相应的进步。当时,除了已有的桔槔、辘轳、翻车还在普遍使用外,人们又创造了连筒、筒车和水轮等新的灌溉工具,大大提高了灌溉效率。水利的发展使农业生产迅速恢复,到玄宗开元年间(713—741)达到高峰。农业生产发展的结果是粮价越来越便宜。开元十三年(725年),"东都斗米十五钱,青、齐五钱,粟三钱"。此后直到天宝末年,物价长期稳定。

三、唐长安城建设

隋唐长安城是一座规模宏大的国际大都市。1957年以来,中国社会科学院考古研究所对唐长安城址进行了全面勘察和多次发掘,经过三代人50多年的努力,中世纪的世界名城唐长安城的面貌已初步展现出来。

唐长安城的前身是隋大兴城,唐朝建立后改名长安城。隋大兴城是当时著名的建筑大师宇文恺设计规划的,唐朝主要对其进行了多方补葺与修整,使城市布局更趋合理。具体地说,主要是完成了外郭城的修建,新修了大明宫、兴庆宫等宫殿群,对曲江游乐区的设施进行了更新。

隋唐长安城大体上可分为三个组成部分,即宫城、皇城和外郭城。

宫城是皇宫所在地,是皇帝和皇族居住和生活的地方,唐长安城的宫城主要由太极宫、大明宫、兴庆宫组成。太极宫位于长安城北部最中央,《长安志图》卷上记载说:"宫城东西四里,南北二里二百七十步,周十三里一百八十步,崇三丈五尺。"太极宫的正南面共有5个门,正中是承天门,北面有2个门,中偏西为玄武门,历史上有名的玄武门之变就发生在这里。太极宫在隋朝叫大兴宫,共有16座大殿,进了承天门是太极殿,其后依次是两仪殿、甘露殿、延嘉殿等,构成了太极宫的中轴。在中轴线两侧还有许多建筑,另外还有中书省、门下省、舍人院、弘文馆等许多机构。太极宫的东边是东宫,是皇太子居住的宫殿,西边是掖庭宫,是嫔妃们居住的地方,均有大门相通。太极宫是唐朝前期的政治中心,唐高祖、唐太宗及唐高宗前期都在这里居住。

大明宫,是唐太宗贞观八年(634年)在龙首原上为其父李渊修建的养老避暑的宫殿,没有建成李渊就去世了。唐高宗李治在龙朔二年(662年)进行了扩建,建成后就移居到此,从此大明宫便成为唐朝历代皇帝的居住之处,成为当时的政治中枢。大明宫呈不规则的长方形,其建筑规模和面积要远远大于太极宫。大明宫的南面同样有5个宫门,正中的叫丹凤门,进了此门便是正殿含元殿,其遗址至今犹存,气势宏伟。含元殿后面依次是宣政殿、紫宸殿、蓬莱殿、含凉殿、玄武殿,在蓬莱殿和含凉殿之间有一个人工湖,叫太液池。这是大明宫的中轴线,在其两侧还有许多建筑,重要的有延英殿、麟德殿、金銮殿、中书省、门下省、集贤殿书院、翰林院、少阳院等。

唐朝在长安的宫城前后共有三处,除了前面所述的太极宫与大明宫外,唐玄宗统治时期又增加了兴庆宫,并且称太极宫为西内、大明宫为东内、兴庆宫为南内。兴庆宫是开元二年(714年)开始兴建的,并且经过数次扩建,占地约一坊半,今天西安的兴庆宫公园只是其中的一小部分。兴庆宫的南面有两个门,中间为通阳门,东面为明义门;西面也有两个门,中间为兴庆门,其南边为金明门;北面有三个门,从西向东,依次是丽苑门、跃龙门、芳苑门,东面是夹城,没有开门。兴庆宫主要有龙堂、兴庆殿、大同殿、长庆殿、南熏殿、交泰殿、勤政务本楼、花萼相辉楼、沉香亭等。兴庆宫的面积较太极宫、大明宫小,但建筑高大、豪华,气势非凡,这是唐朝鼎盛时期社会经济高度繁荣的表现。兴庆宫自建成之后,便成为政治中心,直到安史之乱爆发,才结束了其政治中枢的地位。

皇城又叫子城,是唐朝中央政府机关所在地,位置在太极宫之南,中间仅隔着一条横街。据《唐两京城坊考》卷一记载:皇城"东西五里一百一十五步,南北三里一百四十步,周十七里一百五十步"。皇城东、西、南三面有城墙,北面无墙。其南面共开三门,中为朱雀门,东为安上门,西为含光门;东面共开二门,南为景风门,北为延喜门;西面共开二门,南为顺义门,北为安福门。皇城的所有的大门均与城内大街相通,其中朱雀门与宫城的承天门和外廓城的明德门处在南北的中轴线上,将承天门大街和朱雀大街连通,使长安城分为东西两部分。皇城内部南北有七条街道,东西有五条街道,唐政府的各种机构就分布这南北七条、东西五条街道分格成的空间内,该区域是唐王朝的行政中心。由于承天门大街(亦称天街)的两旁种满了槐树,绿树成荫,因此这些政府部门又被称为"槐衙"。

皇城与宫城之间的横街,文献记载有300步宽,约合今441米,考古实测仅得其残存的220米,是长安城中最宽的一条街道。这条街道之所以建得如此宽阔,主要是出于对宫城安全的考虑。皇城北面没有城墙,站在宫城城墙上,俯视皇城,一切皆在其视线之内,而中间相隔的这条街道又有441米之宽,超过了一箭之遥(60米),这样的设计对宫城的安全来说自然是十分有利的。

外郭城的周长,据《唐两京城坊考》卷二记载:"东西一十八里一百一十五步,南北一十五里一百七十五步,周六十七里,其崇一丈八尺。"考古实测东西长9721米,南北长8651米,周长36.7千米,可知文献记载的南北长度是错误的,折合唐里应是16里125步,全城面积应为84平方千米。是汉长安城面积的2.4倍,是明清北京城的1.4倍,比同时期的拜占庭帝国都城大7倍,比公元800年所建的巴格达都城大6.2倍,是当时世界上最大的城市。考古证实长安城墙是版筑夯土墙,城基厚度约9~12米,与城门相接的一段,厚度达到20米左右。外郭城的形制,东西较长,南北略窄,呈长方形。全城共有纵横的南北大街十一条,东西大街十四条,将居住区分为一百一十个坊。

唐长安城以朱雀大街为分界线,将全城分为东西两部分,街东归万年县管辖,街西归长安县管辖,两县各领54坊。再加上街西有西市,实际上有109个坊。每个坊的四周都有高大的坊墙,墙上四面各开一门。坊的布局严整,管理严密,坊门定时启闭,每夜街鼓鸣后,坊门关闭,大街马上变得空荡荡的,所谓"六街鼓绝尘埃息",就是指这种情况。长安城中的寺庙、道观等,全都修建在坊内,商业交易则在两市进行,街道两边是不允许开设店铺的。

长安城中有东市与西市,各占两坊之地,每市各有东西南北四条大街,正好将全市分割成井字形,形成了九个方形区域,每个方形区域的四面都临街道,商业店铺便开设在每个方形区域的四周。两市各有220个行业,是长安城中的商业中心。唐武宗会昌三年(843年)六月二十七日夜,东市发生火灾,烧毁了曹门以西12行共计4000余家店铺,可见其店铺分布之稠密。由于丝绸之路的畅通,西来的胡商人数众多,故西市的繁荣程度还要较东市更高一些。

自长安西行至唐边境,约12000千米,沿途闾阎相望,桑麻翳野。中国的丝绸沿着丝绸之路到了西方,成为罗马贵族们手里比黄金还珍贵的奢侈品。中国是当时西域少数民族向往的东方乐土,都城长安更是众望所归的圣地。这里云集着数量惊人的西域胡人,他们或是献艺歌舞、百戏、幻术(杂技)的高手,或者是在长安开设饭铺酒肆、歌楼舞榭的胡商胡姬。这些都共同构成了一道新奇、亮丽的风景线。

第三章 关隘之中——全国交通枢纽地

第一节 西安古代的水路交通

第二节 西安古代的陆路交通

周、秦、汉、唐等13个朝代都在陕西建都,为保证京城皇家、官员、军队、居民的粮食财货供应,兴建了许多著名的水陆交通工程,如丝绸之路、南北大运河等,以适应军事战略和繁荣经济的需要。这使长安成为渭河流域最重要的城市,更是全国的政治、经济、文化中心,也是位居中央、辐射全国的交通枢纽。

第一节　西安古代的水路交通

一、汉代的漕渠

漕渠就是运河。漕运,本意泛指水路运输,后专指中国历代王朝所征粮食运往京都或其他指定地点的运输方式(主要是水运,间有部分陆运)。从秦汉至明清,都十分重视漕运。秦始皇曾将山东粮食运往北河(今内蒙古乌加河一带)做军粮。从西汉到唐代,都将东南的粮食水运到洛阳和关中的长安。元、明、清三代,江南粮食和财货经贯通南北的大运河运往通州(今北京市通州区)和北京。

渭河是长安八水中最大的河流,横贯八百里秦川。其河道自宝鸡以下至咸阳,河床比较狭窄且顺直,易于通航;自咸阳以下至潼关,地势舒展,河床宽阔,水流曲折,不便通航。从河南的崤山以东把粮食运到长安,往往需要半年多的时间。到了汉武帝时,国力强盛,长安更加繁荣,对外又要应付匈奴入侵,粮食和其他的物资消耗日益增多,运输的问题更加突出。西汉元光六年(公元前129年)大司农郑当时提出了开凿漕渠的建议。他说:"异时关东漕粟从渭中上,度六月而罢,而漕水道九百余里,时有难处。引渭穿渠起长安,并南山下,至河三百余里,径,易漕,度可令三月罢;而渠下民田万余顷,又可得以溉田。此损漕省卒,而益肥关中之地,得谷。"(《史记·河渠书》)

说明开凿漕渠,可以缩短航程,节省时间、人力,还可灌溉农田。汉武帝采纳了这一建议,征发了几万人施工,以3年的时间建成了漕渠。

开凿漕渠这样大的水利工程,渠线的勘测和规划是一个技术难关。当时由齐人徐伯担负了这个任务,他用了一种叫作"表"的测量仪器,进行选路线、定高低、立标记,最终圆满地完成了这一使命。徐伯表漕渠,是我国水利史上一大贡献。漕渠西起长安,引渭水连通昆明池,沿途接纳浐河、灞水、滴水以及渭南以东秦岭北麓诸峪之水,经临潼、渭南、华县、潼关直抵黄河,全长150多千米,成为当时最大的人工运河。

然而漕运只是东抵潼关,连通黄河,而潼关以东的运输则靠鸿沟转运。鸿沟是战国时魏惠王十年(公元前360年)时开凿的运河,也叫狼汤渠,从现在河南的荥阳县(现为荥阳市)北引黄河水,沟通黄河、丹水、济水、汝水、泗水而贯通淮河、长江。鸿沟两岸建有仓库,最大的敖仓就建在鸿沟引黄河入口附近。楚汉相争,刘邦采纳郦食其的建议,"收取荥阳,据敖仓之粟",保证了给养。西汉定都长安后,凭借鸿沟、黄河、漕渠把江淮一带的粮食物产源源不绝地运到京都,鸿沟和漕渠就成为西汉王朝的生命线,与长安息息相关,安危共存。东汉初,杜笃在《论都赋》中有"鸿渭之流,径入于河;大船万艘,转漕相过;东综沧海,西纲流沙……"的描写。当时造船水平已很高,已使用5丈到10丈可装500角斗到700斛的大船,这些大船在鸿沟、漕渠畅通无阻。西汉末年在鸿沟的东南又兴建了一条汴渠,经彭城,接纳泗水、沂水、沭水而沟通淮河,逐渐替代了鸿沟的作用。东汉时迁都洛阳,政治经济中心东移,加上王莽建国三年(11年)的黄河大改道,鸿沟淤塞,从此丧失了作用,成为陈迹。

西汉时期建都长安,京城和军队的粮食给养和货物,要靠中原和江南补充。江淮一带的粮食从鸿沟转运到河南荥阳,再沿黄河溯源而上到潼关,经漕渠到长安。但是由荥阳逆水而上到潼关,要经过黄河三门峡,有中流砥柱和急流险滩之碍,故司马迁在《史记·河渠书》中有"漕从山东西,岁百余万石,更砥柱之限,败亡甚多,而亦烦费"的记载。这时张汤建议开凿褒斜运河,从陕南汉中转运中原粮食和财货。

这条水运风险多、花费大,因此,有人提出开凿褒斜运河,御史大夫张汤问其事,因言"'抵蜀从故道,故道多阪,回远。今穿褒斜道,少阪,近四百里;而褒水通沔,斜水通渭,皆可以行船漕。漕从南阳上沔入褒,褒之绝水至斜,间百余里,以车转,从斜下下渭。如此,汉中之谷可致,山东从沔无限,便于砥柱之漕。且褒斜材木竹箭之饶,拟于巴蜀。'天子以为然。拜汤子卬为汉中守,发数万人作褒斜道五百余里"(《史记·河渠书》)。意思说为了把中原和江南的粮食运到南阳郡,沿汉江逆水而上到汉中的褒河口,又逆褒河至斜水(石头河)的分水岭,陆转一百里,再沿斜水而下通渭河,修一条褒斜运河,东到长安。这个方案经御史大夫张汤审定上奏,汉武帝采纳,便封张汤的儿子张卬为汉中郡守,主持这一工程,征发军民几万人开凿。由于秦岭峡谷深,水流急,多有礁石,船只根本无法通行,褒斜运河工程终以失败告终。

褒斜古道南起汉中褒河口的石门,北到眉县斜峪关口,这个古老的栈道是跨越秦岭,沟通关中与汉中的著名交通工程,在秦昭襄王时已是"栈道千里,通于蜀汉",十分艰险。汉武帝开凿褒斜运河的漕运虽然失败,但大大提高了褒斜古道的道路质量,方便了交通,直到民国时宝成公路通车后,此道才萧条了。

二、隋代的广济渠

隋朝初年,河南的豫州、河北的冀州、江苏的扬州等已成发达的农业区,经济中心开始向东南转移,为了把关中的政治中心与东南的经济中心连接起来,保证京城给养,除了陆路交通外,还必须加强水上运输,连通长安—黄河—东南的漕运。从长安到黄河,有两条水道,一是渭河自然河道,水浅沙多,河道弯曲,不便通航。二是汉武帝时所修的漕渠,东汉迁都洛阳,漕渠失修,早已湮废。隋朝皇权一建立,隋文帝于开皇元年(581年)便命大将郭衍为开漕大监,改善长安与黄河之间的水运,郭衍"部率水工,凿渠引渭水,经大兴城北,东至于潼关,漕运四百里,关内赖之,名之曰富民渠"(《隋书·郭衍传》)。富民渠在隋初虽发挥了重要作用,但因仓促成渠,工程粗糙,渠道浅窄,难以满足东粮西运之需要。

三年之后,即开皇四年(584年),隋文帝决心改造富民渠,要求可以通"方舟巨舫"。这时大兴城建设业已就绪,就命宇文恺担当此任,重开运河。宇文恺首先带领水工,深入实际,进行勘察规划,然后动工改建,当年竣工,改名曰"广济渠"。此渠引渭河水为水源,自长安至潼关150千米,比郭衍旧渠缩短航程近50千米。新渠又宽又深,可通大船,运力大增,除满足京城运粮外,每年还节余储备。隋开皇五年(585年)和六年(586年)关中大旱,关东又遭水灾,无粮可运,隋王朝利用原来水运积存的300多万石粮食,赈济关中灾民,可见广济渠作用之大。该渠除漕运外,还灌溉了沿渠的农田,促进了农田水利的发展。

另外,隋文帝于开皇七年(587年)开凿江淮运河——山阳渎,北起山阳县(今江苏省淮安市),向东南流经射阳湖,南至江都(今江苏扬州市),入长江,长约150千米,极有军事战略和经济开发的意义。《隋书·高祖本纪》故有"于扬州开山阳渎,以通漕运"的记述,这给第二年50万大军灭陈开辟了一条水上通道。灭陈以后,江淮一带的粮货顺利通过黄河到达京城长安。

开皇十五年"六月戊子,诏凿砥柱"(《隋书·高祖本纪》)。黄河水运,有砥柱之险,砥柱横立黄河之心,堵塞航道,形成神门、鬼门、人门三条险道,称三门峡。其中神门和鬼门无法通航,人门可勉强航行,风险甚大,常常船仰人翻,成为东粮西运的瓶颈,文帝下令开凿砥柱,以通三峡,但就当时的技术手段,很难奏效,可见隋文帝对整治漕运的决心之大。

隋文帝开凿漕运,为后来隋炀帝开凿大运河和隋唐漕运奠定了良好的基础,功不可没。

三、隋炀帝三开运河

隋炀帝杨广(569—618),又名杨英,弘农华阴(今陕西华阴市)人,是隋朝开国皇帝隋文帝杨坚的第二个儿子。杨广在历史上是一位有雄才大略,又荒淫残暴的国君。

杨广之父杨坚,于公元581年,废北周静帝宇文阐,自立隋朝,称帝长安。他执政20多年,减轻役税,发展生产,民富国殷,史称"开皇之治",这些都为杨广发展水利和航运奠定了基础。文帝在统一全国的战争中,重视水军,建造战船,又开凿广济渠,发展漕运,对杨广产生了影响,杨广又爱乘龙舟游览,因此促进了隋朝水运的发展和繁荣。

公元605—610年,隋炀帝仅用了6年时间,开凿了大运河,运河长2700千米。大运河使用至今,已有1400多年的历史,可与长城齐名,也是世界上时间最久、长度最长的运河。其比埃及1869年建成的苏伊士运河(长仅190.3千米)要早1259年,比1914年建成的巴拿马运河(长仅81.3千米)早1304年。大运河的开通,促进了中国经济的发展和南北经济文化的交流,成为唐宋至明清各个封建王朝的生命线。

一开运河,兴修通济渠。隋炀帝当政后,大规模地扩建东都洛阳。同时兴建沟通长安、洛阳的运河。在其即位的第二年(公元605年)下令开凿通济渠和疏扩邗沟,调集了河南和淮北100多万人力进行施工。通济渠以东都洛阳西苑为起点,引谷水、洛水入黄河,顺流东下,再从板渚(今河南省荥阳市汜水镇东北35里处)引黄河水沿汉魏汴渠故道到浚义(今开封市),在浚义以东,又与原汴渠分岔,拐向东南另开辟了一段新渠,经河南陈留、雍丘(今杞县)、宋城(今商丘)、永城,入安徽至夏丘(今泗县)与泗水汇合,再入江苏境内,到盱眙入淮河。同年,又顺淮河到达山阳(今淮安市),引淮河水经扬子最后到江都(今扬州市)。从山阳到扬子这段运河,历史上也称山阳渎。新开的通济渠"水面阔四十步,通龙舟。两岸为大道,种榆柳,自东都至江都二千余里,树荫相交"(《大业杂记》)。这样浩大的工程,在河南、安徽、江苏100多万劳动人民的辛勤努力下,从大业元年(605年)三月辛亥(21日)开工,到当年八月壬寅(15日)完工,仅用五个月时间,其工程规模之大,建设速度之快,堪称世界性的奇迹。通济渠完工后,隋炀帝便乘龙舟自洛阳出发,顺着新辟的运河,到江都游乐去了。通济渠的开通,自首都长安,经关中漕渠、黄河漕运,连通江南,跨越今陕西、河南、安徽、江苏四省,沟通渭河、黄河、淮河、长江,形成水运大动脉,把江南的粮食财货源源不绝地运到洛阳和长安。

二开运河,兴修永济渠。隋炀帝开通通济渠后,以水运为纲,连通了关中、中原和江南。但他并不满足,为了进一步满足军事和经济上的需要,又开凿了永济渠,也就是大运河的北段。于是,在大业四年(608年)"诏发河北诸郡男女百余万,开永济渠,引沁水,南达于河,北通涿郡"(《隋书·炀帝本纪》)。永济渠主要利用天然河道和曹魏时的旧渠疏扩而成,从南向北,从氾水县(今河南荥阳)东北引黄河水北上,连通沁水,经过汲县、黎阳(今浚县)、临河(今浚县东)、内黄、魏县、馆陶、临清、武城、长河(今德州市)、东光、南皮、清池(今沧县东南),至天津。到天津后渠线西行,经天津的武清、河北的安次,最后到达涿州郡所在地蓟城(今北京市)。跨越今河南、河北、山东、天津、北京五个省市,沟通了黄河和海河水系,全长2000多里。据《元和郡县志·永济县下》的记载:"永济渠在县西郭内,阔一百七十尺,深二丈四尺,南自汲郡引清、淇水东北入白沟,穿此县入临清……隋氏修之,因名永济。"永济渠与通济渠规模相差无几,可通行大型商船和龙舟。大业七年二月乙亥(19日),炀帝自江都乘龙舟和船队沿运河北上,水陆兼程,四月庚午(15日),抵达涿郡。全程2000多千米,仅用了50多天,日行程近百里,足见水运之快捷。随后,炀帝远征高丽(朝鲜)"发江淮以南民夫及船运黎阳及洛口诸仓米至涿郡,舳舻相次千余里,载兵甲及攻取之具,往还在道常数十万人"(《资治通鉴》),可见当时航运能力之大。

三开运河,疏扩江南河。隋炀帝完成通济、永济两渠后,又要把江苏与杭州,长江与钱塘江连接起来,于大业六年下令疏扩江南河。春秋战国时,太湖平原上的吴国(建都于吴,即今苏州市)在南北开凿了两条运河,一条向北通长江,一条向南通钱塘江,这便是最早的江南河。江南河一直使用,从秦汉三国到两晋南北朝时期,曾多次整治。但江南河河道规模有限,"大业六年冬十二月,敕穿江南河,自京口至余杭,八百余里,广十余丈,使可通龙舟,并置驿宫、草顿,欲东巡会稽"(《资治通鉴》)。会稽在今浙江绍兴市东南,相传大禹曾大会诸侯于会稽,秦始皇也曾登此山以望东海。隋炀帝好大喜功,也想效法大禹和秦始皇,欲登会稽山。

隋炀帝用了短短的6年时间,修筑了通济渠、永济渠和江南河,彼此连接起来史称大运河。这条以长安、洛阳为中轴,向东南通达今杭州,向东北通达今北京,全长2500多千米,是古今中外最长的运河,沟通了钱塘江、长江、淮河、黄河、海河五大水系,形成四通八达的水运网络,"天下诸津,舟航所聚,旁通巴、汉,前指闽、越,七泽十薮,三江五湖,控引河洛,兼包淮海。弘舸巨舰。千轴万艘,交贸往来,昧旦永日"(《旧唐书·崔融传》)。运河两岸商贸繁荣,杭州、扬州、镇江、涿州等地都成为财货聚积、人文荟萃的繁华城市,大大推进了南北经济和文化交流。大运河不仅成为隋唐王朝首都长安给养的生命线,加强了长安与冀州和扬州两个经济重地的联系,强化了对全国的统治,也成为宋朝首都开封和元明清首都北京给养的生命线。时至今日,大运河在社会主义经济建设中仍然发挥着重要作用。大运河和长城一样,永载史册,功垂千秋,成为中华民族智慧的结晶。唐代诗人皮日休在《汴河怀古》一诗中有"尽道隋亡为此河,至今千里赖通波。若无水殿龙舟事,共禹论功不较多"的描述,对隋炀帝开凿大运河的利弊功过做了客观的评价。

四、唐代的兴成渠

汉代的关中漕渠,隋代虽再开凿,但常有淤塞,运输不畅。唐玄宗天宝元年(742年)陕郡太守、水陆转运使韦坚奏请唐玄宗,复开关中漕渠,玄宗准奏,韦坚主持这一伟大的运河工程,改名兴成渠。从咸阳钓鱼台附近(距咸阳9千米)渭河上筑坝引水,建成兴成堰,凿通了自咸阳至潼关之间150千米的汉代漕渠,引渭入渠,沿途又接纳浐水、灞水等入渠,至华阴县(现华阴市)永丰仓附近汇入渭河,连通黄河。同时在长安望春楼下开挖了广运潭,作为京城水运码头,望春楼位于禁苑东南龙首原上,韦坚在原下开凿广运潭,用以停泊漕运船只。漕渠两年完工,广运潭直到天宝十一年(752年)完工。这一运河系统工程的完工,让漕渠恢复了昔日的光彩,又成为唐王朝的京城水运生命线,每年从江南和中原转运到长安的粮食由原来的120多万石,增至400万石,最高达到700万石,可见长安水运之发达。根据《旧唐书·韦坚传》记载,唐玄宗在长安望春楼下运河西段的广运潭举办了一次水上运输博览会,有二三百船只参加,按次序标明船号,各船所装货物写得一清二楚,除过粮食外,还有各类财货,琳琅满目,应有尽有。广陵郡的船,装载的是广陵所产的锦、镜、铜器、海味产品;丹阳郡的船,装的是京口的绫缎；晋陵郡的船，装的是绞绣；会稽郡的船，装的是铜器、吴绫、绛纱；南海郡的船，装的是玳瑁、珍珠、象牙、沉香；豫章郡的船，装的是名瓷、酒器、茶釜、茶铛、茶碗；宣城郡的船，装的是空青石、纸张、毛笔、黄连；始安郡的船，装的是蕉葛、翡翠、蛇胆。这些粮船商舟，把江南和沿海各类物资源源不绝地运到长安，促进了经济的繁荣。各船队尽显各郡风采，竞相媲美，驾船的船工都戴着大斗笠，穿着宽袖的衣服和草鞋，用鼓、笛、胡笙伴奏音乐，边歌边舞。各郡第一条船上的人领唱，其余船只的人和唱，穿着色彩艳丽的妇女表演舞蹈。一船领队，其余尾随，徐徐前进，船队绵延数里，参观的人群蜂拥，盛况空前。

韦坚"治汉、隋运渠，起关门，抵长安，通山东租赋"（《新唐书·食货志》），使汴渠、黄河漕运能力大为提高，天宝二年（743年）一年内运抵关中的粮食高达400石。

到唐代宗（李豫）时，转运使刘晏确立了漕运岁修的制度，规定"每年正月，发近县丁男，塞长茭，决沮洳"（《旧唐书·刘晏传》），保证河道运输的畅通。

河漕运输是唐王朝的生命线，唐王朝专设水陆转运使，或由宰相、郡守兼任，主管漕运，整治关中漕渠、渭河水运、黄河、汴渠水运。

五、隋代的航海

隋炀帝在位期间，曾派水陆大军征服台湾。他又三次航海征服朝鲜，为中国的航海事业做出了贡献。

（一）三航台湾：台湾自古是中国的领土，隋朝时称台湾为琉球，杨广三次派人航海去台湾。

第一次，于大业三年（607年）三月去台湾。大业元年，海师何蛮等上奏炀帝，称每逢春秋雨季，天清风静之时，东望大海，似有烟雾之气。因此，于大业三年三月，炀帝令羽骑尉朱宽和海师何蛮入海求访异俗，船至琉球岛，因岛上居民言语不通，仅带回一名岛民。

第二次，大业四年，炀帝再次派朱宽去琉球进行招抚，琉球王不从，取其布甲而还。

第三次,于大业六年,炀帝派虎贲郎将陈棱、朝请大夫张镇州率东阳(今浙江金华)万余兵力,自义安郡(今广东潮州)渡海,琉球人初见船舰,以为商旅,陈棱率军登岛,琉球王渴剌兜遣兵拒战,隋军大胜,破其都邑,斩渴剌兜,生俘万余人,胜利而归。

(二)三航高句丽:隋炀帝三次征讨高句丽,进行了三次军事航海。

隋初,高句丽国称臣纳贡,到隋文帝开皇十八年(598年),高句丽国王联合靺鞨率万兵之众,侵扰辽西,被隋军击退。炀帝即位后,好大喜功,经过几年的准备,造战车5万辆,战船300艘,于大业八年正月御驾亲征,水陆并进,攻逼平壤。炀帝率陆军分十二路,共调兵113万人,集于涿郡(今北京),出辽东直进平壤。水路由右翊卫大将军来护儿率江淮水军从东莱出海接应陆军。隋军初战告捷,后来失利班师还朝。

第二次,于大业九年正月,炀帝调兵遣将云集涿郡,修辽东古城以贮军粮。四月炀帝至辽东,辽东城久攻不克,炀帝得知杨玄感起兵攻打东都洛阳而大惊,立即班师还朝平乱。

第三次,于大业十年七月,隋炀帝一意孤行,发动了对高句丽的最后一次征讨。炀帝七月亲到辽西怀远镇督战陆军,水军仍由来护儿率领,从山东东莱出发,纵渡渤海海峡,在辽东半岛南端登陆攻打卑奢城(今辽宁省大连市金县大黑山外),击破高句丽守军,乘胜直逼平壤。高句丽王遣使乞降。炀帝十月还师洛阳。

隋炀帝登基后,十年间,三开运河,三航台湾,三征高句丽,促进了造船业的发展和繁荣。隋炀帝乘坐的龙舟,高45尺,长200尺,上有正殿、内殿、东西朝堂,中间两层有120个房间,下层为内侍居住之所,设施齐全,可见造船水平之高。隋炀帝出游,随行船只千艘,挽船士8万余人,首尾相接200余里。航台湾,攻高句丽,大造战舰,乘风破浪,渡海作战,可见船舟性能之良好。第三次巡游江都,造龙舟数千艘,只用一年完工,可见造船业规模之大。所有这些都为唐宋造船和航海行业的发展奠定了基础。

隋炀帝在位期间重视教育,大办学校,广选人才。命人广收史书,著成《长州玉镜》400卷,《长州玉镜》是我国最早的类书之一。他还命人编成

《区宇图志》1200卷,此书记载了山岳、水系、城郭等,图文并茂,是一部很有价值的地理著作,也是研究水利的重要文献。所以说隋炀帝杨广为我国古代水利、航运、造船做出了重大的贡献。

六、唐代的海上丝绸之路

唐代开辟了海上丝绸之路,主要是通往新罗(朝鲜)、日本和东南亚诸国的海路。从贞观四年(630年)到唐昭宗乾宁元年(894年)的264年间,日本派遣唐使正式成行多达13次,使团最少120人,最多达650人。他们远渡重洋,经开封、洛阳到达长安。高丽王也多次派遣使者到长安。另外还有诃陵国(今印度尼西亚的爪哇)、天竺(今印度)、骠国(今缅甸)、林邑(今越南)、波斯(今伊朗)、大食国(今阿拉伯联合酋长国)等国的使者、商人、僧侣、留学生从海路或陆路到达长安,办理国务、经商、传教、留学。其中日本人如晁衡、吉备真备,新罗人崔致远等都在唐朝为官。综上所述,可见当时海上交通之盛。

第二节 西安古代的陆路交通

一、秦代的陆路交通

西周时有陆路通行中原,周武王在牧野会盟诸侯,兵马战将众多,道路通畅。春秋战国时,秦国已是"栈道千里,通行蜀汉",经后人的不断开拓,形成秦岭的六条通道。

秦岭山关险阻,行路艰难,成为南北交通的障碍,李白有"蜀道难,难于上青天""西当太白有鸟道,可以横绝峨眉巅"的悲叹。北麓有入渭大小河流150余条,著名的有72峪,西安市内的主要峪口从周至到蓝田有骆峪、甘峪、田峪、耿峪、涝峪、太平峪、高冠峪、沣峪、石砭峪、大峪、库峪、汤峪、辋峪、流峪、道沟峪等。古人以峪辟路,开辟了陈仓、褒斜、傥骆、子午、库峪、武关道6条道路,成为关中连接汉中,南通巴蜀,西抵陇上,东达江汉的要冲,成为兵家必争的战略要地。

陈仓道:由宝鸡南行,过大散关,翻秦岭,经凤县和甘肃徽县,沿嘉陵江而下,由略阳折向东南通汉中,长1260里。因宝鸡古称陈仓,故称陈仓道。楚汉相争,刘邦用韩信"明修栈道,暗度陈仓"之计,由汉中北上,据大散关,大败雍王章邯于陈仓城下。南宋初年宋将吴玠和吴璘据散关,与20万金兵作战,大败金兀术,生俘万人,陆游有"楼船夜雪瓜洲渡,铁马秋风大散关"的赞诗。

褒斜道:由眉县入斜峪关顺斜水溯源而上,跨秦岭,又顺褒河南下,抵石门出褒谷达汉中,因起至褒斜二谷故称褒斜道。三国时黄忠在勉县定军山斩夏侯渊,蜀军得胜,曹操亲统魏兵由褒斜道南下增援。诸葛亮六出祁山,最后一次取此道,出斜峪关,屯兵五丈原,大战司马懿。

傥骆道:从周至入骆峪谷南行,越秦岭,到洋县出骆峪,西行通汉中至傥峪谷,因起傥骆二峪故称傥骆道。蜀汉延熙二十年(257年)魏军在长城戍(今周至境内)建仓贮粮,蜀将姜维出洋县走傥骆道欲进兵关中,中途因受魏兵阻截而原路退回。

子午道:入长安县(今长安区)子午谷南行,过秦岭,经洋县西达汉中。古称北方为子,南方为午,故称子午道。三国时魏将曹真、钟会入子午谷,进军安康,与蜀争地。西魏时王雄曾两次取子午道,攻魏兴(今安康西北),镇压农民起义。

库峪道:由长安县(今长安区)东南入库谷,越秦岭,顺乾祐河南下,再沿旬河下旬阳,溯汉水而上到安康。此道古代军事行动很少。

武关道:由蓝田县入山,过七盘坡峣关,越秦岭,到商洛,过丹凤县的武关,沿丹江而下,东南至南阳、襄阳,因途经武关故称武关道。楚汉相争,刘邦取武关道入商洛先到咸阳。西汉周亚夫平定七国之乱,也从长安出发取武关道。故有"道南阳而东方动,入蓝田而关右危"的说法。

这6条道路,可到达四川盆地,连通云贵高原,并连接汉江、长江水运到达湖北、湖南、安徽、江苏等省。

秦始皇统一中国后,实行车同轨,大修道路,形成了以首都咸阳为中心,辐射四方的道路网络。东面新修的驰道是一条比现代高速公路还要宽阔的高标准高速公路,由丞相李斯主持兴建,根据《汉书·贾山传》的记载,李斯要求这条道路"道广五十步,三丈而树,厚筑其外,隐以金椎,树以青松"。路面宽69.3米,中道6.93米,是皇帝车马行走的御道,路基用铁锤夯实,两旁栽植松树。这条道路沿渭河南岸,东通函谷关、崤阪,直指洛阳、通向中原。通往东北地区的有蒲津大道,这条道路出关中,过黄河,到今山西省蒲州,经运城、太原,直达上党。

西边通往甘肃、宁夏等地,主要沿河而行,有四条道路:走"泾水道",可抵达今甘肃东北、宁夏固原地区;走"渭水道",可经过邦县治所(今甘肃天水市北道埠),到达陇西郡治狄道(今至甘肃临洮县);走"楚水道",沿陇山西侧的金陵河(古称楚水),过吴山,抵达今甘肃清水县。

北边,大将蒙恬屯兵30万人,修筑著名的"直道",是一条通向北边的国防专用大道,"自九原抵甘泉,堑山堙谷,千八百里"。从秦都咸阳到林光宫(即汉甘泉宫,在今陕西淳化县北凉武帝村)沿子午岭主脊东侧北上(由今淳化甘泉山到志丹与安塞县交界处的一段),再沿横山县西侧折而北侧,东经阳周(今子长县曹家洼)、上郡,出长城,过鄂尔多斯东部的平原,直抵九原郡(今内蒙古包头市西郊麻池古城),基本宽度30米,最宽80米,长1800里。2009年,陕西考古研究院在陕北富县桦沟口,发现战国至西汉使用的三翼铜镞、"大泉五十"铜币,为秦直道的存在提供了有力证据。

二、汉唐丝绸之路

汉代在秦代的基础上将驰道扩建延伸,形成了以京城长安为中心的陆路交通网:东线出函谷关(在今河南灵宝),经洛阳,至定陶,到临淄,通今山东省,此线到中原后,又有三条支线沟通黄河南北。南线修栈道,过秦岭,经汉中,通益郡(今云南晋宁东)。西线为汉代张骞出使西域开辟的丝绸之路,抵陇西(今甘肃临洮),经河西走廊,通今新疆和西域各国,横跨欧亚。北线经陕北,直达九原郡(今内蒙古包头市西)。此外还有东北线,过蒲津(今山西永济)、晋阳(山西太原),到通平(山西大同)。东南线,经蓝田,越秦岭,达江陵,水陆兼并,直达番禺(今广州)。

在海运不发达的古代,陆路交通居于首位。汉朝张骞,陕南城固人,是中国历史上有名的探险家和外交家,有胆有识,雄才大略。他于汉武帝建元二年(公元前139年)和元狩四年(公元前119年),先后两次出使西域,到达中亚、西亚若干国家和地区,开辟了长安通往西方的国际道路。这条道路历经隋、唐,不断开拓发展,成为横跨亚洲、非洲、欧洲的最长的国际道路——丝绸之路。自西汉至明代,延续了1500余年。

丝绸之路,由古都长安开始,出陇西,经河西走廊到新疆,越葱岭(帕米尔高原)连接中亚、西亚,再通往欧洲。公元1世纪,罗马学者普利尼(23—79)在他所著《博物志》一书中写道:"……锦绣文绮,贩运至罗马。富豪贵族之妇女,裁成衣服,光辉夺目。由地球东端运至西端,故极其辛苦。"(《中西交通史料汇编》第一册,第122页)这说明丝绸之路对东方和西方的文化与经济交流产生了深远的影响,其中中国最有代表性的产品就是丝绸。

丝绸之路的主要路线由长安到甘肃河西走廊分北、西两路。北路由长安,经陕西咸阳、彬县、长武到甘肃泾川、平凉,过六盘山,向西沿祖厉河而下,在靖远附近渡黄河,经景泰、大靖,至武威、张掖、酒泉,到敦煌。西路由长安,经陕西咸阳、兴平、周至、眉县、宝鸡,沿渭河进入甘肃境内的天水、秦安、陇西、临洮、兰州(金城),渡黄河,再经武威、张掖、酒泉,到敦煌。到了河西走廊以后向西又分两路,一是北路,过酒泉向西北出玉门关,入新疆到吐鲁番(古称车师)、龟兹(库车)、疏勒(喀什)等地,越葱岭北部,到大宛(乌兹别克斯坦费尔干纳等地)、康居(今巴尔喀什湖和咸海之间),再往西南经安息(即波斯,今伊朗),而达大秦(罗马帝国)。另一路是南路,由敦煌向西南出阳关,沿塔克拉玛干沙漠南侧、昆仑山北侧的楼兰(即鄯善,今若羌东北)、于阗(和田)、莎车等地,越葱岭,到大月氏(阿姆河流域中部)、大夏、安息,再往西到达条支、大秦。

在漫长的历史岁月中,中国历代的一些将军、兵士、边疆官吏、商人以及国外的使节、商人、僧侣、旅行者,犯险涉难,频繁往来于丝绸之路,增进了西方和中国经济、文化的交流,加强了新疆与内地的联系,促进了沿途城镇的兴盛繁荣,从而使长安成为当时世界上最大的国际城市。现存的陕西文物遗迹,如乾陵61个王宾像、鸵鸟,礼泉昭陵六骏石刻,西安出土的罗马、波斯金币,为藏经建造的大雁塔等都是丝绸之路的佐证。

通过这条丝绸之路,中国的丝绸、茶叶、纸张、火药、陶器、竹器、漆器、金器、银器等大量运往西方各国,又把西方的苜蓿、石榴、胡豆(蚕豆)、胡椒、珍珠、琥珀、玻璃、沉香、犀角、玳瑁、象牙,以及骏马、鸵鸟、犀牛、大象、狮子、白鹦鹉等珍禽异兽、名畜良种输入中国,促进了长安经济及贸易的繁荣发展。

唐时以胡服为时装,由波斯传入的骑马竞技的马球(波斯球),更是风靡一时。长安街坊广设球场,唐玄宗李隆基就是打马球高手。来自中亚的胡乐胡舞十分流行,有一种胡旋舞,节奏很快,旋转疾速。其他如在饮食、绘画、建筑等方面也都受了西域文明的影响。汉代、唐代在吸收新疆少数民族文化和西方各国外来文化上兼容并蓄,使中国文化,特别是盛唐文化更加昌盛。这对东方国家如朝鲜、日本等也产生了重大影响。

唐代丝绸之路促进文化交流的大事之一,就是玄奘西行到印度取经。玄奘从丝绸之路由新疆的中道出国,经南道回国,往返19个春秋。从印度带回佛教经论650余部,收藏于大雁塔。玄奘与其弟子共译佛经、论75部,1300余卷。玄奘回国后所著《大唐西域记》,描写了所经西域各国情况,其中就有我国蚕丝生产西传的记载。

丝绸之路万里迢迢,路途艰辛而遥远,要穿越沙漠(如塔克拉玛干沙漠)、火洲(如吐鲁番)、山岭(如昆仑山)、高原(如帕米尔高原)等,途经各地或干旱缺水,或气候多变,或风沙弥漫,或白雪皑皑,可谓步履艰难,人们主要依靠沙漠之舟——骆驼运输。张籍《凉州词》一诗中写道:"边城暮雨雁飞低,芦笋初生渐欲齐。无数铃声遥过碛,应驮白练到安西。"生动地描写了骆驼商队由武威向西行进的情景。王维《送元二使安西》一诗中写道:"渭城朝雨浥轻尘,客舍青青柳色新。劝君更尽一杯酒,西出阳关无故人。"

为了巩固边陲,保证道路畅通和往来行旅的安全,从汉至唐在丝绸之路沿途派驻军队,建立塞堡,兴修城镇。战时打仗,平时军屯,生产粮食,发展畜牧。这保证了丝绸之路经久不衰,并为中西交往创造了有利条件,也促进了西北地区的经济发展。历史上遗留下来的武威、张掖、玉门、安西、敦煌、哈密等名城塞堡,以其灿烂的文化遗产,光耀世界。

从明代开始,由于航海事业的日益发展,中国同西方的交通几乎被海路航运完全取代。历经1500余年的丝绸之路因此衰落了。

三、唐代的陆路交通

唐代是我国封建社会最兴盛的朝代,长安又是世界第一大都会,所以强化陆路交通就更为必要。在唐代,我国形成了通向全国的四通八达的道路网。

唐代道路实行一体化的驿馆管理,每30里一设,形成以长安为中心的驿路系统,主要干线:东至洛阳、汴州(开封),再分两路,一至登州(今山东蓬莱),一东南至扬州、杭州、洪州(南昌),以达广州;西南经汉中,至成都、渝州(重庆);西北有两路,一至灵州(今宁夏灵武西南),一至凉州(武威)、沙州(敦煌),以通西域;北线至夏州(今内蒙古乌审旗南)、天德军(今内蒙古乌拉特前旗北);东北至太原、幽州(北京);南至江陵、经潭州(长沙),达广州。此外还有通往今云南大理、西藏拉萨、内蒙古哈尔和林等少数民族的驿站。

唐代设置了专门管理京城长安驿道的管理机构,称"馆驿使"。馆驿使韩泰邀请柳宗元撰《馆驿使壁记》,立于馆驿使馆的墙壁上,以做纪志。柳宗元在该碑之中记载了七条驿道:两京(长安至洛阳)驿道、长安蓝田道、长安周至道、长安奉天道、长安栎阳道等。该碑详细记载了驿站的具体情况,如两京道分设城东驿(位于城东4里,长乐坡下)、灞桥驿、滋水驿、会昌驿、新丰驿、渭南驿等,长安西去有陶化驿(即渭城驿)、槐里驿、马嵬驿、武功驿等。

随着唐代经济的日益发展,唐陆路交通也较之前朝代有了很大发展,据估计,唐代陆路交通干线高达5万多里。而这为唐代外交、经济,文化等各方面的交流和发展提供了强有力的基础。

第四章 川衍野沃——古代农业兴起地

第一节 周代的农业

第二节 秦代的农业

第三节 汉代的农业

第四节 唐代的农业

第五节 发达水利促进农业增产

第六节 古代畜牧业的兴旺发达

渭河流域是中国农业、畜牧业的兴起之地。历史上多个朝代在这片土地上建都,农业的发展自古以来占据着重要地位。

第一节　周代的农业

古代猿人靠打猎采果为生(如蓝田猿人),进而捕鱼捉虾(如西安半坡人),然后饲养家畜,再发展到种植业,进入农牧业时代。而关中是中国农牧业的兴起之地。

周的始祖后稷,发明种植,教民稼穑,被舜帝封为农官。后来周部落首领公刘迁豳(今彬县),经过13代的惨淡经营,至古公亶父(即周太王),豳地的农业生产已达很高的水平。"豳"字的本意就是山区人民已开始养豕(猪),"执豕于牢(圈养)",进一步发展种植业,向农牧结合过渡。公刘的功绩就是全面发展大农业,他首先开辟农田,兴修水利,种植粮食。《诗经·大雅·公刘》篇载:"既景乃冈,相其阴阳,观其流泉,其军三单,度其隰原,彻田为粮。度其夕阳,豳居允荒。"《诗经·豳风·七月》更加详细地记述了农事活动:"六月食郁(像李子)及薁(类似野葡萄),七月亨葵(蔬菜)及菽(豆子)。八月剥枣,十月获稻,为此春酒,以介眉寿。七月食瓜,八月断壶(葫芦),九月叔苴(可以食用的麻子)。采荼(苦菜)薪樗(臭椿),食我农夫。"《七月》篇的农事活动已包括:种粮食(谷、豆、稻)、种油料(麻子)、种蔬菜(韭菜、葫芦)、栽果树(李、枣)、伐薪材(臭椿)、割芦苇、除野草、兴蚕桑、织桑麻、酿酒浆、修房屋、建仓库、塞鼠洞、藏冰凌、行狩猎等,使农耕技术和生产水平迅速提高。

豳地发达的农业和繁荣的经济,让狄人(居住在甘肃的少数游牧民族)垂涎三尺,经常侵扰豳地。于是,"古公亶父,来朝走马,率西水浒,至于岐下"(《诗经·大雅·绵》),也就是说,古公亶父率领臣民由彬县迁到渭北岐山下的周原。此后其在周原划定疆界,整治土地,开导沟渠,发展灌溉,把泾河农业返传到渭河流域的关中。

古公亶父传位儿子季历,季历传位儿子姬昌(周文王),由岐山迁都于丰京,姬昌传位于姬发(周武王),武王消灭商纣,建立西周王朝,定都镐京,武王把泾渭农业技术推广到全国。所以司马迁在《史记·货殖列传》之中说:"公刘适豳,大王、王季在岐,文王作丰,武王治镐,故其民犹有先王之遗风,好稼穑,殖五谷。"

明代嘉靖年间在北京修建先农坛,坛内兴建了一座"诵豳堂";清代在北京颐和园内建成"豳风桥"。在江苏的无锡市梅园也建有"诵豳堂"怀念豳风遗训。清代农业科学家杨屾作了一本农书叫《豳风广义》,写道:"农桑起于秦中,渐及南地,故天下后世,莫不羡豳原之风。"

古代畜牧业的发展,帝王尤为重视。饲养猪羊牛马,以牛马最为重要,牛主要用来耕地,马是骑兵作战、战车驾驭、耕作运输、信息传递、帝王游乐的主要工具。秦人的兴起,便是以养马起家,到了秦国时,除在京城养马外,在边郡专门设立牧苑师,为历代养马官之先声。西汉时张骞出使西域,引回良种汗血马、乌孙马等,到景帝时,有马苑36处,养马30万匹。到盛唐官马多达70万匹。张骞引种苜蓿,首先在关中试种,然后推广到全国,也促进了渭河流域畜牧业的发展,培育出秦川牛、关中驴等优良品种,引种到全国各地,所以说渭河流域是中国古代畜牧业的发祥地。

第二节 秦代的农业

秦代农业已有很大进步,《战国策·赵策一》就有"秦以牛田"的记载,铁器也运用到农业生产中。当时秦晋、巴蜀均已开始牛耕。商鞅变法针对此制定了"盗马者死,盗牛者加"的律令,为保护耕牛,每年正月、四月、七月、十月要对耕牛饲养进行考核评比,养牛好的农夫、牛长有奖。铁制农具的使用更加普遍,在战国秦墓和故都遗址都出土了铁犁、铧、锄、镰、斧等工具,这些工具在当时大大提高了农业生产效率。其次是种植的粮食、蔬菜、瓜果种类增多,当时已广泛种植稷、黍、大麦、小麦、菽(豆)、桑麻等农作物和经济作物。此外,农学理论初步形成,秦相吕不韦召集门客著成《吕氏春秋》一书,其中有《上农》《任地》《辨土》《审时》四篇。《上农》篇专论重视农业的政策。其余三篇是论载农业技术要略。

《任地》巧妙地利用周先祖后稷的发问,提出精耕细作,作物生产之道。主要针对如何利用土地,如何进行土壤改良,如何耕地播种等,具体提出包括整地作畦,灭草保墒,播种匀苗,中耕除草等农耕技术。《任地》中论述了我国最早的栽培法——畦种法的田间具体布置,指出"是以六尺之耜,所以成亩也,其镈八寸,所以成圳田也",就是说以六尺之耜耕地成垄,用八寸的镈挖成沟,垄和沟的宽度皆以耨柄一尺的长度为准。表明一亩地实际播种利用面积均为50%。

《辨土》论述的是匀苗技术,农业种植"凡禾之患,不惧生而惧死,是以先生者美米,后生者为粃,是故其耨也,长其兄而去其弟"。作物出土后要留强去弱,留大除小,使苗木均匀,成熟期一致。

《审时》指出"凡农之道,候之为宝",明确指出了农耕与气候的关系,分别论述了谷、稻、麦、菽、麻5种作物在得时、先时、后时条件下的生长情况,要人们适时播种,按气候规律耕种。

由于秦代重视农耕,加上又兴建了郑国渠,亩收一钟(122.5公斤),粮食增产,咸阳的粮仓"十万石一秋",战国末期有"秦富天下十倍"之说(《史记·汉高祖本纪》)。秦统一中国后把这些先进的农业技术推广到了全国。

第三节 汉代的农业

西汉时期,汉高祖刘邦推行"与民休养""轻徭薄税"的政策,发展农业,以农为本。汉武帝更是雄才大略,他重视农田水利,认为:"农,天下之本,泉流灌浸,所以育五谷也。"他还鼓励生育,徙民实边。在这些政策引导下,西汉的粮食连年丰收,长安一带的太仓、嘉仓(今西安城西)、细柳仓(在今长安区)、京师仓(在今华县)等粮仓皆满,国富民强。

在农业生产方面:一是推广代田法。汉武帝末年,搜粟都尉赵过总结前人的经验,创立了一种新的耕作方法——代田法。代田法就是把土地整理成甽(小沟)垄形式,然后相间甽垄,每年播种的一种方法。具体做法是把一亩地(合今5分2厘)分成三甽三垄的形式,每甽宽深各一尺,垄宽一尺,甽垄相间,把种子播在甽内,禾苗发芽后,把垄上的土壅在甽中,到盛夏,垄平苗壮,比原来的耕种方法,每亩多收一斛(10斗,即一石),比原来增产25%~50%。赵过先后在离宫空地上进行实验,然后在关中公田和列侯田大面积推广,最后推广至关中和全国。

二是耦犁、三角耧的推广。赵过不仅发明代田法,而且发明耦犁。耦犁大体上由犁梢(犁柄)、犁辕、犁底(犁床)、犁箭组成。耦犁是用两牛抬杠的方法,两牛三人为一组,两牛托犁,一人扶犁,一人在辕头控制犁辕,掌握深浅,一人在前边牵牛。这种方法迅速推广到江苏、辽东等地。赵过又在一角耧的基础上,发明了同时能播种三行的播种机三角耧,一天能播种一顷地,大大提高了播种的效率。20世纪50年代在山西平陆县西汉墓壁上发现了用三角耧耕种的壁画。可见三角耧已推广到山西以及中原。在2000多年后的今天,三角耧在长安还发挥着作用。

汉武帝推行冶铁专营,使铁制农具推广使用更加普遍,促进了西汉农业的进步与发展。

第四节 唐代的农业

盛唐时代是渭河流域农业发展、水利建设的辉煌时期。唐高祖李渊颁布劝农诏、均田令,鼓励开荒种地,发展农业;唐太宗、武则天、唐玄宗等沿袭了这些政策,开创了"贞观之治"和"开元盛世",推进了农业的持续繁荣。

唐代粮食一度多得无法核量,在天宝八年(749年)时库存粮食竟多达一万万石(约合1000万立方米),洛阳含嘉仓储粮竟达583万石之多。

唐代农业的发展,一是种植作物的增多,新增加了豌豆、荞麦、芸苔、胡麻。唐京畿之地的关中23县主要作物有粟、小麦、稻、菽、黍、大麦等,其他还有大麻、蚕桑、栗子、柑橘、甘蔗、竹子等。农作物以粟最多,其次是小麦、粳稻。在唐代宗时期,粳稻在各县收获曾达200万石。二是唐代农业生产工具有了显著进步,出现了曲辕犁,犁辕长度缩短,淘汰了犁衡,使犁架变小变轻,减轻了牛的役劳程度。收割工具为钐镰,比镰刀收割效率高出了数倍。在灌溉工具上有了水车和磨面的水碾等。三是农田水利建设蓬勃发展,灌溉农业的发展促进了粮食增产。四是国家设置了加强农业的管理机构,唐朝在官署九寺中专设司农寺,掌仓储及农林园林管理。辖上林、太仓、钩盾、𬙋官四署及诸仓司竹、诸汤、宫苑、诸屯等监。司农寺编制人员多达2086人。五是农业著作大量涌现,共计20多种,可惜大多散佚,如李淳风著成的《演齐人要术》,韩谔所著《四时纂要》(20世纪50年代在日本发现明万历十八年的朝鲜刻本)等。

第五节 发达水利促进农业增产

毛主席说:"水利是农业的命脉。"农田水利工程,担负着抗旱、排涝和治理盐碱,保证农业增产,解决人民吃粮问题的使命。

一、秦代的郑国渠

始皇期间先后四次,秦国遭受严重的旱灾和蝗灾,农业歉收,天下大饥。而秦始皇欲灭六国,要大量用兵,如王翦灭楚,就带兵60万,军队大量的粮食需求和农业歉收形成供需的尖锐矛盾,所以兴修水利、富国强兵就成为当务之急。

六国中韩国最为弱小,又是秦国函谷关以东的第一个邻国,地域在今山西南部和豫西一带,受到秦国的严重威胁,危如累卵。韩桓惠王便于公元前246年,也就是嬴政登上王位的第一年,派水利专家郑国为间谍入秦,以兴修水利工程,耗费秦国人力和财力,企图拖垮或削弱秦国,以保证韩国的安全,使秦国"毋令东伐",史称"疲秦"之计。

郑国到了秦国,没有直接去见秦王,而是化装成普通的老百姓,踏遍了关中的山川河流,考察了地形地势,在仲山(今泾阳县张家山)泾河谷口,选定了引泾灌溉工程地址。然后再去见秦王政和臣僚,陈述自己引泾灌溉的设想。秦王政立即采纳了郑国的意见,并委派他主持兴建引泾工程,于当年开工建设。

正当郑国紧张施工之际,秦王政得到密报,说郑国是韩国派来的间谍。秦王政大怒,发了一道"非秦者去,为客者逐"的逐客令,郑国首当其冲。郑国说"始臣为间(谍),然渠成亦秦之利也。臣为韩(国)延数岁之命,而为秦建万世之功"(《汉书·沟洫志》)。这时丞相吕不韦的门客李斯也向秦始皇上奏了著名的《谏逐客书》。秦王政接受李斯的建议之后,赦免了郑国,让他继续主持引泾工程,渠成之后,命名为郑国渠。

郑国"凿泾水自中山西邸瓠口为渠,并北山东注洛三百余里,欲以溉田"(《史记·河渠书》)。郑国把引泾渠口选择在了仲山泾河出山进入关中平原的谷口,由西向东,穿过冶峪河、清水河,又顺浊峪河而下,再折向东北,穿过漆水河和沮水,经富平县、蒲城县退水注入洛河,全长126千米。

郑国渠工程如此浩大,在当时生产力水平很低,工具落后,运输困难的情况下,从秦始皇元年(公元前246年)开工,仅用了大约10年时间建成,其速度之快,工效之高,令人赞叹不已。

郑国渠建成,灌溉今泾阳、三原、高陵、临潼、耀县(今铜川市耀州区)和蒲城等县农田4万余顷,按秦制1亩等于今0.69亩计算,合今280万亩。在2000多年前能建成如此大的灌区,可称伟大的水利工程。建成后获得良好的经济效益,亩收1钟,合今125.5公斤。从此关中成为沃野良田,没有灾年,秦国逐渐富强。郑国渠从建成至秦始皇统一中国的15年关键时期,发挥了兵马给养和补充兵员的重大作用,以经济实力保障了军事上的胜利,使秦始皇终于完成"六王毕,四海一"的宏图大业。秦末楚汉相争,刘邦以关中为根据地,兵多粮广,源源不断地运往关东,这是他取得胜利的主要原因。

郑国渠使关中连年丰收,保证了秦都咸阳和西汉长安粮食的充裕。正如《白渠谣》所说:"田于何所?池阳谷口。郑国在前,白渠起后。举臿为云,决渠为雨。泾水一石,其泥数斗。且溉且粪,长我禾黍。衣食京师,亿万之口。"

郑国渠的建成,不仅在政治、军事、经济上发挥了重要作用,从科学技术上讲,也是科学治水的典范,处于世界领先水平。主要表现在以下四个方面:

一是泥水灌溉,淤田压碱。泾河含沙量很大,平均每立方米含沙量为141公斤,最大含沙量每立方米1430公斤,年输沙量平均达3.09亿吨,为黄河二级支流之冠,也是全国江河含沙量最高的河流。郑国针对泾河的水文地质特点,"用注填阏之水,溉泽卤之地四万余顷",合理利用泥沙,解决了水土问题,改良了大面积的低洼易涝沼泽盐碱地,变泽卤为良田。

二是扩大水源,"横绝"河川。郑国渠灌溉面积为4万余顷,用水量很大,泾河水量在干旱时很难保证。因为泾河有暴涨暴落的特点,水量洪枯变化悬殊。根据近几十年水文测验资料,张家山最大流量每秒9200立方米(1933年8月5日),最小流量每秒仅1.94立方米(1977年4月15日)。所以郑国采取接纳北山诸流扩大水源的办法,解决供水不足的矛盾。根据西北大学历史系、陕西省文管会和泾惠渠管理局的联合勘察,认为冶峪、清水、浊峪三条河流曾归并纳入郑国渠无疑。这种穿越支流的工程设施,《水经注》一书称为"横绝",充分显示了郑国的卓越才能。

三是穿越山原,精确测量。郑国渠的干渠穿越山、原、川、涧和湖泊、河流,在当时没有精确测量仪器的情况下,测量设计要做到精确是十分困难的。郑国渠线,大致沿海拔370米至450米的高程,由西向东蜿蜒,展现在渭北平原的二级阶地上,居高临下,最大地控制和扩大了灌溉面积。

四是规划合理,争相步尘。郑国引泾开渠,至今2200多年,历经兴废盛衰,从汉代白渠、唐代郑白渠、宋代丰利渠、元代王御史渠和明代的广惠渠,直到民国的泾惠渠,都是引泾河水,开渠自流灌溉,只是规模大小不同而已。可见郑国渠对后世影响之大。

二、汉代的白渠、六辅渠、成国渠

1. 白渠。由于泾河河床下切,经过100多年,郑国渠难以继续使用,汉武帝"太始二年(公元前95年),赵中大夫白公(史逸其名)复奏穿渠。引泾水,首起谷口,尾入栎阳,注渭中,袤二百里,溉田四千五百余顷,因名曰白渠"(《汉书·沟洫志》)。白渠引水渠首,选在郑国渠渠首以上1200米,引泾河灌溉,这里是石质河床,地质条件较好。所以白渠使用寿命最长,沿袭到宋徽宗赵佶大观元年(1107年),历时1100余年。白渠实际上为郑国渠的第二代工程。白渠流经今泾阳、三原、高陵、临潼,东抵渭南东北,注入渭河,渠长100千米,灌溉面积为4500余顷,为郑国渠灌溉面积280万亩的11%。

2. 六辅渠。六辅渠为兒宽所修。兒宽(？—公元前103年),西汉大臣,著名水利专家,千乘(今山东高青县东北)人。汉武帝元鼎四年(公元前113年),兒宽任左内史,后任御史大夫。在任职期间,他十分重视水利建设,主要做了两方面的工作:一是主持兴建了六辅渠,二是制定水利法规政令。根据《汉书·沟洫志》记载:"自郑国渠起,至元鼎六年,百三十六岁,见兒宽为左内史,奏请穿凿六辅渠,以益溉郑国傍高卬之田。上曰:'农,天下之本也,泉流灌浸,所以育五谷也。左、右内史地,名山川原甚众,细民未知其利,故为通沟渎,蓄陂泽,所以备旱也。今内史稻田租挈重,不与郡同,其议减。令吏民勉农,尽地利,平繇行水,勿使失时。'"汉武帝十分赞同兒宽的建议,并论述了水利建设的重要性,命他主持兴建六辅渠。该渠灌溉的是秦代所修郑国渠高程以上无法灌溉的高卬之田,可能是引用郑国渠沿途的冶峪河、清水河、浊峪河等河流之水源,兴建堰渠而成的六条辅助性的渠道,下接郑国渠,灌今泾阳、三原等县的农田。六辅渠的建成,对发展郑国渠上游的农业起到了一定的作用。

3. 成国渠。汉武帝元封年间(公元前110—公元前105)建成了成国渠,在今眉县以东杜家村的东门渡口,以渭河为水源,修渠引水,经今眉县常兴、扶风县绛帐和杨凌区以南,武功县、兴平市和咸阳市以北,至高陵区马家湾乡以南注入渭河,全长121千米,"溉田万余顷"(《汉书·食货志》),其受益面积比白渠大一倍以上,为关中重要灌区。成国渠在长安西还接上林苑中的蒙笼渠。上林苑规模很大,周长150多千米,是汉武帝射猎游乐之地,为西汉著名的皇家园林,所以解决上林苑水源尤为重要,成国渠成功地解决了上林苑的供水问题。

到三国时,魏尚书左仆射卫臻征蜀,以关中为粮草基地,把成国渠向西延至陈仓(今宝鸡市),上承汧水,使成国渠向西延伸47千米。西魏大统十三年(547年),在漆水河上设置了6个斗门,以节水,恢复了成国渠的灌溉能力。唐代十分重视成国渠的建设,唐太宗曾征调九州夫匠改善成国渠。武则天时引武安水以增加成国渠水源,使成国渠灌溉面积不断扩大,到唐懿宗李漼的咸通年间(860—873),又增引韦川、莫谷、香谷等水,成国渠水源更加丰富,使成国渠溉田达2万余顷。从武功县开始,引水上原,在今武功县剧院以北半原、渭惠渠一支渠漆水河渡槽东北、西孟村北、焦村,兴平市宋村和豆马村北、咸阳市窑店镇北、红旗抽水站等处,经新中国成立后考古均发现成国渠遗迹,渠道断面十分清晰。成国渠引水上原,意义重大。新中国成立前后的渭惠渠,实际上就是对成国渠的延续和发展。

另外周至县有灵轵渠,《汉书·地理志》载:周至有"灵轵渠,武帝穿也"。周至有灵轵渠灌溉便利,盛产大米,故有"金周至,银户县"之说。

除上述这些农田水利工程外,汉武帝还在大荔县兴修了龙首渠,在眉县与汉中兴修了褒斜运河等水利工程,功炳史册。

三、唐代的郑白渠和六门堰

唐代贞观、开元盛世,把唐代政治经济文化推向了封建社会的一代高峰。唐代全国农田水利有三个特点:一是就全国的政治、经济、文化中心地位来看,黄河流域重于长江流域,所以从总体讲,北方农田水利比南方农田水利发达;二是从巩固政权、军事战略、交通运输和京城给养等综合因素选择,全国农田水利以京畿之地关中为中心,向四周辐射,形成洛阳、河东、巴蜀、河套四个农田水利的重点区域,其中关中水利当为其首;三是唐安史之乱以后,黄河流域水利事业遭受破坏而衰败,江淮水利日趋发达。

1. 郑白渠。是郑国渠在唐代的延续。唐代有三条支渠,故又称三白渠。唐代对秦汉时期的郑国渠和白渠,有三次大的整修:唐高宗永徽六年(655年),命雍州长史孙平征发民工,疏通渠道,使很多荒芜土地变成水田;唐玄宗开元初年,命京兆尹李元纮疏决汉时的三辅渠;唐代宗大历十三年(778年),命京兆尹黎干又先后开通了郑白渠上的多处支渠,恢复了秦汉时期郑白渠的灌溉能力,使关中大为受益。到唐德宗贞元年间(785—805),在郑白渠以南,新开凿三条渠道,即太白渠、南白渠和中白渠,故合称"三白渠"。据《元和郡县志·泾阳县》载,太白渠位于京兆府泾阳县东北15里,东流过高陵县,从今华县注入渭水,中白渠和南白渠往东南流入高陵县。

郑白渠的渠首引水工程,与郑国渠和白渠不同,不是在河岸开口引水,而是在泾河上建设拦河壅水石堰,相当于今天的拦河坝、石堰的形式。根据史料记载有两种说法,一种是"石婴"称"将军婴",另一种是由若干个"石困"组成拦河石堰。从技术上讲这比郑国渠和白渠有了大的进步,保证了郑白渠一年四季都可灌溉。

三白渠的渠系工程配套更加完善。整个灌区的渠系布置是:自仲山泾河峡谷石门洪堰引水至泾阳县城北三限口以上为总干渠,渠上开设斗门28个,前4斗于礼泉分溉田亩,以后诸斗灌泾阳田;三限口设闸分为太白和中白、南白3条干渠;太白渠上开设斗门5个,灌三原、富平田,太白渠至邢村设堰,引清、冶水入白渠,邢堰下分为2渠,北为务高渠,开斗门23个,南为平皋渠,设斗门8个;中白渠在汉堤洞附近,归从北岸又分一支渠名狂渠,后废,在南岸开斗门3个,北岸开斗门4个,流至高陵区西北15千米区界设有彭城闸,彭城闸北限为中白渠正流,设斗门23个,分水灌三原、临潼。从灌区总体布局来看,与近代泾惠渠灌区渠系布置走向大体相似,说明唐代渠系工程设计定线技术已达到很高的水平。唐代三白渠的渠系工程,标志着古代引泾历史上渠系工程达到鼎盛。以后各代只是沿泾河峡谷,不断上移另开新的引水口,而下游三白渠的布局没有多大变动,以致三白之名一直沿用到清代;斗门、斗渠之名,也沿用至今。

2.六门堰。为京兆府重要的农田灌溉工程,前身是汉武帝时兴建的成国渠,西魏时沿渠兴建了6个斗门,以节水流,因此称六门堰。由于年久失修,失去了灌溉功能。唐朝先后经过了四次大的修复,使成国渠又恢复了当年的风采。唐高宗永徽四年(653年),命右仆射于仲谧组织关中民夫,进行修复。接着在武则天圣历年间(698—700),命稷州刺史张知謇疏扩治理,使这条古渠维持了将近100年。唐宣宗大中八年(854年),命武功令李频从事修浚,使关中西部连获丰收。到唐懿宗咸通十三年(872年),命京兆府主持,对六门堰进行了唐代规模最大的也是最后一次的整治,京兆府动员大量民夫疏浚渠道,清淤泥沙,保证渠水的畅通;更重要的是,把韦川、莫谷、香谷和武安四条河的水,导入渠道,扩大了水源,提高了灌溉保证率。据宋敏求《长安志》的记载,可以灌溉"武功、兴平、咸阳和高陵等两万余顷"。民国时期李仪祉先生兴建的渭惠渠从今眉县魏家堡引渭水灌溉,大体沿袭六门堰的模式。

四、民国时期的关中八惠(泾、洛、渭、梅、黑、涝、沣、泔)

民国时期陕西蒲城县出了一位伟大的水利科学家李仪祉,连同于右任、张季鸾,被称为陕西近代"三杰"。李仪祉两次留德,攻学水利,后来任陕西省水利局局长、建设厅厅长、西北大学校长等职。在关中兴建的多处农田水利灌溉工程,称"关中八惠",为关中农田水利建设立下了汗马功劳。

1.泾惠渠。李仪祉于1915年从德国留学回国,在南京河海工程学校任教授、教务处处长达7年之久。1922年,靖国军总司令于右任和好友郭希仁与渭北各县人士磋商,利用赈款,在三原设立渭北水利工程局,筹划引泾事宜。经其邀请,李仪祉携门生胡步川和刘钟瑞回陕,任陕西省水利局局长和渭北水利工程局总工程师,主持筹划引泾工程,揭开了实现郑白宏愿的序幕。

　　李仪祉首先勘查了郑国渠遗址和灌区,并组成测量队,实测泾河峡谷地形。由门生胡步川、刘钟瑞负责河道水文和工程勘探。1924年由副总工程师须恺(君悌)主持工程设计,工程分甲乙两个方案。甲种方案在泾河峡谷筑坝,开凿隧洞穿越张家山,灌溉面积超过郑国渠;乙种方案在张家山筑低坝引水,灌溉面积为郑国渠的1/3。

　　然而由于地方割据,战火不断,资金无着,李仪祉先生于1927年愤然辞职,到上海港务局任局长,接着又到南京任第四中山大学教授,冬季又改就重庆市政府工程师,修筑成渝公路。

　　1928年至1930年,陕西大旱(习惯称民国十八年旱灾),三年不雨,六料未收。全省940万人口,死亡250万,逃亡40余万,被卖出省的妇女达30多万人。关中各县日毙饥民累百盈千,饿殍遍野。1930年,杨虎城将军毅然决策,救民于水火,即邀李仪祉二返长安,任省政府委员兼建设厅厅长,主持引泾工程。

　　引泾工程按第二方案变通执行,陕西省政府筹集资金40万元,华洋义赈会捐义款40万元,美国檀香山华侨捐款15万大洋,国民政府拨款10万元,朱子桥先生捐献水泥2万桶,为引泾工程创造了条件。工程于1930年冬开始施工,1931年3月中旬正式举行开工典礼。政府军需要员,三原、泾阳、高陵、临潼和礼泉诸县代表,十七路军官兵及当地群众共约数千人参会。杨虎城将军讲话,李仪祉亲自奠基,彩旗飘扬,鞭炮齐鸣,欢声雷动。李仪祉梦寐以求的郑白宏愿终于实施,他万分激动,不禁热泪潸然。

　　经过两年多的紧张施工,引泾第一期工程于1932年6月20日完工,命名"泾惠渠"。举行通水典礼时,邀请海内外名流参加,盛极一时。一期工程完成了高9.2米,长68米的泾河混凝土大坝,建成3孔进水闸。渠道设计引水流量为每秒16立方米,年引水1.6亿立方米。当时计划灌地64万亩。第二期工程于1933年至1934年建成,主要是干支渠工程配套:一是裁弯取直开挖了1000米干渠;二是扩大了渠道断面,保证通过每秒16立方米的流量;三是统一调整了渠道比降;四是建设配套的8条支渠;五是改善渠道建筑物,由群众负担自建斗渠系统,斗门增至317座。实灌农田50万亩,使泾惠渠成为全国当时正规化灌溉工程之典范,泾惠灌区成了关中最富庶的地区。

时年 52 岁的李仪祉先生,以他 13 年的心血,实现了郑白宏愿,从而享誉海内外。

新中国成立后,泾惠渠经过不断修缮和扩建,现灌溉面积为 145 万亩,使泾阳县、三原县、高陵区和临潼区受益。

2. 洛惠渠。泾惠渠竣工后,李仪祉辞去建设厅厅长,任省水利局局长,集中精力继续实施他兴建"关中八惠"的宏伟蓝图。1932 年泾惠渠一期工程完成后,李仪祉就派傅建、陈靖沿洛水而上,穷探幽谷及白水南河,选好了洛河大坝坝址,拿出了洛惠渠工程规划设计方案。李仪祉卧病在床,看了引洛图纸和工程设计文件后,便给杨虎城写信说:"泾惠渠由公手而成,亦复有意再成洛惠渠乎?"杨欣然同意,两人同到大荔县铁镰山视察,杨批准成立了引洛工程局。引洛工程总投资 121 万元,杨虎城转告在南京的于右任先生,与南京政府洽商,获得 50 万元引洛专款。计划由洛河洑头筑坝引水,穿越铁镰山,灌溉大荔、朝邑县农田 50 万亩。1933 年,邵力子继任陕西省政府主席,支持引洛工程,当年开工,到 1936 年渠道基本开通,唯铁镰山五号隧洞受阻,工程艰巨,直至 1947 年勉强通水。1950 年灌溉面积为 10 万亩,后增加到 70 万亩。

3. 渭惠渠。1933 年,李仪祉命人勘测渭惠渠。1934 年完成设计,决定从眉县魏家堡筑坝引水,灌溉武功、兴平、咸阳等 60 万亩农田。1935 年春开工,1936 年 12 月渠成通水,初期灌溉面积为 30 万亩。杨虎城将军为此欢欣鼓舞,专门著文刻石,以示纪念。20 世纪 80 年代在兴平市宝鸡峡工艺厂院内发现该碑。碑高 101 厘米,宽 64 厘米,厚 14 厘米,碑面 0.65 平方米。上刻题款"渭惠渠放水典礼志盛",落款为"杨虎城敬颂",并刻有印章。正文是"清渭汤汤,导源鸟鼠。人定胜天,水利用普。致力沟洫,功绍大禹。嘉惠无疆,美哉斯举"。

4. 梅惠渠。渭惠渠通水后的当年,即民国二十五年(1936 年)十月梅惠渠开工,由泾洛工程局主持建设,省水利局勘测设计。从眉县斜峪关内鸡冠石处筑坝引石头河水。新开总干、北干、东干渠,以原有梅公旧渠为西干渠。民国二十七年六月建成,设计灌溉眉县、岐山两县农田 13 万亩。因灌区原有梅公渠,故命名为梅惠渠。

5. 泔惠渠。民国三十二年五月,礼泉县泔惠渠开工。在泔河姚家沟筑滚水坝一座,引水流量每秒0.4立方米,修干、支渠长5千米,民国三十三年二月建成,灌溉礼泉县农田0.3万亩。

6. 沣惠渠。在沣河秦渡镇附近筑坝引水。1941年组建沣惠渠工程处,招商承包,进行施工,1947年工程告竣。渠首为浆砌石溢流坝,长133.5米,高1.5米,右岸设冲沙闸2孔,进水闸5孔,均宽2.5米,引水量每秒11立方米。干渠长15.5千米,由进水闸经北张村、普贤寺、焦村进入西安市郊区,在漳浒寨设分水闸分渠2条:一条北流,长14.53千米,流量每秒6立方米,灌北石桥、和平村、三桥、后卫寨等村农田;一条东北流,长18.4千米,流量每秒4立方米,灌雷寨、李下壕、杨善寨、楼阁台等村农田。全渠系有跌水、桥梁等各类建筑物200余座。设计灌溉面积23万亩,1949年灌溉面积仅为1.6万亩。

新中国成立后,沣惠渠经不断整修、扩建,灌溉面积逐年扩大。1956年由陕西省转交给西安市管理。1960年未央区利用污水处理厂水源,引污水灌田,与沣惠灌区重复,移交沣惠渠管理局管理,三桥站引河污水入二渠,扩大水源,实行清污混灌或轮灌。灌区内的大白杨抽水站,东方红一、二抽水站均交沣惠局统管。1962年灌溉面积为6万亩,1968年灌溉面积为12万亩。1970年至1972年,市政府组成污水扩灌指挥部,增修李下壕污水西库、团结库,建胜利渠。上述两项工程投资938万元,投工2806万工日,完成土石方量4430万立方米,1985年灌溉面积为21.35万亩。从20世纪80年代以来,灌区粮食亩产超千斤,皮棉超百斤,蔬菜超万斤。沣惠渠管理局1989年被评为水利部先进单位。

7. 黑惠渠。1936年周至县长林翰呈书省政府,请求兴修黑河灌溉工程。1937年陕西水利厅第一测量队,提出黑河引水灌溉工程设计方案。1938年11月开工,次年滚水坝及左右岸进水闸建成。1940年7月黑河发洪水,坝体冲毁,8月重新设计,改为沃基式滚水坝,长83.4米,高2.1米。在右岸建引水闸2孔,引水量每秒4.4立方米,左岸建进水闸2孔,引水量每秒4.1立方米。1942年竣工,灌溉面积13.97万亩,工程用款180万元法币。1943年春正式放水灌溉,并成立陕西省黑惠渠管理局。1945年灌溉稻田 6.7 万亩。

1958 年该渠下放周至县管理,更名黑惠渠管理处。1990 年黑惠渠灌周至县马召、楼观、广济、二曲、辛家寨、侯家村、四屯、终南、司竹、集贤和就峪 11 个乡镇、76 个行政村、8 个国有农场,灌溉面积 13.94 万亩,有效面积 13.6 万亩,每年实际灌溉面积为 11 万亩左右。

灌区内还打机井 720 眼,实行井渠双灌,修水电站 5 处,装机 360 千瓦。

8. 涝惠渠。1940 年 1 月初,泾洛工程局副工程师房宝德和设计队黄朝建,两次带队到户县勘察测量,8 月完成设计。1943 年 8 月招商承包,在涝峪口筑坝、开渠,1947 年 9 月工程告竣,9 月 27 日举行放水典礼,11 月成立陕西省涝惠渠管理局。共计完成土石方 20.65 万立方米,投资 7.63 万元。拦河坝为沃基式,高 1.2 米,长 31.7 米,东干渠 14.3 千米,流量每秒 3 立方米。

新中国成立后,该渠多次续建改建,完善渠系。1957 年向惠安化工厂和户县电厂供水。1958 年改为户县管理,更名为涝惠渠管理处。

1963 年后,为解决工农业用水矛盾,户县县委决定马营以下宜井区改为井灌。1977 年全县实施园田化建设,结合道路骨架,对原渠系进行调整,新修干渠 2 条,全部衬砌,灌地 2.4 万亩,灌区粮食平均亩产 550 公斤,每年向工业供水约 3000 万立方米。

第六节　古代畜牧业的兴旺发达

渭河流域是中国畜牧业的发源之地,在秦汉时期,屯兵戍边和移民实边政策的实行,促进了畜牧业的发展。《史记·货殖列传》中记载:"天水、陇西、北地、上郡与关中同俗,然西有羌中之利,北有戎翟之畜,畜牧为天下饶。"在畜牧业中,以牛和马最为主要,牛可耕田,是人类饲养驯化最早的动物,牛和生产生活息息相关,成为妇幼皆知的六畜之首,因此牛遍布世界。

全世界养牛14亿多头,平均3人一牛,我国有牛0.64亿头,居世界第五位,平均15人就有一头牛。因牛可耕田,从秦汉以来一直受到重视,不断发展,关中培养出的秦川牛,名冠天下。与山西晋南牛,河南南阳牛,山东的鲁西牛,吉林的延边牛,形成我国五大良种。

牛除耕田外,浑身是宝,牛乳可饮、肉可食、皮可革、角可刻、骨可胶、粪可肥、牛黄是珍贵的药材。牛从生到死,把自己的一切奉献给了人类。所以从秦至现代我国养牛永盛不衰。

马是古代政治交往、信息传递、骑驾作战、货物驮运、帝王游乐(乘车、骑坐、打猎、打马球等)的主要交通工具和娱乐工具,所以古代十分重视养马。秦人从甘肃天水发端,秦人部落首领叫非子,率领宗族在关中渭河、汧河之间为周孝王养马,因功封于秦,嬴氏部落才正式称秦。周宣王封秦人首领秦仲为大夫,秦仲之子在秦庄公时弟兄5人,发兵7000,进攻西戎,收复失地。后来周幽王遭受犬戎之乱,秦襄公率兵来救,后又护送周平王东迁洛阳有功,被正式封为诸侯,赐为西岐之地。从此,秦正式成为了一个诸侯国,因此司马迁说"秦起襄公"。秦国除在京城养马外,还在边郡设立牧师苑,为历代官家养马的先声,到汉景帝二年(公元前155年)在西北边郡的马苑多达36处,养马30万匹,养马人多达3万之众。汉武帝时期从西域引入的乌孙马、汗血马首先在关中繁育,仅中央直接掌管的军马就达40万匹。唐代养马更盛,在唐高宗李治麟德年间(664—665),养官马多达70多万匹。

此外,驴、骡、猪、羊、鸡、犬等家畜的饲养也不断扩大,渭河流域的良种也引种到全国各地。所以说渭河流域是中国古代畜牧业的发祥之地。

第五章 四海通达——国际商贸中心地

第一节 秦代的商业贸易

第二节 汉代的商业贸易

第三节 唐代的商业贸易

秦始皇统一中国,建都咸阳,迁徙天下12万户富户于咸阳,使咸阳成为全国最大的商贸城市。从李斯《谏逐客书》和《吕氏春秋》记载中,可以看出咸阳商贸发达之景象,有昆山(新疆和田)之玉、随和(湖州)之宝(和氏璧)、西蜀(四川)的丹青(颜料)、阿缟(山东东阿)之衣(丝织品)、北方之骏马、太阿之剑、江南之金锡、洞庭湖之鳟鱼、云梦泽之水芹、东海之海鱼等,还有粮食蔬菜、农副水产、猪羊牛马、金银铜锡、玉器明珠、车马兵器、皮货丝绸、乐器古玩等。所谓"待农而食之,虞而出之,工而成之,商而通之",可见商业和手工业的繁荣与昌盛。

刘邦建都长安,城制规模宏大,商贾如云。汉武帝时派张骞出使西域,开辟了丝绸之路,连通欧亚,使汉长安城成为欧亚国际商贸中心。盛唐时代,长安人口超百万,国力强盛,经济繁荣,成为中国的商贸中心。据《旧唐书·韦坚传》记载,唐玄宗在广运潭举办了一次盛大的商品博览会,共有二三百只船参加,各类货物琳琅满目,应有尽有,足见长安货物交易之盛况。

唐代推行睦邻友好、对外开放的政策,先后同世界72个国家和地区建立了外交关系,呈现出"百蛮奉遐赆,万国朝未央"的盛况,通过陆地和海上丝绸之路交易,长安城成为最大的国际商贸都会。《资治通鉴·德宗本纪》中有"九姓胡常冒回纥之名,杂居京师,殖货纵暴"的记载。在长安城经商的外国商贾成千上万,商业中心主要集中到东西两市。东市"市内货财二百二十行,四面立邸,四方珍奇皆所积集"。故唐代诗人元稹在《估客乐》诗中留下"经游天下遍,却到长安城。城中东西市,闻客次第迎。迎客兼说客,多财为势倾"的诗句。

第一节　秦代的商业贸易

一、商贸政策

(一)市场管理

商品货币经济的发展,离不开市场。"哪里有社会分工和商品生产,哪里就有市场。"市场是商品交换场所和交换关系的体现,也是商品经济的核心内容之一。战国时期随着社会生产力的发展,城邑的增多,商贾群体的兴起,形成了多层级的市场形态,当时既有乡间市场、城邑市场,也有规模较大的国都市场,这些大小不同的市场,对商品交换、货币流通有着重要作用。

秦国于献公七年(公元前378年),"初行为市"。此后,有关"市"的记载多见。如《封诊式》有"阴市庸中""市南街亭"的记载。《史记·商君列传》云:商鞅变法之初,"立三丈之木于国都市南门"。《商君书·垦令篇》有"重关市之赋""令军市无有女子"。同书《外内篇》有"市利之租必重"。《史记·吕不韦传》云:"布咸阳市门,悬千金其上。"《华阳国志·蜀志》也谓:秦惠王时,张若于成都城内,"营广府舍,置盐铁市官并长、丞、修整里阓,市张列肆,与咸阳同制",等等。自秦献公特别是孝公后,不仅国都咸阳有市,地方城市如成都等地也有市,而且有"关市"和"军市"等市场类型。由此可见,当时市的设置已很普遍。与此同时,秦的市场建制也日臻完善。如据《司空律》《封诊式》:当时的市,有"市门";《金布律》:市中有"列肆",店铺分列成行;在市内还有"廛",即市场的邸店,也就是商人屯储商品的仓库或货房;另外设有市的管理机构及吏员,有"市官""市长""市丞""市吏"及"列伍长"等。

秦代对市场的管理主要包括以下几个方面:第一,对市场确定的组织和人员进行监督管理。第二,要求市场上的商品明码标价,而且对明码标价既有严格规定,又有适度的灵活性。第三,统一要求标准的度量衡。秦国自商鞅变法后,制定了标准的度量衡,《史记·商君列传》称之为"平斗、桶、权、衡、丈、尺"。秦统一后,又颁定了统一的度量衡制。第四,开放市场对外贸易,同时严禁走私活动。外商来秦进行商业贸易需呈交有关通行证,获得认可后才能从事商业活动,否则和外商交易的国内商人就要被罚款,反映出秦市场贸易管理的严格。

(二)手工业生产

秦代对手工业生产十分重视,因为手工业能为国家提供丰富的产品,如武器、农具、礼器和生活用品等。手工业生产直接关系到军队的装备和农业生产,所以秦律对其做了许多规范,在《工律》《均工律》《工人程》等律文中对手工业产品的质量和数量有明确的规定。《工律》规定:"为器同物者,其小大、短长、广亦必等。"意思是制作同一种器物,其大小、长短和宽度必须相同。还规定,记账时,不同规格的产品不得列于同一项内出账。《工人程》规定:隶臣、下吏、城旦和工匠在一起生产,在冬季劳动时,得放宽其标准,三天收取相当于夏季两天的产品。这种按照夏冬白昼时间长短不同而规定产品定额的标准,无疑具有经济运作的理性精神。

随着农业和手工业,尤其是私营手工业的发展,秦代商业也开始活跃起来。虽然秦始皇推行上农除末政策,但并非完全取消末业,而是有限制地发展商业。秦始皇对大商人就比较尊重。如乌氏倮以变卖畜牧起家,畜至用谷量马牛。秦始皇令倮比封君,以时与列臣朝请,巴寡妇清以经营丹穴致富,秦始皇以为贞妇而客之,为筑女怀清台。这些做法实际上鼓励了商业的发展。同时,秦始皇统一货币、统一度量衡及建设水陆交通,也为商业的发展创造了条件。

当时遍布各郡的城市不仅是该地的政治中心,而且也是该地的商业中心。如蜀郡成都,市张列肆,与咸阳同制,城内都有繁华的商业区。其他自战国以来就发达的城市蓟(北京市)、邯郸、陶(定陶)、温(河南温县)、轵(济源)、临淄、吴(苏州)、寿春(安徽寿县)、宛(南阳)、番禺、雍(陕西凤翔)、栎阳、乌氏(甘肃平凉市西北)等,以及秦代新发展起来的城市丽邑、云阳、临邛等,都有商业市场。秦代修建的水陆交通网把这些都市、集市连接起来,形成庞大的经济体系,为西汉前期的商业繁荣奠定了基础。

二、市场贸易

当时在市场上交换的商品种类,已为数不少。除主要的农牧业产品、手工业产品外,也有各地的方物、特产,甚至还有奴隶的买卖活动。

(一)农牧产品

在秦代农牧业产品中,主要有粮食、牲畜、肉类等投入市场,这些农牧产品成为当时交换的基本商品。在秦时,粮食买卖已形成了一定的价格,如秦时一石30钱的粮价,这在当时常价的幅度之内。牲畜、家禽也是商品交换内容。如《仓律》载:"猪、鸡之息子不用者,卖之。"即将多余的小猪、小鸡卖出。《法律答问》记有甲、乙合谋偷盗主人的牛,把牛卖掉后,带着卖牛的钱一同逃越出境的案件。这都表明其时有牛、羊、猪、鸡进入交换领域。与此同时,当时进入交换的物品还有各种肉类等。如驾用官有牛马而牛马死于该县,应由该县将肉全部卖出,然后上缴其筋、皮、角,并将所卖价钱全部上缴。我们所列举的这些事例,仅仅是秦律中记载的情况,但实际投入交换的农牧产品种类,无疑比律文所记得要多。

(二)手工业产品

在秦代手工业产品中,也有不少物资投放市场,构成了交换的重要商品。秦简中多处说到有关丝、帛、布匹和衣服方面的买卖。如《法律答问》载:"甲盗钱以买丝……""今盗盗甲衣,卖,以买布而得……"云梦睡虎地四号秦墓里出土有两方木牍,记载的是名叫黑夫和惊的两个士兵的家信。信的主要内容是向自己家里讨钱索衣。这不仅说明衣料要用钱从市场上去购买,而且也反映了由于各地经济发展不平衡,在物价上有贵贱之差异。除衣着之外,一些日常器物,如铁器、铜器、瓦器、车辆等也在商品交换之列。手工业产品中,销售量最大的还有食盐。史称:"夫盐,食肴之酱。""非编户齐民所能家作,必仰于市,虽贵数倍,不得不买。"秦简中多处提及盐,虽未言及盐的买卖活动,但一般居民皆得仰赖市场,乃无可疑。

(三)特产

全国各地盛产的特产,也进入了商品交换的行列。在《法律答问》中,就有禁止"盗出珠玉邦关及买(卖)于客者"的律文,这说明秦出售的商品中已有奢侈品。当时各地都有自己的特产,但各地也有它的局限。要想得到其他地区的东西,只有通过交换。统治者为了满足自己的享受,也需要加强地区间的物资交流。如李斯《谏逐客书》中说:当时各地集于秦的珍宝多种多样,有"昆山之玉""随和之宝""明月之珠""大阿之剑""纤离之马"

"翠凤之旗""灵鼍之鼓""夜光之璧""犀象之器"等。这些珠玉、珍宝,并非皆为秦国本土所产。其中有的是来自异族、异国的贡纳,但也有不少是来自地区间的商品交换。

秦时的商品交换日趋扩大。当时不少的生活、生产资料,乃至劳动力,大都可以从市场初步得到买卖和交换。《荀子·王制篇》说:"泽人足乎木,山人足乎鱼,农民不斫削、不陶冶而足械用,工贾不耕田而足菽、粟。"可见当时东西南北的商品交换加强,提供的商品种类和数量日渐增多,乃属事实。《史记·货殖列传》中列举"通都大邑"的许多商品,如屠牛、羊彘、禾粟、薪稾、木竹、牛车、木器、铜器、铁器、马、牛、羊、筋角、丹砂、帛絮、细布、文采、皮革以及"童手指千"(奴婢)等,据云梦秦简所载,其在秦的市场上差不多都有交换。

三、咸阳诸市

秦都咸阳在武、昭之后,商贸活动开始活跃,《史记·货殖列传》:"四方辐辏,并至而会,地小人众,故其民益玩巧而事末也。"因市区的地域辽阔、人口稠密、城市建设接连不断,因此在多处设立市贸场所,其中除了综合性大市外,还有不少专营市场。

咸阳市 咸阳市是最大最久的一处固定性综合市场,由秦政府直接控制和管理,属于享有盛名的官市。这里交通便利,商贾云集,货物山积,位置约在今咸阳市窑店街道办一带。吕不韦曾以相国的身份公布《吕氏春秋》一书于咸阳市门,炫耀声势。统治者也利用市曹行刑,威慑人民。秦昭王五十二年(公元前255年),对有间谍行为的原河东郡守王稽"弃市"。秦始皇三十四年(公元前213年),曾颁布"有隅语《诗》《书》者弃市"的命令。"杀大臣蒙毅,公子十二人僇死于咸阳市"。李斯父子被"腰斩咸阳市"。秦王子婴也"刺杀高于斋宫,三族高家以徇咸阳"。

直市 《长安志》载:"直市在渭桥北……直市平准物价,故曰直市。"渭桥即指汉中渭桥,也就是秦横桥,在汉长安城北,约在今草滩农场北。

平市 今黄家沟秦墓出土的陶罐上盖有"平市"戳记。由于资料缺乏,平市的位置尚难确定。

奴市 《汉书·王莽传》载:秦"置奴婢之市,与牛马同栏"。这显然是一处把奴隶商品化了的专卖市场。

军市 从《商君书·垦令》中可知,咸阳不但有百货交易市场,而且也有出售军需用品的所谓"军市"。固然军队的粮食、武器和军装是由国家配发的,但征发来的士兵却要自备粮食、铠甲和衣服。云梦睡虎地四号秦墓里出土的两个士兵从自己家里讨钱索衣的家信,说明至少在战国末期各国还是要士兵自备衣物的。所以"军市"上的商人就仍须视军队动向提供"甲兵"。

此外,从文献记载和近年来出土的陶器印文可知,秦都咸阳及周边还有一些大的综合市场:斄市(今杨凌区)、槐里市(今咸阳市兴平市)、杜市(今西安市长安区)、栎市(今西安市阎良区)、丽市(今西安市临潼区)、芷阳市(今西安市灞桥区)、美阳市(今宝鸡市扶风县)。在市井中心,设立"市亭"以加强管理,并制定了校正度量衡器的《效律》,货币折算的《金布律》,商品交换的《关市律》等一系列经济管理法律。

市场贸易的货物是多种多样的:有禾、黍、稷、麦、稻、菽、蓖麻等农作物产品;有马、牛、猪、羊、鸡、鸭等家畜家禽,以及其肉、皮、筋、角、脂、胶等畜产品;有土特产的卮(可制胭脂)、姜、丹砂(朱砂)、石、玉、铜、铁等原料,以及竹、木、枣、栗等山货;还有手工业产品如陶器、铁器、木器、纺织品等,及化妆品与日用杂品等。买卖中的流通手段,除黄金作为通用货币外,秦惠文王二年(公元前336年)在咸阳又颁布了"初行钱"的法令。禁止民间私铸货币,而把铸造权和发行权集中于中央,把铜铸的圜钱(圆廓圆孔)作为自己的货币形态,在秦国境内流通。秦统一后,把方孔的"半两"圜钱推行到全国,取消了各诸侯国的币制,从而做到货币统一。秦律中经常说到"行钱""盗钱"以及物品的价格,都是以"钱"为单位的,秦都咸阳出土了不少"半两"钱,可见咸阳市场的繁荣,也是这种钱币活跃的结果。在生产和贸易中,为了确保度量衡器的准确,每年要校正一次。如果超过误差的正常数值,则按情节轻重分别论处。这种核验制度得到法律的保障,对巩固国家经济和稳定市场,无疑具有重要作用。

第二节 汉代的商业贸易

一、长安市场

(一)东市西市

刘邦建立汉朝之初,由于连年战争,库府空虚、财政困难。据说当时刘邦的车辇也不能凑齐四匹毛色一样的马匹,而朝中将相只好乘坐牛拉的车子。面对这种局面,汉初朝廷采取了休养生息的政策,不但奖励农耕,宫廷内还提倡节俭。经过半个多世纪的休养生息,汉朝逐渐积累了巨大的财富,人口也不断增长。到汉惠帝时,长安城人口差不多有50万。

当时的汉长安城里不仅街道纵横,车马穿行,而且已经有了规模颇大的商业区。据史料记载,汉长安城的商业活动主要集中在西北部专门设立的"九市",其中,六市在道西,为"西市";三市在道东,为"东市"。这是一个巨大的市场,聚集了天下的珍宝,云集了天南海北的客商。因为临近渭河,水陆交通便利,南方产的象牙、翡翠、黄金等物品,通过江陵北运到长安销售;产于中原的丝绸、漆器、铁器等也运到这里买卖;而西域各国的土产、良马、毛织物、乐器、各种奇禽异兽,经过丝绸之路输送到这里进行交易。

作为丝绸之路的起点,当时汉长安城的市场已经堪称国际规模,繁荣的贸易、开放的政策吸引着西方各国的使者和商人。

20世纪80年代中期,东市和西市的遗址被发现。考古发现,东市以商业活动为主,而西市则聚集了各种手工业作坊,这些作坊有制作陶俑和砖瓦的,有铸币的,还有冶铁、做铜车马的,多达几十座。一个以手工业为中心,一个以商业贸易为中心,这边生产,那边销售,所谓前市后厂,组成了一个完整的产销一条龙的市场。

兴旺繁盛的市场交易,催生了一大批富豪巨贾,个人财富少则百万,多则敌国,而这些富贾更不失时机地彰显着这种富有。据说,长安当时有个富豪叫韩嫣,他为了炫耀财富,用黄金做成丸,每天弹出去的金丸有十余颗,引得一群穷苦孩子跟在身后捡拾。

(二)店铺林立

长安城内所设的市场,具有规划整齐、店铺林立、商贾济济、货源充足、商业繁荣的特点。它既是全国的政治、经济及商贸中心,又是著名的国际性都市。《史记·货殖列传》记载包括长安在内,市场上的商品丰富多彩。如酒、醋、酱、牛肉、猪肉、粮谷、薪稿、枣、栗、鱼类、帛絮、细布、榻布、皮革、舟车、竹木、油漆、染料、丹砂、铜器、陶器、铁器、毡毯等。城内的工商业种类甚多,有酿造业、粮食业、饮食业、水产业、果品业、蔬菜业、皮革业、油漆业、染料业、杂货业、屠宰业、纺织业、冶金业等。

在长安市场上,还有西域各地的良马、珠宝、香料、瓜果、豆类等。如大宛的天马、葡萄、苜蓿,塔什干的石榴,罗马的火烷布,安息的狮子、胡桃,条支的大鸟,身毒的琉璃等,都丰富了长安市场的商品种类。

中国的丝绸、金器为外商所好。由于市场繁荣,长安涌现了一大批有名的商人。如长安卖丹的王君房、卖豉的樊少翁等。各地来到长安的商人亦很多,不少国际商贾云集于此,长安市场一片繁荣。班固的《两都赋》和张衡的《西京赋》对此都做了生动描述,所谓"九市开场,货别隧分,人不得顾,车不得旋""瑰货方至,鸟集鳞萃,鬻者兼赢,求者不匮"。

汉代长安市场之所以繁荣,其原因有三:一是它为都城所在地,城市规模大,人口众多,社会各阶层人群的消费量大,有较强的购买力;二是地处关中平原,有丰富的农副产品和矿产资源,为工商业发展提供了基础;三是交通方便,四通八达的道路为物资、商品的进出提供了条件。当时凡属生活、生产资料的商品,市场上均有出售。

(三)贩运贸易

西汉时,长安是最大的城市,它处于关中之中。汉以前,关中的农业生产发达,《汉书·地理志》:"号称陆海,为九州膏腴……沃野千里,民以富饶。"秦和西汉皆以关中为根本。秦汉时,皆徙豪富以实关中。故长安不仅通过赋税、贡献等途径,集中了全国的财富,而且也把富人强迫集中在它的周围,关中因此成为全国最富裕的地区。长安交通方便,商业发达。西汉帝国以长安为首都,许多行政费用在此地开支。长安是皇室、贵族、大官、富人集中之地,是财富、物产消耗最多的消费中心,也就成为全国贩运贸易的中心。《汉书·地理志》:"又郡国辐辏,浮食者多,民去本就末,列侯贵人,车服僭上,众庶放效,羞不相及。"西域商人多至此贸易,长安又是对外贸易的中心。故《三辅黄图》说:"秦地天下三分之一,而人众不过什三,然量其富居什六。"这个地区的人均收入最高。长安就是在这些条件下繁荣起来的。

张衡《西京赋》云:"尔乃廓开九市,通阓带阛。旗亭五重,俯察百隧……鬻者兼赢,求者不匮。"看来市场中各种商品齐全,购买很方便。《汉书·原涉传》所载之事证明了这一点。原涉在赴宴途中,得知一友人的母亲死了,贫困无法收殓,涉"对宾客叹息曰:'人亲卧地不收,涉何心乡此!愿彻去酒食。'宾客争问所当得,涉乃侧席而坐,削牍为疏,具记衣被棺木,下至饭含之物,分付诸客。诸客奔走市买,至日昳皆会"。几乎只一席之久,便买到所需的全部物品,真是做到"求者不匮"了。

二、国际贸易

经过汉初六七十年的休养生息,到汉武帝统治时期,社会经济得到了长足的发展,对外贸易也出现了新的局面。据《史记·货殖列传》记载,由于农业、手工业生产的迅速恢复和发展,间接造成了"富商大贾,周流天下,交易之物莫不通,得其所欲"的局面。《史记·淮南衡山列传》亦载:"重装富贾,周流天下,道无不通。故交易之道行。"甚至出现了《史记·货殖列传》所说的"用贫求富,农不如工,工不如商,刺绣文不如倚市门"的情况。汉初出现在大夏市场的蜀布、邛竹杖,就是发达的农本经济的产品。邛竹杖之类的物资在汉代国内市场上尚不足以称为商品,却通过商贾之手,中转至滇缅和印度,万里迢迢运到中亚(也可能到达西亚或更远的地方),成为稀世之货。正如《史记·货殖列传》所说:"山西饶材、竹、谷、垆、旄、玉石;山东多鱼、盐、漆、丝、声色;江南出楠、梓、姜、桂、金、锡、连、丹沙、犀、玳瑁、珠玑、齿革;龙门、碣石北多马、牛、羊、旃裘、筋角;铜、铁则千里往往山出棋置,此其大较也。皆中国人民所喜好,谣俗被服饮食奉生送死之具也。故待农而食之,虞而出之,工而成之,商而通之。"在这些物品中,除丝、盐、金属外,多为天然物产或简单手工产品,其所以大量进入市场,主要是因为民间的商业活动。这些物品不仅为中国人民所喜好,而且也深受国外各界人士青睐。

汉代商贸活动,不仅在汉中原地区十分活跃,而且还很快发展到边疆少数民族地区甚至国外。尤其在汉武帝以后,整个社会空前地对外开放。中原以长安为中心,在通往西北、西南、东北、东南各条商道上,国际商贸活动空前繁荣。

(一) 与西域诸国贸易

西汉初年,汉匈之间虽有战争,但中原的丝织品、铁制品、漆器、茶叶、谷粮等,通过贸易等途径进入漠北草原,北方的马匹则衔尾入塞,各种毛皮"充于内府",汉匈双方之间的互市贸易一直没有中断。

公元前139年,张骞奉命出使西域,13年的时间,他深入匈奴王庭之地,了解到大量有关匈奴政治、经济、社会生活的状况,亲身探明了中原通往西域的南北两道。更重要的是,他以自己的所见所闻,向汉武帝报告了葱岭东西诸游牧部族、城郭诸国的详细情况:那里有大月氏、乌孙、康居之属,虽有强兵,但可让其入贡中原,为汉廷所用。若利用西域诸国与中原生产、生活水平的差距,将内地的商业活动向西北方向扩展,必可给中原带来政治、经济方面的巨大利益。汉武帝对此表示认可,在取得对河西的军事控制,基本解除匈奴边患之后,即派张骞复访西域。这支队伍有300余人,马匹六七百,牛羊数万,所装载金币丝帛,价值近亿。名为使团,实为商队。张骞一行,以商业贸易为手段,打通了后来与西方世界广泛开展的政治、经济、文化交往的丝绸之路。

汉武帝为了光大汉威、开疆拓土,对于西域的商贸活动采取的是鼓励发展的积极态度,商业活动的兴起成为中西交通顺利畅通并迅速发展的一个重要因素。据《史记·大宛列传》载:"自博望侯开外国道以尊贵,其后从吏卒皆争上书言外国奇怪利害,求使。天子为其绝远,非人所乐往,听其言,予节,募吏民毋问所从来,为具备人众遣之,以广其道。"可见汉武帝对发展这条商路的信心和耐心。由于政府的鼓励,并采取了有远见的积极措施,保护了道路畅通,以致国内商贾趋之若鹜,且多遵纪守法,商人和使者往返其间,使得西域道路日渐繁荣。使团商队,大者数百人,小者也有百余人,交易货物的品种数量,与张骞再使西域相仿,有价值上亿钱的各种商品。这样大规模的国际商业活动,是当时历史上少有的。这对于中西文明的交流,对于汉代国家经济发展和西域社会的进步,都起到了巨大的推动作用。

(二)与南洋诸国贸易

关中与东南诸国的经济交往是有历史基础的。早在秦始皇平定百越时,就多次移民,并设立郡县。此后这里与关中的交往更加密切。尽管百越趁中原楚汉战争之时各成独立王国,但毕竟未能割断历史上的联系,更不能阻碍民间的来往和感情的交流。汉初之时,蜀地的枸酱等产品,在这一带享有盛名,这说明南越等地与关中、巴蜀之间是有商道联系的。随着关中经济实力迅速增强,到汉武帝时,对外开拓的形势已经明朗,武帝先后平服百越,广开水陆交通,发展民间贸易,使关中与闽粤之间连为一体,这为进一步开展南海对外贸易奠定了坚实的基础。

中国具备远洋航行的能力是从汉武帝时期开始的,当时对外贸易的重要口岸有徐闻、合浦等地。据《汉书·地理志》记载,从南海口岸出发至黄支国和已程不国,航行历时达一年以上。据考证,黄支国即南印度之马德拉斯,已程不国则在斯里兰卡。在广州南越王墓中,出土物有许多当地不产的玛瑙、水晶等,这些可能是来自于南亚甚至中亚地区,是通过海路贸易而来的,因为在公元前2世纪,黄支国与北印度和中亚两河流域的国家已有政治和文化上的联系。据《汉书》记载,西汉时往返于南越与黄支航线上的商贾,除了黄金等流通币外,还大量装载杂缯之类的丝织品,与南洋各国交市,以换取"明珠、璧流离、奇石、异物"等,这些国家的使节商人,也不断来汉朝贡献方物并进行交易。《后汉书·西域传》记"桓帝延熹九年,大秦王安敦遣使自日南徼外献象牙、犀角、玳瑁"。虽然这时国家海外贸易与西域陆路交通相比,还处于较次要的地位,但至少说明当时关中的商贸活动不仅在陆路上向四邻地区拓展,而且也开始大大刺激了中国的海洋航行事业的进步,扩大了中国与南洋国家及西方世界的交往。同时也有力地说明了东汉时,中国与罗马已有了直接的联系。

(三)与朝鲜半岛贸易

汉代与东北方向的国际交往主要涉及今辽东半岛、朝鲜半岛及日本等地。早在秦之前,关中与这些地区的直接联系就已建立。汉武帝征服朝鲜之后,双方交往更加频繁。丝绸之路虽然在当时是最为重要的一条交通线,但西汉政府却禁止蚕种西传,禁止铁器出境,而唯独朝鲜例外。据《后汉书·东夷列传》记载:"昔武王封箕子于朝鲜,箕子教以礼义田蚕""马韩人知田蚕,作棉布",辰韩"知蚕桑,作缣布"。可见朝鲜成为第一个从中原引入蚕种和丝织技术的国家,又从中国输入各种铁制农具,这些都有力地推动着朝鲜半岛的经济发展。

(四)与缅、印贸易

"天府之国"的四川在古代一直是物产丰富、经济发达、交通也便利的地区,两汉时经由滇缅陆路的国际商业活动,主要是以蜀地为大本营的,西南商路是汉代与西方交通的一个重要组成部分。早在公元前4世纪,蜀地的商人马帮驮着丝绸,经雅安、邛都,渡金沙江,抵昆明、滇越,在这里与印度商人交易。有的滇越商人还进入缅甸。司马迁在《史记·货殖列传》中说:"巴蜀亦沃野,地饶卮、姜、丹沙、石、铜、铁、竹、木之器。南御滇、僰、僰僮。西近邛笮、笮马、旄牛。然四塞,栈道千里,无所不通,唯褒斜绾毂其口,以所多易所鲜。"蜀地商人早在秦代已北至长安,南达南越,西南则通滇越、滇中,十分活跃。中国的产品也因此经亲敦江、那加山,转至印度阿萨姆。公元前2世纪张骞所说见大夏之"蜀布、邛竹杖",就是一个例证。成书于印度孔雀王朝的《政事论》中,提及运达印度的中国丝绸,极可能就是古代商人经西南商道转手贩运去的。这是关中与西南诸国贸易的又一例证。

西南通道是一条重要的国际贸易通道,虽然它要途经云贵高原,山险水恶,地形复杂,山区蛮夷经常发生攻杀械斗,不够安全,但这条道路上流通的货物品种却是相当丰富的。由巴蜀经此道输出的,以蜀布和丝织品为主。据《史记·西南夷传》载,当时徼外各部族,以及滇黔境的夜郎等边邑小国,生产力还相当落后,"皆贪汉缯帛,以为汉道险,终不能有也"。因此,由巴蜀出塞的商贾,一般都携带了大量的缯帛,此外还有竹杖、蜀布、铁器等徼外珍稀物品;而输入中国的,多为缅、印甚至伊朗一带的物产,比如象牙、翡翠、琥珀、宝石、珍珠、琉璃等。

这条商道的另一特点是,它进入缅甸后,即分为陆路和海路两条,继续往西,与印度以至阿拉伯进行商业贸易。《后汉书·帝纪》载永元九年(97年)"永昌徼外蛮夷及掸国重译奉贡",这是中缅关系史上的第一块丰碑。《后汉书·西南夷传》载安帝永宁元年(120年)"掸国王雍由调复遣使者诣阙朝贺,献乐及幻人……自言我海西人。海西即大秦也。掸国西南通大秦"。不论这里的"大秦"所指是印度还是罗马,至少说明这条道路上已经有了中西文化上的交流。

三、丝绸之路与汉长安城

《汉书·西域传》曾经这样记载汉朝的富足:明珠、文甲、通犀、翠羽之珍盈于后宫,蒲梢、龙文、鱼目、汗血之马(大宛骏马)充于黄门,钜象、狮子、猛犬、大雀之群食于外囿。殊方异物,四面而至。有罗马胶、苏合香、鹊纹芝麻、胡麻、无花果、安石榴、绿豆、黄瓜、大葱、胡萝卜、大蒜、番红花、胡荽、酒杯藤和玻璃、海西布(呢绒)、宝石、药剂等。其中,鹊纹芝麻来自大宛,李时珍的《本草纲目》卷二十二《谷部一》中说:汉使张骞始自大宛得油麻种来,故名胡麻,以区别于中国的大麻。再如黄瓜,李时珍说是张骞出使西域得来的,原名胡瓜,隋大业四年(608年),避讳改胡瓜为黄瓜。又安石榴,即安息石榴,原产伊朗、阿富汗等国,《博物志》也说是张骞带回来的,因形状似瘤,故名石榴。石榴传入中国后原在长安城周围种植,唐代逐渐扩大。离长安25千米的临潼,因自然条件得天独厚,所产石榴的品质最好,至今仍为中国石榴的主要产地。这些外来的物品,极大地丰富了汉代城市市场上的物品种类。在频繁的贸易往来中,高度发达的汉文化也传到了西域。中国西传的著名物品有漆器、竹器、铜钱、生姜、肉桂、大黄、土茯苓,当然最重要的还是丝绸。

丝绸之路之所以能开辟,与汉是中国丝绸的繁荣期,且中国丝绸史上的很多重大事件都发生在这一时期是分不开的。提花机的重大改进,丝绸品种、丝绸纹样的多样化,织物上出现吉祥寓意文字等都在汉朝发生。毫不夸张地说,在汉代,中国的丝绸技术和艺术都达到了前所未有的高度,马王堆西汉大墓出土的丝绸珍品就证实了这一点。这座墓的女主人可谓花团锦簇,脸上覆盖着绛色织锦和素绢,两手紧握绣花绢面、盛满香料的香囊,手上还有一副绣有"千金"字样的"信期绣"手套,足穿绢袜和青丝履,内穿"信期绣"罗绮丝绵袍,外套细麻布单衣,然后从头到脚包裹着各式丝麻织物共18层,横扎9道丝带,最后覆盖工艺精湛的敷彩黄丝绵袍和"长寿绣"绛红绢锦袍各一件,一共是20层包裹。这些物品反映了汉代丝织品在缫丝、织造、印染、刺绣、图案设计方面达到的高度。轻若烟雾的素纱蝉衣,衣长160厘米,袖筒长195厘米,重仅48克,还不到一市两。这种高超的缫丝技术让人惊叹不已,目前现有的复制技术还达不到它的水平。

长安是汉朝的国都,当时各地丝绸和其他商品集中在长安以后,再由各国商人把一捆捆的生丝和一匹匹绸缎,用油漆麻布和皮革装裹,然后组成商队,浩浩荡荡地攀上陕甘黄土高原,越过乌鞘岭,经过河西走廊,到达当时的中西交通要道的重要关口敦煌,然后抵达欧洲。除了各地来的丝绸,丝绸之路上的丝绸部分还直接起运于长安城。据《汉书》记载,汉代在首都长安,"少府属官有东织室令丞、西织室令丞"。令丞是主管织室的长官,管理织室的纺、织、染手工业。东、西织室一岁费5000万。其中有相当一部分高级丝织品在贡赐贸易中投入丝绸之路市场,如汉武帝出巡、张骞出使西域所携丝绢等。那么长安城作为丝绸之路的起点,其繁荣景象是如何呢？汉代京师长安城内有八街九陌、三宫九府、三庙十二门、九市、十六桥。九市目前可知者有柳市、东市、西市、直市、交门市、孝里市、交道亭市七个。张骞出使西域归来后，西方各国使者商客蜂拥而至，各国珍宝也贩运而来。丝绸商路的开辟，促进了东西方文化、经济的交流，也扩大了古代中国在世界上的影响力。

第三节　唐代的商业贸易

一、盛唐气象

（一）众望所归之地

1300多年前的唐朝都城长安，是一座规划严整、气势宏博的大都会。纵贯南北、横贯东西的主街道宽度都在100米以上，作为全城中轴线的朱雀大街，宽度达155米（比起今天的现代化大都市也毫不逊色，按照当时的交通工具，1/10的宽度就够了），整个城市粗线条的严整布局，显示出宏大的气势。可以想象，当时各国使臣沿着如同广场一样宽阔的朱雀大街前往朝觐的时候，将产生何等巨大的心灵震撼！电影《天地英雄》最后那个长安城的镜头，主街的宽度显然小了。唐王朝的长安城，是当时世界第一大城市，其规模浩阔，已经超过同一时代东罗马帝国的君士坦丁堡和大食国的巴格达。长安，也是其他各大洲的主导国国王竞相前来进贡称臣的都城。当时，对外国人士进唐要求甚严。但凡来到唐王朝的外籍人士必须穿唐王朝指定的服装，且不得擅自前往异地。唐对各国人士（不管是否是西域诸国的子民）一律统称为"胡人"，外国商贩称之为"胡商""胡贾"，外国僧人统称为"胡僧"，外国女子统称为"胡姬"。由此可见，当时的中国国力极为强盛。唐朝是一个充满阳刚之气的朝代。它的自信、开放、宽宏、博大,把我们民族的声威远播四海。自唐以后的千百年来,西方一直把我们叫作唐人。

大唐王朝在沿着丝绸之路驱赶突厥人的同时,疆域远及中亚、西亚。唐派遣使节前往塔里木盆地内外的西域各国,远及巴克特里亚的大夏国和波斯国。这些使节的目的在于使各国知道大唐王朝国力强盛、百姓富庶。唐朝宫殿屋顶的建筑风格,大都舒展自如,两翼如同张翅飞翔的大鸟,又如同大书法家笔下极其夸张的一撇一捺,显示出不事精细雕琢但庄重威严、潇洒自信的风韵。电影《天地英雄》里那个唐朝宫殿绝非夸张。如今我们的唐式建筑风格,还隐约能在日本和韩国的寺院和皇宫里见到。唐代,也是民族文学艺术大发展的黄金时代。盛唐产生了上万名诗人,一部《全唐诗》就收录诗人2300余名,世界上还没有哪一个王朝能够拥有如此众多的著名诗人。唐诗被称为"盛唐气象",即使一首平常的七律,也能让人感受到意若贯珠,言如合璧的妙趣。"其贯珠也,如夜光走盘,而不失回旋曲折之妙。其合璧也,如玉匣有盖,而绝无参差扭捏之痕。綦组锦绣,相鲜以为色,宫商角徵,互合以成声……庄严则清庙明堂,沉着则万钧九鼎,高华则朗月繁星,雄大则泰山乔岳,圆畅则流水行云,变幻则凄风急雨。"(胡震亨《唐音癸签》)无论是边塞诗的健朗雄丽,田园诗的恬静淡雅,还是咏物抒怀的酣畅淋漓,无不呈现出抱负满怀、蓬勃进取的昂扬气象。

《职贡图》,传为唐代阎立本画作,规格为卷,绢本画,画面俨然是"异方献宝,万方来朝"。所绘为唐太宗时,爪哇国东南有婆利、罗刹二国,前来朝贡,途中又与林邑国结队,于贞观五年(631年)抵达长安。全幅画共有27人,画中人马各自成组,由右往左前行。一脸虬须骑白马,后有仆人持伞盖掌羽扇随从,后随抬一笼子的鹦鹉,这可能是林邑国的使者。画左端也有伞盖随侍者,手捧怪石,旁有黑肤卷发昆仑奴,可能是婆利国使者。画中人物穿耳附珰、持象牙,着古贝布,有孔雀扇、耶叶、琉璃器(双重罐)、臂钏、敬浮屠、假山石(蚶贝罗)、香料、革屣、珊瑚、花斑羊等,画之时代虽未必是唐,但存唐之历史则弥足珍贵。

《职贡图》

(二) 自由坦荡之风

《中国历史通览》对每个朝代的概括颇为别致:汉朝是"华夏方兴",宋朝是"两京梦华",清朝是"冷月清风"。汉朝是兴盛的开始。宋朝的经济文化空前繁盛,军事上却总是孱弱不堪一击。如今,我们面对宋朝数量惊人的文化成就,却难以想象它所面临的积贫积弱的窘境,让人感叹这看似繁华实际缥缈的盛世景象。元朝呢,与宋朝恰恰相反,雄才大略被大量地投入无休止的征服和炫耀武功中,而荒废了一些精神层面的需求,使元朝如同贫血一般,对中华文明历程的影响很难与唐宋媲美。至于清朝,纵有励精图治的皇帝,纵有空前广阔的疆域,在与西方文明的冲撞中也无奈地走到了自己的终点,喧闹中掩藏着末路的危机,时时映现着落日前的悲壮与苍凉。于是,在这种比较中,我们发现唐朝不论从它承前启后的历史地位,还是从它较为完善的社会结构来说,都是封建时代真正的巅峰,都是历史成熟的产物。

唐朝的自由坦荡,比起魏晋名士率真洒脱却清静无为的风度,要自然和潇洒得多。丰腴妇人们不必为"好细腰"的皇帝节食,并且可与男子一同骑马打球,还出现了中国历史上第一个也是最后一个女皇帝,这在其他任何一个对妇女有着苛刻禁令和病态标准的时代都是少有的。文人们更是"狂妄"。他们有的"笑入胡姬酒肆中",有的"赢得青楼薄幸名",最了不得的是敢于同权贵叫板——"天子呼来不上船",一有不满索性挂印就走了。这就是唐朝的人,上自王公士子,下至布衣百姓,都表现出一种可贵的自由意识和开放观念,甚至极力张扬自己的个性。同时,他们也常常显现出一种乐观和幽默的可爱气质,展现出乐观奋进的精神风貌。人们的思想状态和生活方式折射出了整个社会的文化和气氛,所以唐朝不像明朝,总弥漫着午门外杖毙尸体腥臭的味道;不像清朝,人们习惯使用谨慎的媚笑和隐讳的笔法;不像宋朝,人们用苟且的偏安麻醉自己,用威严的仪仗装裹枯槁残躯。唐朝当然也有政治威压,也有特权阶层,但相对而言,这种政治已经开明到允许人民发出一些自由的声音,这是极为难能可贵的一种精神气象。英国学者威尔斯在他的《世界简史》中说:"当西方人的心灵为神学所痴迷而处于蒙昧、黑暗之中时,中国人的思想却是开放的,兼收并蓄而乐于探求。"威尔斯是在比较欧洲中世纪与中国盛唐时代的文明差异时说的这番话。

(三)个性的张扬

长安妇女的妆容,在唐朝时出现了明显的变化。她们在眉间贴花钿,俗称"花子",所谓"脸上金霞细,眉间翠钿深";在鬓畔画斜红,在脸上施胭脂。胭脂原名支,产于河西,是用一些色彩艳丽的植物制成的化妆品。匈奴在河西被汉朝军队击败,痛心疾首地叹曰:"失我焉支山,使我妇女无颜色。"盛唐的开放也表现在妇女的着装上。唐朝妇女以丰腴为美,衣着喜欢宽博。喜欢把长裙束在胸前腰下,造成"粉胸半掩疑暗雪""长留白雪在胸前"的审美效果。唐朝妇女不拘一格、突出个性的服饰装扮,反映了唐代文化的博大和超前,社会经济的繁荣与发达。这既是美化生活的需要,也展现了唐代社会开放的气度和意气风发的精神风貌。唐代是中国封建社会中,妇女在婚姻、社交等社会生活方面获得各种自由最多的时代,这种相对开放自由的妇女观显示了唐朝盛世统治者的自信开放、务实进取。唐朝的文化展现出空前的自信和海纳百川的气度,因其自信,唐朝才能够对外部世界进行全方位的开放。唐代的统治阶级和知识分子,思想大都比较开明,对外来文化不盲目排斥,而是积极学习、钻研、兼收并蓄,外来文化也不曾改变中华文化的主导地位,相反,这些外来文化都或多或少地中国化了,为中国所用。"万物并育而不相害,道并行而不相悖",是当时士大夫的治学传统。印度佛教在中国非常流行,它与传统儒家的心性学说相互融合,经过魏晋南北朝的发展,最终在隋唐形成了中国化的佛教。佛教的艺术和思想大大地丰富了中国文学艺术作品的境界,到了"不懂禅不足以论书画"的地步,中国山水诗画派的"空灵"境界,正是受到禅学思想的影响。而唐太宗时期来华经商的犹太人,很多人改姓中国姓,娶妻生子,完全汉化了。在唐朝,每年都有数万波斯人来华经商,并有数万人长期定居长安,逐渐汉化。

(四)包容之风

唐朝时期,中国文化的强大生命力不仅表现在对外来文化的同化和包容方面,而且还表现在从来不拒绝吸收外来文化的先进内容。中华民族自信而不自大。南北朝时烧制玻璃的技术传入中国,玻璃被视为珍宝,价值连城。然而到了唐朝,玻璃制造的技术取得了很大进步。早在5世纪末,江南一些地方就掌握了用甘蔗制糖的方法,但是中国人并不拒绝外来的先进经验。公元647年,印度半岛上一个叫摩揭陀的小国遣使来唐通好,向唐太宗夸耀其国砂糖色佳味美,太宗大为赞赏,当即派人前去学习。他们归国后,选用扬州甘蔗为原料进行熬制,结果砂糖的色味都超过了印度。唐代流行的音乐,几乎全是西域的胡乐,同时,胡舞、胡服风靡一时,连唐玄宗最喜爱的一种乐器——羯鼓,也是胡人发明的,当时就曾有人惊叹中国胡风之盛。然而,中国并没有被胡化,而是通过吸收、消化、升华,创造了辉煌的大唐文化。唐朝的文化是鲜活的文化,生机勃勃的文化,它从不拒绝吸收任何优秀的东西,从不拒绝改造自己,展现出了最大限度的包容性和强大的生命力。然而,当中国历史进入明朝以后,这种包容和吸收先进文化的能力,自我改造的能力逐渐变弱。我们看这样两件事:清朝初年,一个名叫戴梓的人发明了早期的机关枪——火器"连珠铳",一次可填发28发子弹。然而清朝的统治者死抱着"骑射乃满洲根本"的信条,不仅不采用,还将戴梓充军关外。1792年,乾隆八十寿辰,英王乔治三世派遣特使带着科学仪器、军械模型、乐器钟表等工业产品前来贺寿,要求通商。乾隆诏谕说:"天朝抚有四海,惟励精图治,办理政务,珍奇异宝,并不贵重。"不仅拒人千里,而且更为可悲的是把当时最先进的工业产品视为消遣品,予以鄙薄,其自大和愚蠢可见一斑。这种以天朝自居,盲目排外的心态,与闭关锁国的政策如影相随,从而形成恶性循环,中国文化也在固守与僵化中逐渐落后。唐太宗"天可汗"的气概,不是"普天之下,莫非王土"的霸道狂妄,也不是"天朝上国"的自欺欺人,而是一种"海纳百川,有容乃大"的胸怀,而这种胸怀也是多数唐朝人所具有的。这就不难解释为什么唐朝的对外交往发展到了一个极高的层次,万国来朝,德化远播。这应该得益于一种自信的文化心态,凡是闭塞而拒绝外来文化浸染或融合的文化,都是有缺陷的。而唐朝并不排斥外来的多元文化并且积极从中吸收有利的因素充实自己的文化,极大地提高了自身文化的质量。这种宽容同时也将这种日益强大的文化推向其他更为辽阔的地方,至今唐文化仍是亚洲许多地区的主流文化。

二、长安市场

中国古代的城市虽然是出于维护天下统一的政治目的而设立,却不可否认,城市一旦出现,就必须通过市场上的商品交换等经济活动维持城市内居民的正常生活。这样一来,城郭里的市场便成了游离于里坊住宅之外的相对自由的一片天地,在社会生活中显示出独特的作用与风采。长安城中市场的发达程度令人吃惊。《唐国史补》卷中记载了一个事例:唐德宗临时任命吴凑做京兆尹,这是相当于京城市长的要职,照例要招待各方面的客人,然后才能开始工作。吴凑接到命令后就让下属通知客人到京兆府聚会,客人到齐时,吴凑的赴任宴席也已备好。有人问:"怎么安排得这么快?"吴凑下属回答说:"两市日有礼席,举铛釜而取之。故三五百人之馔,当可立办也。"这样及时的服务,只有在激烈的市场竞争中才会出现。何况当时长安城中已经出现了相当于货栈的邸店,相当于钱庄的柜坊,相当于支票的便换,相当于汇款的飞钱。再看一看那琳琅满目的商品与暴发巨富的商人,真是一个在观念上"重本抑末"的社会结构中所出现的不可思议的时代。这或许正是长安生活的魅力之所在。

(一)大唐西市

唐代是我国封建社会发展的黄金时代。国家的统一,政治的稳定,给社会经济的发展创造了良好的条件。国都长安,不仅是政治中心,也是当时最大的工商业都会,其兴盛的经济活动表现在商业的发达上,商业活动又主要集中在城内的东市和西市。

东市:隋代称都会市,唐改为东市。位于长安城东(约在今西安交通大学西边),四面各开两门,中有"井"字形四条大街,把该市划分成九个方形区域。据北宋成书的《长安志》记载,东市经营的商品门类有 220 行,"四方珍奇,皆所积集"。唐武宗时,一天东市失火,烧毁曹门以西 12 行 4000 多家店铺。由此推算,一行有 300 多家,东市的 220 行,店铺总数估计应超万家,可想当时东市的繁荣景象。东市由于靠近三大内(西内太极宫、东内大明宫、南内兴庆宫),周围坊里多皇室贵族和达官显贵宅第,故市中经营的商品多为上等奢侈品,以满足皇室贵族和达官显贵的需要。

西市:隋代称利人市,唐改为西市。位于长安城西(约在今西安市城西南 1 千米多的糜家桥与东桃园村之间),四面各开两门,市内有四条大街,把该市分成九个方形区域。街宽各百步,两侧有衣肆、药材肆、坟典肆、辔辔行、绢行、秤行、麸行、帛行、寄附铺等,经营各种商品交易的商贾近千家。大街四周又设有很多旅舍、旗亭酒肆及饮食摊点。西市由于距三内较远,周围多平民百姓住宅,市场经营的商品多是衣、烛、饼、药等日常生活品。西市商业较东市繁荣,是长安城的主要工商业区和经济活动中心,因此又被称之为"金市"。

西市距离唐长安丝绸之路起点开远门较近,周围坊里居住有不少外商,从而成为一个国际性的贸易市场。这里有来自中亚、南亚、东南亚及高丽、百济、新罗、日本等各国各地区的商人,其中尤以中亚与波斯(今伊朗)、大食(今阿拉伯)的胡商最多,他们多侨居于西市或西市附近的一些里坊。这些外国的客商把带来的香料、药物卖给中国官僚,再从中国买回珠宝、丝织品和瓷器等。因此,西市中有许多外国商人开设的店铺,如波斯邸、珠宝店、货栈、酒肆等。其中有许多西域姑娘歌舞侍酒的胡姬酒肆,李白《少年行》就有"五陵少年金市东""笑入胡姬酒肆中"的诗句。

唐长安的东市和西市跟里坊一样,四周皆有高大的围墙,宋敏求《长安志》记载其规模相当庞大,每个市约占两个坊的面积,市内有四条大街,围

125

墙四面各有两个门,这在对两市遗址进行全面勘察与测量时得到证实。作为长安城乃至全国最主要的市场,西市进行的是封闭式的集中交易,也就是将若干个同类的商品聚集起来,以"肆"(或相当的"行""店")为单位组成的,市内设有专门的管理机构——市署和平准署。市署的作用类似现在市场经济下的政府管理机构质监局、工商局的职能。市署监督货物的质量是否过关,交易双方是否公平,商人所运用的度量衡是否标准。市署就设立在西市的中央位置。西市有作息制度,每天正午击鼓300下开市,中外商人开始交易;日落前七刻钟,击钲闭市。

西市的九个区域四面均为街道,每个区域的周边都临街,便于交易。每个区域内还有便于内部通行的小巷,有的巷道下还有砖砌的暗排水道与大街两侧的水沟相连。临街部分出土的商业店铺遗址表明,房屋的规模不大,面阔4～10米,进深3米多,均沿街毗连。而出土的同类物品相对集中的现象,也证明了某一类型店铺的存在。如珠宝商的店铺就多料珠、珍珠、玛瑙、水晶等制品,铁器店铺就出土了不少的铁钉、铁棍与小铁器残块等。

唐对长安城市场特别是东、西两市实行严格的定时贸易与夜禁制度。两市的大门,也实行早晚与唐长安城城门、街门和坊门共同启闭的制度,并设有门吏专管。

(二)活跃的商人

市场上最活跃的人自然是商人,对他们发迹过程的了解,也是对长安城市生活的了解。据《太平广记》卷二百四十三载,长安西市的大商人窦乂,是种树苗起家的,窦乂种树赚得了做生意的本钱,便收集破麻鞋,"雇日佣人,于宗贤西门水涧,从水洗其破麻鞋,晒干,贮庙院中。又坊门外买诸堆弃碎瓦子,令工人于流水涧洗其泥滓",最后雇工人将麻鞋条、瓦砾粉和上槐子油靛,"日夜加功烂捣",制成一万多条长3尺、直径3寸的"法烛"。等到"六月,京城大雨",家家没有柴烧时,窦乂高价出售这种"法烛","与薪功倍,又获无穷之利"。有了这一笔钱,窦乂便筹划开店了。他见长安西市有十几亩低洼地积水很多,"众秽所聚",便以三万钱的低价购入。这片低洼地俗名"小海池",填起来很费工。窦乂便开了一个卖煎饼的铺子,再在洼地中间竖一靶子,说:"谁能用瓦片击中靶子,就给谁煎饼吃!"西市内的儿童都跑来用瓦片击靶,不到一个月,这个"小海池"便被儿童用瓦片填满。窦乂这才"造店二十间,当其要害,日收利数千,甚获其要"。有了钱,窦乂的买卖开始做得大起来。他见胡人米亮行为特别,有意与之结交,前后周济数千钱。"异日,又见亮,哀其饥寒,又与钱五千文"。米亮十分感激,一天,对窦乂说:"崇贤里有小宅出卖,直二百文,大郎速买之。"窦乂将小宅买下后,米亮说:"亮攻于览玉,尝见宅内有异石,人罕知之,是捣衣砧,真于阗玉。大郎且立致富矣。"窦乂立即从延寿坊请来玉工,玉工大惊说:"此奇货也,攻之当得腰带铐二十副,每副百钱,三千贯文。"窦乂让玉工加工后,"鬻之,又计获钱数十万贯"。窦乂又献给名将李晟,为李晟造马球场。在取得李晟好感后,将长安"大商产巨万者"共五六人介绍给李晟,使他们的子弟"各置诸通膏腴之地重职"。窦乂从中取得"介绍费"数万。窦乂善于经商,终于成为长安巨富,在西市中首屈一指。

长安城中的商人如窦乂这样的致富者很多,同在《太平广记》卷二百四十三还记载了河东裴明礼的发家史。裴明礼"善于理生,收人间所弃物,积而鬻之,以此家产巨万"。从此,裴明礼以回收废弃物起家。尤其当他"于金光门外市不毛地",让牧羊者居住,羊粪积多后堆上各种水果核,一年以后果树苗繁殖,"连车而鬻,所收复致巨万。乃缮甲第,周院置蜂房,以营蜜,广栽蜀葵杂花果,蜂采花逸而蜜丰矣"。说明他了解市场需求,能不断开发出新项目来。结果,官拜"殿中侍御史,转兵吏员外中书舍人,累迁太常卿"。善于经商而得官职,这是唐代屡见不鲜的事情。对重本抑末的传统观念是有力的冲击。

商人财大气粗,在城市中逐渐争得了一定的地位。唐高宗时长安怀德坊南门东居住的邹凤炽,"肩高背曲,有似骆驼",偏偏通过经商而"巨富,金宝不可胜计",取得了"常与朝贵游"的资格。他女儿出嫁时,"邀请诸朝士往临礼席,宾客数千""其家男女婢仆,锦衣玉食,服用器物,皆一时惊异",这说明在当时财富聚敛可以帮助个人社会地位的上升。他见到唐高宗对其财产做了一个较为形象的形容,"请市终南山中树,估绢一匹,自云:山树虽尽,臣绢未竭。事虽不行,终为天下所诵。"(《太平广记》卷495《邹凤炽》)只是在封建社会,个人财富需要政治权势来庇护。邹凤炽仅以商业致富,最终树大招风,"后犯事流瓜州,会赦还,及卒,子孙穷匮"。他的教训为后来其他商人汲取,纷纷亲近皇室权贵,形成官商合流的格局。如王元宝亲近唐玄宗,使唐玄宗出"朕天下之贵,元宝天下之富"之语,从而获得各方面的看重。唐末大商人王酒胡通过寺中斋食与唐僖宗交往,并故意向皇室捐资。唐僖宗为加强长安城城防,要维修朱雀门,王酒胡即捐资30万贯,助修城墙。唐僖宗要增修安国寺,下旨说:"能舍钱一千贯者,撞钟一下。"王酒胡认为这是一个向皇帝献媚取宠的机会,故意喝了一些酒,"半醉入来,径上钟楼,连打一百下,便于西市运钱十万贯入寺"(尉迟偓《中朝故事》)。除了与皇帝亲近外,商人更是与官僚贵族勾结,以便靠特权获利,逃避赋税。如唐玄宗就发过诏令,指责官商勾结,减免税收,"比来富商大贾,多与官往还,递相凭嘱,求居下等"。唐穆宗时,藩镇势力强大,"商贾胥吏,争赂藩镇,牒补列将而荐之,即升朝籍"。一旦能用钱买动统治者手里的权,商人立刻感到自己的前途远大,聚敛财富更为猖獗,在社会上的活跃程度便更高更强。

(三)琳琅满目的商品

商品的繁荣是社会生产力发展、文明进步的重要体现,尤其是唐都长安东、西市上,"货物二百二十行,四面交邸,四方珍奇,皆所积集"(《长安志》卷8),这都是大唐帝国国力强盛的表现。所以,了解大唐帝国经济的繁盛,往往需从了解京城长安市场上的商品开始。

历史文献与考古发掘资料告诉我们,长安城中的市场是分"行"经营的,这个"行"便是用商品来分类的同行业者的"行会"组织。《大业杂记》载:东都洛阳的丰都市(今丰都县)有"一百二十行,三千余肆"。宋敏求《长安志》记载唐都长安东西市各有220行,至少可以列出其中的秤行、大衣行、织锦行、金银行等。每一个行会都有各自的商品生产与销售,都有各自的管理规定。即使是雇佣工匠的工资,也相互约定统一的标准。因此,商品出售便会有大致统一的价格,这样市场上商品的竞争就集中在了商品的质量上。

市场上的商品品类复杂,其中纺织品与瓷器是中国对外贸易的大宗商品,质量竞争尤其激烈。唐政府规定:"凡绢布出有方土,类有精粗,绢分为八等,布分为九等。"宋、亳等州出的纻,宣、润等州出的火麻,列为第一等。郑、汴等州出的绢,常州出的一种细白麻布叫"纻",列为第二等。滑、卫、贝、博等州出的绢与扬、汭等州出的纻,列为第三等。齐、许、恒、定等州出的绢,苏、杭等州出的纻,被列为第四等。绢与纻本是纺织印染品的原材料,以城市命名进行等级划分,体现出各地的竞争状态。为了把丝织品卖出去,各地工商业者在品种花样上争奇斗艳,唐政府曾下令禁止民间制造大张锦、软瑞锦、透背及大(幺间)锦、高丽白锦、半臂锦、杂色锦、独窠文绫、四尺幅、独窠吴绫、独窠司马绫、两窠细绫、瑞绫、白编绫、小文字绫,并不得使用盘龙、对凤、狮子、辟邪、孔雀、仙鹤、芝草、万字、双胜等图案(《唐大诏令集》卷109《禁大花绫锦等敕》)。这样民间流行使用的品种与花样便无法统计有多少了。仅从敦煌莫高窟与新疆吐鲁番阿斯塔那墓室中发现的大量精美丝织品残件,就可以想象到唐代市场上的丝绸织物是何等的绚丽多彩。

陶瓷是长安市场上另一类最普遍的商品。陶器最有代表性的是大量用来做明器的"三彩釉陶",这是用高岭土胎土施以黄、绿、赭三种颜色所烧的低温釉陶。通过现代技术对三彩俑彩片的化学分析表明:釉的主体是硅酸,以盐基为媒溶剂,铅釉以氧化铝做盐基,呈色剂是各种金属氧化物,铅釉中加入了铁粉,因为铁量增减而使三彩器出现黄、绿、褐色;氧化铜在釉中溶解后使三彩器出现青与绿之间各种色调。这种陶器"雕饰如生",色彩艳丽,于是大量用于墓葬之中,"王公百官,竞为厚葬"。当前考古发掘的大量三彩俑,不但反映出唐代开放与富有创造力的精神面貌,也反映出长安城中市场生活的活跃。那些拉骆驼的胡商,骑汗血马的胡姬,在骆驼上载歌载舞的乐伎,说书的艺人,给人留下极为深刻的印象。瓷器是唐代民间生活的新内容,《唐国史补》说:"内丘白瓷瓯,端溪紫石砚,天下无贵贱通用之。"所有瓷器中,以邢州的白瓷与越州的青瓷最受推崇。陆羽《茶经》说:"碗,越州上,鼎州次,婺州次,岳州次,寿州次,洪州次。或以邢州处越州上,殊不为然。邢瓷类银,越瓷类玉,邢不如越,一也。邢瓷类雪,越瓷类冰,邢不如越,二也。"1987年,陕西扶风法门寺地宫出土的秘色瓷,通体涂釉,呈豆绿色,晶莹细润,光泽鉴人,体现出极高的工艺水平,是越瓷系列中的精品。难怪陆龟蒙在《秘色越器》中说:"九秋风露越窑开,夺得千峰翠色来。好向中宵盛沆瀣,共嵇中散斗遗杯。"白瓷产品其实也很吸引人,杜甫《又于韦处乞大邑瓷碗》诗云:"大邑烧瓷轻且坚,扣如哀玉锦城传。君家白碗胜霜雪,急送茅斋也可怜。"

金银器是市场上的高级消费品,只有高官、贵族、富商才能享用。1970年10月,在西安南郊何家村发现的两瓮窖藏金银器是当时市场上所展示的金银器的代表。这270件金银器中有环柄八曲杯、羽觞、环柄八棱杯、高足杯、带流大碗、六曲盘、桃形盘、提梁壶、提梁罐、双耳锅、盂顶盒、三足钩、重香炉、熏香囊等,制作工艺分为切削、抛光、焊接、铆、镀、刻、凿等。由于切削加工痕迹明显,有起落刀口,螺纹清晰,同心度强,因此可以推测当时的手工业作坊内有简单的机床。这些金银器上有精彩的镂凿、冲压、嵌接图案,如桃形盘中的熊、高足杯上的飞鸟,形态都十分生动。镂空银熏香囊的球面上透雕飞鸟和葡萄纹饰,中分为两个半球,内有两个同心圆机环,机环有轴以承环内香盂,无论香囊表体如何转动,香盂均保持平衡向上,使香火不会倾倒出来烧坏衣服。法门寺地宫出土的金银器更是精品,其中的八重宝函,每一重都镌刻着复杂、精细的图案,并嵌以珍珠宝玉,最后以结构巧妙的宝珠顶单檐纯金四门塔供养佛骨,击打出来的银芙渠婀娜多姿,花瓣轻柔。稍有震动,便如迎风摆动,发出悦耳声响。鎏金五足银熏炉系钣金成型,附件浇铸,纹饰涂金,由炉盖、炉身组成;炉盖面底缘饰莲瓣纹一周,面上有5朵莲花,每朵莲花上卧有一龟,龟首反顾,口衔瑞草;宝珠形盖钮以迎瓣莲花相托,下层莲瓣镂空,便于烟香溢出;炉身铆接5只独角天龙兽足,浇铸而成的足爪生动有力度,以销钉套接绶带盘结的朵带环于两足间的腹壁外,炉底有同心圆旋痕。我们无法一一枚举唐代金银器制作的情况,不过,仅从以上几例,便可知长安城市场上的金银器有何等重要的地位了。

饮茶在唐代是身份、地位、文化水准的体现,茶叶在市场上是普遍可见的商品。《太平广记》卷二十四《刘清真》载:"唐天宝中,有刘清真者,与其徒二十人于寿州作茶，人致一驮为货。"讲的是刘清真雇佣20人到寿州去购买茶叶，贩运到其他地方以牟利，可见寿州是当时全国闻名的茶叶产地。寿州的耕地有很大一部分辟为茶园，种植茶树，以满足市场需求。这样的情况在许多地方都能见到。

引起自然经济体系动荡的商品除茶叶外还有棉布。中国古代的御寒衣料大致分两种：一是丝绸丝绵，取之于蚕；另一是麻布，取之于种植的麻类植物。为此，桑麻与粮食同为政府规定的农民的本业。与桑麻有同样功用的棉花，因为是外国进贡之物，虽然自汉代以后国内开始种植，但始终作为经济作物看，即属于末业，并未引起统治者的关注。直到唐代工商业的发展，棉布开始在市场上露面。《太平广记》卷四百八十五《东城老父传》载，天宝年间，"老人岁时伏腊得归休，行都市间，见有卖白衫、白叠布，行邻比廛间。"这种白叠布就是棉布，较丝绸为粗，较麻布为细。由于这种布在唐代算是新奇货，所以有些达官贵人开始穿着白叠布服装露面，在长安城中成为一种时尚。

市场上的日用品样式繁多，当时使用的铜镜，就很引人注目。唐初的铜镜主要有圆形镜、方形四兽镜、十二辰镜、团花镜。自唐高宗执政以后，随着对外交流范围的扩大，出现了葡萄纹镜、禽兽镜、宝相镜、盘龙镜。到了唐玄宗时期，又有了八曲镜、八棱镜、菱花镜。铜镜的制作工艺有平脱螺钿、鎏金、鎏银、捶金、捶银、镶嵌绿松石等，镜纹饰有葡萄、石榴、禽兽、宝相、盘龙、缠枝花、传说故事等。最有名的镜子是扬州冶铸的江心镜，《太平广记》卷二百三十二《扬州贡》载："五月五日于扬子江所铸也，或言无百炼者，六七十炼则止，易破难成，往往有鸣者。"这种铜镜造价太高，是朝廷贡品。唐德宗在执政初期为示节俭，还下令停止进贡江心镜，使江心镜成为市场上的高档消费品之一。以上普遍使用的商品，自然不能概括长安市场商品的全貌。当时市场上最引人注目的是通过丝绸之路进入中国内地的商品，这些商品或来自唐帝国周边的少数民族政权，或来自其他国家。突厥的马匹品种十分优良，"技艺绝伦，筋骨合度，其能致远，田猎之用无比"。所以，市场上突厥马的价格是极高的。西域各国的商品中，以高昌、龟兹的葡萄酒、白叠布，于阗的美玉作为代表。回纥的商品有名马、貂裘、美玉；吐蕃的商品有马、牛、羊、骆驼、牦牛尾、金银器、杂药;南诏的商品有生金、丹砂、浪人剑、白叠布;渤海郡国的商品有貂鼠皮、海豹皮、铜器、麝香、人参,以及一种名叫"海东青"的鹰。外邦进口的商品中新罗最多,计有牛黄、人参、鱼牙、海豹皮、金、银等;日本商品有玛瑙、琥珀、布、铜等;林邑(即今越南)的商品有驯象、五色带、朝霞布、火珠、五色鹦鹉;真腊(今柬埔寨)有犀牛与大象,马来半岛送来的商品有象牙、火珠等;堕婆登国(今印度尼西亚)的商品有象牙、白檀等;诃陵(今印度尼西亚爪哇岛)的商品有玳瑁、象牙、犀角、黄金、鹦鹉、频伽鸟等;斯里兰卡的商品主要是大珍珠、钿金宝璎、象牙;印度的商品主要是香料和白叠布;罽宾(今克什米尔)的商品有宝带、金锁、水精盏、玻璃等;尼泊尔的商品主要有菠菜、酢菜、浑提葱;阿富汗的商品有鸵鸟、玛瑙树、异药、玻璃;波斯的商品主要有金银器、玻璃器、珍珠、琥珀、胡椒、香附子、石蜜、千年枣、甘露桃、诃黎勒、无食子、荜拨等;大食的商品有香料、药品、玻璃、珍珠等;拂菻(即东罗马帝国)的商品有赤玻璃、石绿、金精等。这些外来商品与中国的商品一齐在长安市场上露面,显示出长安当时的国际性地位。大唐帝国的强盛,也体现在这些琳琅满目的商品上。

三、国际大都会

唐代外来文明的火炬比中国任何一个朝代都传播得更远。值得深思的是,盛唐之所以成为外国人云集聚居的地方,不单是它具有开放性,更重要的是它具有文明世界的优越性。

(一)对外开放的态度

1. 允许入境居住

继南北朝和隋朝之后唐朝的各民族又进行了一次大规模迁徙,各民族进入唐境分为被迫内迁和寻求保护两种,因仰慕唐帝国先进的经济文化生活而零散入境的人也很多。贞观四年(630年),唐打败东突厥,15万突厥人南下归附,入居长安的有近万家。天授元年(690年),西突厥可汗斛瑟罗率残部六七万人徙居内地,斛瑟罗后死于长安。此后,入境安置的西域胡人连续不断。

唐政府曾在开元二十五年(737年)对来唐的外国人做出专门规定:"化外人归朝者,所在州镇给衣食,具状送省奏闻,外人于宽乡附贯安置。"另外,还可免去他们10年的赋税,这更加吸引了外国移民,这也是粟特、新罗、大食、波斯等移民社区形成的重要因素。如登州的"新罗坊",青州的"新罗馆",敦煌、凉州的"昭武九姓"等。晚唐黄巢之乱时,广州有两万多外国人被杀,这说明入境居住的外国人很多。

2.允许参政做官

唐王朝从中央政府到地方州县,都有外国人或异族人担任官职。如京畿道委任刺史的715人中,异族人为76人,约占1/10,尚不包括早已同化者。安国人安附国一家三代在唐朝做官。康国商人康谦,高丽人高仙芝、王毛仲,日本人阿倍仲麻吕(留居中国50年,改汉名晁衡),龟兹人白孝德,波斯人李元谅、李素,越南人姜公辅,新罗人金允夫、金立之等都在长安任高官。唐朝大胆地起用外族和外国人入仕任官,采取"兼容并包"的用人政策,无疑是其国际性眼光的表现,也可以说是中外双向互补的表现。

3.法律地位平等

按《唐六典》记载,盛唐时有70多个国家与唐王朝经常往来,外国人在唐朝居住者众多,难免有违法犯罪现象。唐朝对外国侨民在中国领土上发生的纠纷,有专门的法律规定:凡是外国人,同一国家侨民之间的案件,唐朝政府尊重当事人所在国家的法律制度和风俗习惯,根据他们的俗法断案,享有一定的自治权;而对于来自不同国家的侨民在唐境内发生的纠纷案件,则按唐朝法律断案,他们在法律地位上与汉人完全平等,没有特别的治外法权。这种涉外立法,分别体现了当代立法的属人主义和属地主义的原则,具有深远的意义。

4.保护通商贸易

贞观元年(627年)唐朝就开放关禁:"使公私往来,道路无壅,彩宝交易,中外匪殊。"贞观四年,西域各国派遣商使入唐,太宗下诏"听其商贾往来,与边民交市"。此后,丝绸之路和"香料之路"使西域、波斯、大食等国的商旅源源不断地进入河西与长安,海上商船也陆陆续续地到达中国南部沿海城市。唐王朝对通商贸易非常重视,不仅在中亚驻扎军队保护商旅安全,而且收取的商税较低。大批外国商人经由陆路和海道来到长安以及洛阳、广州、泉州、扬州等地,运来香料、药材和珠宝,带走丝绸、陶瓷等物品。在长安的许多胡商以经商致富而闻名。正因为唐王朝对外商持优惠政策并加以保护,有时甚至给予特殊照顾、鼓励交易,比如每年冬季都要给"蕃客"供应三个月柴薪取暖,所以胡商乐不思蜀,"安居不欲归"。

5. 允许通婚联姻

异国或异族通婚是打破"华夷之辨"的一个重要内容。唐太宗贞观二年(628年)六月敕令称:"诸蕃使人娶得汉妇为妾者,并不得将还蕃。"《唐律》中也有类似规定。《唐律》允许外国人入朝常住者娶妻妾共为婚姻。从出土的唐代墓志中可以看出,异族联姻非常普遍,特别是散居内地者更容易胡汉联姻。据史书记载,唐高祖19女中有7位嫁给胡族,太宗21女中有8位异族驸马,玄宗30女中有5位嫁给胡族大臣。大臣中如裴行俭、张说、唐俭、于休烈、史孝章等人皆是胡汉联姻。还有许多杂胡通婚于汉人的事例,如武周时游击将军孙阿贵夫人竹须摩提,乃印度女子。

(二)胡汉杂居的国际都市

公元631年唐太宗灭东突厥后,将突厥贵族等上万户安置在长安,对他们实行怀柔政策。早在北魏时,流寓都城洛阳的西域人也有万户之众。在唐朝长安、洛阳,熙来攘往、比肩接踵的人群中,西域胡人占有很大的比重。这里所说胡人,主要指塔里木河流域诸国和新疆的少数民族,以及葱岭以西、天山以北中亚昭武九姓的胡人,还包括一部分印度人和波斯人。陕西榆林早在汉代就有来自龟兹的移民,因而设立了龟兹县。塔里木河中游的温宿人入居陕西乾县的很多,所以乾县曾一度以温宿岭为县名。

除了上述安置的万户突厥人和唐以前留居的西域人,还有帮助唐朝平息"安史之乱"而留居长安的数千名漠北回纥人,以及大批逐利而来的胡商贩客。他们当中有些人腰缠万贯,乐不思蜀,就在长安娶妻生子,长住下来。另外有入仕为官的,如于阗王尉迟胜率兵助唐平叛后,留京任宿卫。

尉迟青居住长安,德宗时官至将军。还有充当质子的,塔里木河流域的于阗、龟兹、疏勒、鄯善等国,都有以人质身份入住长安的,有不少质子流寓不返。再就是来长安传经布道的西域僧人,以及入国求知的西域学子。数量较多的是到长安献艺的歌、舞、百戏、幻术(杂技)等高手,与他们相伴而来的是在长安开设饭铺酒肆、歌楼舞榭的胡商胡姬,他们很快就成为唐朝文化大视野中的一道新奇亮丽的风景线。

由于吐蕃势力强盛,安西四镇屡屡沦陷,河西一带也被吐蕃占据,中原与西域的交通中断。这样一来,流寓长安的西域游子归途既绝,也只好滞留长安,由唐朝政府专设的礼宾机构给予生活供给。当时留下的胡人约有4000人,其中有些胡人在长安居住达40余年,他们都有妻子、田宅。至于西域胡人娶汉女为妻者,也不在少数。如此众多的西域人口,如此复杂的职业成分,又如此集中地居于长安,这对长安的社会影响之大,是不言而喻的。《后汉书》记载,早年汉灵帝就"好胡服、胡帐、胡床、胡坐、胡饭、胡笛、胡舞",所以"京都贵戚,皆竞为之"。可见,在汉代灵帝就已将西域文化和社会习俗全方位引进中原了,而且在京城贵戚中已形成气候。李唐政权建立后,沿袭了前代许多优良传统,在对待异族文化上更加开放,不问华夷,都能兼收并蓄。所以,国际商贸、各族人种、各类宗教、东西方文化,都能在长安这个东方大都会占一席之地,发挥一技之长。

西域少数民族入居人数的增长,使长安胡化之风盛极一时。喜好西域风尚、服饰、饮食、建筑、绘画、乐舞者,不局限于宫廷贵戚,也大盛于民间市井。长安的建筑独具特色,华丽而宏大。但由于佛教的传入,西域佛教寺塔、石窟建筑也出现于洛阳、长安两京,以致佛寺林立,佛塔遍布都城内外。甚至把罗马拜占庭的凉殿,也搬到夏日酷暑难耐的长安。建筑形式仍然是楼阁飞檐,殿内四处积水,水激扇车,雨帘飞洒,座内藏冰。身临这样的处所,盛夏犹如凉秋。玄宗建凉殿后,京城重臣贵族纷纷效仿,建豪华住宅,宅内设"自雨亭子",檐上飞流四注,宛如盛暑中的凉风秋雨。

胡服在长安很流行,人们竞相以色彩鲜艳、翻领、窄袖、紧身的胡装为时尚。这一方面是因为唐朝人崇尚自由洒脱,在着装上追求奇装异服、标新立异;另一方面也因为胡装的确色彩斑斓,男子穿得矫健,女子穿了能展现出线条美。长安妇女把紧身、窄袖、翻领的胡装与宽松、飘洒、华丽的唐装糅合起来,把长裙束在胸前腰下,造成"粉胸半掩疑暗雪""长留白雪在胸前"的审美效果。除了胡服,长安还流行戴毡帽、穿胡鞋。胡帽有虚顶蕃帽、卷檐高帽、白皮帽、浑脱(毡油)帽等,有用绸缎制的,也有用毛皮制的,帽顶成尖形,饰以花纹和珠宝。胡鞋一般是轻便的靴子,多用皮革制成。宫廷妇人学胡人骑马,更是一身胡装:头戴帷帽或裙帽,即面容外露,三面垂裙纱;身穿紧身窄袖衣,足蹬软筒皮靴,显得格外潇洒英武。这不仅是一种外在装饰的模仿,还为中原人注入了草原民族那种争强好胜、勇于进取的精神。

用石黛画蛾眉,用朱红点额头或面颊,这些西域化妆原料和化妆方法,使中原玉女佳人更加柔情似水,妩媚动人。用唇膏涂口红,色彩艳丽,引人注目,只是西域女子喜涂整个嘴唇,而唐女点唇则尚娇小浓艳,所谓"樱桃小口一点红"。魅力无穷的口红不仅流传至今、传遍世界,而且使用口红涂唇今人更胜古人。此外,还用天蓝色、深蓝色的植物膏涂抹眼睑,这种审美趣味也被古人乃至当代人广泛接受。这些化妆原料和化妆方法,大都来自西域乃至印度、波斯。

特别值得大书一笔的是床榻、桌椅在中原的广泛使用,这使人们的生活质量上升到一个新的高度。中原自古没有床榻桌椅,到了汉代时人们还习惯于席地而坐,打地铺而卧。西域游牧民族经常迁徙,在水草地上露宿时为了隔潮,就做了一些类似行军床的活动支架,平时合起来驮在牛背上,到了水草茂盛的地方宿营时,就打开这些支架,可坐可卧。汉灵帝喜好"胡床""胡坐",指的就是西域少数民族游牧时用的这种坐卧工具。在汉灵帝的倡导下,中原普遍使用床榻桌椅的风气盛行起来。经过中原能工巧匠的不断加工改造、雕镂美化,发展成后来形形色色、质料各异的床榻桌椅。有帝王的龙床龙座,有百姓的板床矮凳,花样翻新,成为人们不可缺少的家庭用具。这些家具的原始形态,是西域少数民族适应生活的产物。唐代的床榻桌椅等家具,已发展到了相当高的水平,无论是宫廷贵戚还是市井平民都在使用,不仅具有使用价值,而且具有审美价值。

中原汉人喜爱西域之物,有时也出于新鲜好奇的心理。唐太宗之子承乾太子全盘效仿西域生活习俗，就是一个典型的例证。还有当时由龟兹进贡的一种酷似玛瑙的石制枕头，据说枕着睡觉可以梦游大地和苍穹，无所不至，杨贵妃的堂兄杨国忠以有幸享用这个枕头而荣耀。还有高昌进贡的一种"鸣盐枕"，其形如玉，击之有声，可能是一种洁白的石膏制作而成。石膏与岩盐相似，但石膏中有气孔，可以打击发出鸣响。于是这种有鸣声又凉爽的枕头，成了唐朝王室的稀罕之物。

　　长安的娱乐活动，也有了西域的风味。灯会本来是中原传统的文化项目，自从传来西域轮动的影灯后，中原灯会更加多姿多彩，火光灿烂。先天二年(713年)正月十五、十六晚上，长安举行盛大的灯会，展示了从西域传来的灯轮俗称走马灯。安福门外的灯轮高达20丈，装饰着锦、金、玉。5万盏华丽的花灯同时点燃，火树银花、璨若星月，照得长安城如同白昼。数千宫女"衣罗，锦绣，耀珠翠，施香粉"，还有女性千余，也都花钗锦披，在灯轮下踏歌三日夜，欢乐之极的场面前所未有。唐朝诗人笔下记录了当年的盛况："西域灯轮千影合，东华金阙万重开。"

　　胡化之风无孔不入，成为长安普遍的时尚，甚至有些赶时髦、追浪潮的味道。难怪诗人元稹在他的名篇《法曲》一诗中，发出了这样的感叹："自从胡骑起烟尘，毛毳腥膻满咸洛。女为胡妇学胡妆，伎进胡音务胡乐。火凤声沉多咽绝，春莺啭罢长萧索。胡音胡骑与胡妆，五十年来竞纷泊。"这种盛行胡风的情况，使诗人有些忧虑。《火凤》和《春莺啭》是西域人演奏和夹杂着西域音乐成分的乐曲，听之往往造成"多咽绝""长萧索"的艺术效果，令人伤感。

　　甚至连酷爱西域艺术和外来文化的大诗人白居易，最初对猛烈而来的西域胡风也不能适应。他在《时世妆》一诗中，就对妇女胡化的化妆提出了异议："时世妆，时世妆，出自城中传四方。时世流行无远近，腮不施朱面无粉。乌膏注唇唇似泥，双眉画作八字低。妍媸黑白失本态，妆成尽似含悲啼。圆鬟无鬓堆髻样，斜红不晕赭面妆。昔闻被发伊川中，辛有见之知有戎。元和妆梳君记取，髻堆面赭非华风。"白居易认为涂了口红"唇似泥"，画了双眉"八字低"，头堆发髻、面抹红脂"失本态""非华风"，总之是看不惯。不仅如此，胡化之风也引起当时文人史家的不安。《旧唐书》中就说：

过去妇女戴幂离遮蔽全身,但自从中宗即位,"宫禁宽弛,公私妇人,无覆幂篱之制。开元初,从驾宫人骑马者皆著胡帽,靓妆露面,无复障蔽,士庶之家又相仿效。"更有妇女骑马,还不戴帷帽,"露鬓驰骋",甚至穿着男子的服装和皮靴。特别是开元以来,"太常乐尚胡曲,贵人御馔尽供胡食,士女皆竞衣胡服。故有范阳羯胡之乱,兆于好尚远矣"。把胡之乱归于胡化之风。尽管如此,贵族士庶还是"好衣胡服","妇人则簪步摇","衣服制度,袖窄小"。花蕊夫人《宫词》仍在赞美"回鹘衣装回鹘马,就中偏称小腰身。"人们还是喜欢胡服,津津乐道于"细爱胡衫双袖小""红掩画衫缠腕出"。更有甚者,唐代法服中有六合,是典型的胡服,竟然作为"文武百僚之服",招摇于宫廷帝殿之间。外来文化被作为时髦而流行,其实大可不必担心。其充其量只是对中原文化的补充和局部变异,并不能改变其主体属性。事实上,对西域文化的吸收,使长安文化更加丰富多彩、五彩斑斓。

第六章 巧思天工——科学技术繁荣地

第一节 古代的四大发明

第二节 卓越的医药技术

第三节 高超的建筑水平

第四节 精湛的制造工艺

渭河流域是人类文明的一个重要发源地,曾经孕育了辉煌的古代科技文明,其在文明历史的长河中一直处于世界领先地位。中国的科学技术来源于"近取诸身,远取诸物""仰观天文,俯察地理"的观察和研究。如秦代无名工匠制作的兵马俑和工艺绝伦的铜车马,体现了渭河流域精英的雄才大略和无名工匠的聪明智慧。秦始皇修建的万里长城,隋炀帝开凿的南北大运河,秦昭王命李冰兴建的四川都江堰,秦始皇命史禄兴建的广西灵渠,至今还发挥着作用。汉唐时代经济繁荣、科技发达,众多科技成果通过丝绸之路传遍世界。

第一节　古代的四大发明

一、造纸术

纸主要用于书写、印刷、绘画或包装。纸的制作一般要经过制浆处理,然后在织网上交错组合,初步脱水,再经压缩、烘干而成。中国是世界上最早发明纸的国家。根据考古发现,西汉时期(公元前206—公元25),我国已经有了麻质纤维纸,此时的纸质地粗糙,且数量少、成本高,并不普及。

人类文明史上的一项杰出的发明创造,就是造纸术。中国是世界上最早养蚕织丝的国家。古人以上等蚕茧抽丝织绸,剩下的病茧、恶茧等则用漂絮法制取丝绵。漂絮完毕,篾席上会遗留一些残絮。当漂絮的次数多了,篾席上的残絮便积成一层纤维薄片,经晾干之后剥离下来,便可用于书写。西汉初年,由于政治稳定、经济发达、思想文化十分活跃,对传播工具的需求旺盛,纸作为一种新的书写材料应运而生。成书于公元100年左右的《说文解字》,在谈到"纸"的来源时说:"纸从系旁,也就是丝旁。"可见当时的纸主要是用绢丝之类的物品制成的,与现在意义上的纸是完全不同的。《说文解字》的作者许慎认为,"纸"是丝絮在水中经打击而留在床席上的薄片。这种薄片是最原始的"纸",有人把这种"纸"称为"赫蹄"。关于这种"纸"的记载,可以追溯到西汉成帝元延元年(公元前12年)。《汉书·赵皇后传》中记录了成帝妃曹伟能生了皇子,遭皇后赵飞燕姐妹的迫害,她们送给曹伟能的毒药就是用"赫蹄"包裹。

从目前的考古发现来看,造纸术的发明不晚于西汉初年。1933年在新疆罗布淖尔古烽燧亭中最早发现了古纸,年代不晚于公元前49年。

1957年5月,陕西省西安市灞桥出土的古纸,经过科学分析鉴定为西汉麻纸,年代不晚于公元前118年。1973年在甘肃居延关发现了两块麻纸,暗黄色,质地较粗糙,时间不晚于公元前52年。

1978年在陕西扶风中延村出土了西汉宣帝时期(公元前73—公元前49)的三张麻纸。1979年在甘肃敦煌西汉烽燧遗址出土了5件8片西汉麻纸。1986年甘肃天水放马滩出土了西汉文帝时期(公元前179—公元前157)的纸质地图残片,表明了当时的纸已可供写绘之用。从上述西汉出土的纸的质量来看,西汉初年的造纸技术已基本成熟了。

历史上关于汉代的造纸技术的文献资料很少,因而难以了解其完整、详细的工艺流程。后人虽有推测,但也只能作为参考。总体来看,造纸技术环节众多,因此必然有一个发展和演进的过程,绝非一人之功,而是我国劳动人民长期经验的积累和智慧的结晶。

蔡伦生活在东汉和帝时期,从小就入宫做太监,后来得到汉和帝信任,被提升为中常侍,还做过管理宫廷用品的尚方令,尚方令也是监督工匠为皇室制造宝剑和其他各种器械的官职,因此他经常可以和工匠们接触。蔡伦看到大家写字很不方便,竹简和木简太笨重,丝帛太贵,丝绵纸不可能大量生产,都有缺点。于是,他开始研究并改进造纸的方法。蔡伦总结了前人造纸的经验,带领工匠们用破布、破渔网、树皮、麻头等原料来造纸。他们先把树皮、麻头、破布和破渔网等东西剪碎或切断,放在水里浸渍一段时间,再捣烂成浆状物,还可能经过蒸煮,然后在席子上摊成薄片,放在太阳底下晒干,这样就变成纸了。用这种方法造出来的纸,体轻质薄,很适合写字,因而受到了人们的欢迎。东汉元兴元年(105年),蔡伦把这个重大的成果报告给了汉和帝。从此,经蔡伦改进的造纸方法得以广泛推广,并传播到世界各地。

经蔡伦改进的造纸术,首先传到朝鲜和越南,随后又传到了日本。朝鲜、越南、日本先后学会了造纸的技术。大约在4世纪末,百济在中国人的帮助下也学会了造纸,不久高丽、新罗也掌握了造纸技术。此后,高丽的造纸技术不断提高,到了唐宋时,高丽的皮纸反而向中国出口。西晋时,改进的造纸术传到了越南,越南人很快掌握了这种技术。公元610年,朝鲜和尚昙征渡海到日本,把造纸术作为礼物献给日本摄政王圣德太子,圣德太子下令在全国推广,后来日本称圣德太子为纸神就是这个缘故。

公元751年,造纸术传到阿拉伯。那一年唐安西节度使高仙芝率部与阿拉伯军队交战,唐军大败,被俘士兵中有从军的造纸工人。阿拉伯最早的造纸工厂,就是由中国人帮助建造起来的,造纸技术也是由中国工人亲自传授的。10世纪造纸技术又传到了叙利亚的大马士革、开罗、埃及与摩洛哥等北非地区。

随后阿拉伯人又将造纸技术传入欧洲,西班牙是最早接触纸和造纸术的欧洲国家。公元1150年,阿拉伯人在西班牙的萨狄瓦,建立了欧洲第一个造纸厂。公元1276年,意大利的第一家造纸厂在蒙地法罗建成,生产麻纸。公元1348年,法国在巴黎东南的特鲁瓦附近建立造纸厂。此后法国又建立几家造纸厂,这样不仅国内纸张供应充分,而且还向德国出口。德国到14世纪才有了自己的造纸厂。英国因为与欧洲大陆有一海之隔,造纸技术传入比较晚,到15世纪才有了自己的造纸厂。瑞典最早于1573年建立了造纸厂,丹麦于1635年开始造纸。到了17世纪,欧洲主要国家都有了自己的造纸业。到19世纪,中国的造纸术已基本传遍世界各国。

造纸术的发明和推广,对于世界科学、文化的传播,产生了深远的影响,对于社会的进步和发展起到了巨大的推动作用。

二、指南针

指南针也叫罗盘针,是我国古人利用磁石指极性制成的指南仪器,磁石通常被称为"吸铁石"。

人类居住的地球是天然的大磁场,地球的南北两头也有不同的磁极。磁石吸铁是因为每块磁石两头都有不同的磁极,一头是南极,另一头是北极。根据同性磁极相排斥,异性磁极相吸引的原理,拿一根可以自由转动的磁针,无论站在地球的什么地方,它的北极总是指北,南极总是指南。

战国时期,人们利用磁石指示南北的特性制成了指南工具——司南。但是,战国时期的司南是什么样子已无法考证。《中国历史》课本插图——司南,是根据中国历史博物馆展品"汉代司南模型"绘制的。这个模型是后人根据史书记载以及地下出土的汉代地盘实物制成的。地盘是青铜做成的,内圆外方,中心圆面磨得非常光滑,以保证勺体指示方向的准确性。中心圆外围依次布列八卦、天干、地支和二十八宿,共计 24 个方位。地盘中心的小勺是用整块的天然磁铁磨成的,磁铁的南极磨成司南的长柄,勺头底部是半球面,非常光滑。使用时先把地盘放平,再把司南放在地盘中间,用手拨动勺柄,使它转动,等到司南停下来,勺柄所指方向就是南方。这种勺形司南直到 8 世纪时仍在应用。

既然磁石能吸引铁,那么是否还可以吸引其他金属呢?古人做了许多尝试,发现磁石不仅不能吸引金、银、铜等金属,也不能吸引砖瓦之类的物品。西汉的时候人们已经认识到磁石只能吸引铁,而不能吸引其他物品。

西汉的方士栾大,利用磁石的这个特性做了两个棋子般的东西,通过调整两个棋子极性的相互位置,他发现有时两个棋子相互吸引,有时相互排斥。栾大称其为"斗棋"。他把这个新奇的玩意儿献给汉武帝,并当场演示。汉武帝惊奇不已,龙心大悦,竟封栾大为"五利将军"。

中国不但是世界上最早发明指南针的国家,而且是最早把指南针用于航海的国家,这在人类文化史上有着非常重要的意义。指南针使海船从此有了眼睛,再也不怕迷失方向,从而促进了航海事业的发展,当然也促进了各国之间的经济贸易和文化交流。

早在北宋时期,我国的海船就往来于南海和印度洋。很多书都记载了元明两代我国到海外各国去的航路。这些航路,因为是依靠指南针发现的,所以当时称为"针路"。正是因为有了指南针,人们才在航行中慢慢地探索出了多条航海路线。

宋代的海船就曾开到阿拉伯国家和阿拉伯人做生意,阿拉伯人到我国来的也很多,而且大多是乘中国的船来的。他们看到中国的船都用指南针,也学会了制造指南针的方法,并把这个方法传到了欧洲。到了12世纪末13世纪初,阿拉伯和欧洲的一些国家,也开始用指南针进行航海旅行。

指南针传到欧洲以后,对于欧洲航海事业的发展起了很大的作用。15世纪末到16世纪初,欧洲各国航海家开辟了新航路,发现了美洲大陆,完成了环绕地球的航行,他们用来辨别方向的法宝就是中国人发明的指南针。

三、火药

火药是中国四大发明之一,距今已有1000多年的历史了。火药的研究始于古代炼丹术,而其发明者至今没有人知道。

中国的炼丹术起源很早,《战国策》中已有方士向荆王献不死之药的记载。汉武帝也妄想长生不老,下诏向民间广求长生不老之药,并招纳方士,亲自炼丹。由于统治者的喜好,炼丹成为一种风气,开始盛行。

与火药的发明有直接关系的,是炼丹术中的"火法炼丹"。唐代的炼丹者已经掌握将硫、硝、炭三种物质配在一起生成极易燃烧的药,这种药被称为"着火的药",即火药。由于火药的发明来自制丹配药的过程中,所以火药发明之后曾被当作药类。《本草纲目》中就提到火药能治疮癣,杀虫,避湿气、瘟疫。因为火药不能解决长生不老的问题,又容易着火,所以炼丹家对它并不感兴趣。当炼丹的配方由炼丹家转到军事家手里,就成为中国古代四大发明之一的黑火药。

火药的制造方法由商人经印度传入阿拉伯国家,又从阿拉伯传到了欧洲各国,这一点和造纸术的传播是一样的。到了 13 世纪,中国和中亚的阿拉伯等国交战,使用了很多武器,如我国官兵曾用过一种武器叫"铁瓶",这就是"震天雷"或"铁火炮"一类的东西。作战过程中,火器及其制造方法也随之传到了这些国家。当时有两种火器从我国传入阿拉伯国家:一种叫"契丹火枪",是和敌人在近距离内交战时用的;一种叫"契丹火箭",为远射用。当时,西方人把中国称为"契丹"。"契丹火枪"和"契丹火箭",就是我国发明的火枪和火箭。

欧洲人学会使用火药时,我国早已使用几百年了。故而,中国发明的火药推进了世界历史的进程。

四、印刷术

纸的广泛使用,促进了经济文化的发展,也使读书的人越来越多,对书籍的需求量也大大增加了。晋朝初年,官府藏书29945卷。南北朝时,梁元帝在江陵藏书籍7万多卷。隋朝嘉则殿中藏书有37万卷,这是我国古代国家图书馆最高的藏书纪录。除了官府藏书,随着纸张的普及,私人藏书也越来越多。比如晋朝郭太,藏书5000卷;张华搬家的时候,单是搬运书籍,就用了30辆车子。随着书籍的大量需求和生产,雕版印刷术应运而生。

在雕版印刷术出现以前,社会上已经广泛使用印章和拓碑。印章有阳文和阴文两种,阳文刻的字是凸出来的,阴文刻的字是凹进去的。如果使用阳文印章,印到纸上就是白底黑字,虽然非常醒目,但是印章一般比较小,印出来的字数也有限。刻碑一般用阴文,拓出来的是黑底白字,其一次可以拓印很多字,但缺点是不够醒目且过程复杂,用来印制书籍很不方便。雕版印刷术就是在结合拓碑和印章这两种方法的优点后发明的。

雕版印刷的具体方法是:把木材锯成一块块小木板,把要印的字先写在薄纸上,反贴在锯好的小木板上,再根据每个字的笔画,用刀雕刻成阳文。木板雕好之后,就可以印书了。印书的时候,先用刷子蘸墨,在雕好的板上刷一下,接着用白纸覆在板上,另外拿一把干净的刷子在纸背上轻轻刷一下,把纸拿下来,这样一页书就印好了。这种在木板上雕好字再印的方法,大家称之为"雕版印刷"。明朝邵经邦《弘简录》一书记载,皇后长孙氏收集了一些妇女典型人物的故事,编写了一本名为《女则》的书。贞观十年(636年)长孙皇后病逝,唐太宗下令用雕版印刷把它印出来。《女则》是中国文献资料中提到的最早的雕版印刷刻本。到了9世纪的时候,雕版印刷在民间已经相当普遍了。

唐朝诗人白居易把自己写的诗编成了一部诗集——《白氏长庆集》,白居易的朋友元稹给《白氏长庆集》写的序文中提到,当时有人把白居易的诗"缮写模勒",在街上贩卖。从前人们把刻碑石称为"模勒",到了唐代,把雕版也称为"模勒"了,这里的"模勒"两字就是雕版印刷的意思。可见中唐时期民间已普遍使用雕版印刷来刻印书籍了。

11世纪中叶,发明家毕昇对雕版印刷术进行了改进,发明了一种更快捷方便的印刷方法——活字印刷术。

沈括在《梦溪笔谈》里,专门记载了毕昇发明的活字印刷术。具体方法是:先用胶泥做成四方长柱体,一面刻上单字,再用火烧硬,这就是活字。印书的时候,先预备好一块铁板,铁板上面放上松香和蜡之类的东西,铁板四周围着一个铁框,在铁框内密密地排满活字,满一铁框为一版,再用火在铁板底下烤,使松香和蜡等熔化。另外用一块平板在排好的活字上面压一压,把字压平,一块活字版就排好了。它同雕版一样,只要在字上涂墨,就可以印刷了。

毕昇发明活字印刷以后,传到了朝鲜、日本、越南以及欧洲。起源于关中的古代四大发明,在欧洲近代文明产生之前陆续传入到了西方。印刷术的出现改变了只有僧侣才能读书和受高等教育的状况,使经济文化的传播更为便利;指南针帮助他们发现了美洲和实现了环球大航行,为资本主义手工业发展和世界贸易的发展奠定了基础;火药和火器的采用摧毁了封建城堡,帮助资产阶级战胜了封建贵族。总之,中国古代的四大发明,在人类科学文化史上留下了灿烂的一页。这些伟大的发明影响并造福于全世界,有力地推动了人类历史的进程。

第二节 卓越的医药技术

一、针灸祖师:扁鹊

扁鹊(公元前407—公元前310),姓秦,名越人,春秋齐国人,原籍为今河北任丘。据《史记》载,赵国士大夫赵简子得病,五天之内不省人事。秦越人看后,对症下药,使赵简子死里逃生,赵简子因之尊称他为医神。从此,秦越人便以"扁鹊"之名名扬天下。扁鹊发明了"望、闻、问、切"和"寸口诊脉法"(即按脉诊病),他最早运用针灸给人治病,故而有"针灸祖师"之誉。

扁鹊听说秦人怜爱小儿,入秦为小儿医病,这使他誉满秦都。秦悼武王久慕扁鹊之名,诏为自己治病。秦太医令李醯故意阻拦说,"大王之疾,在耳之前、目之下,万一出差,将致耳聋目瞎之果",于是悼武王疑而不决。扁鹊愤扔其砭石(古时外科手术工具)说:"王求我医,又信庸医之言,如是治理天下,国必亡矣!"悼武王听后遂下定决心,让扁鹊为他治好了顽疾。李醯自知医术不如扁鹊,妒其能,暗中派人将其杀害在回家的路上。秦国百姓闻之,无不痛惜,将他埋葬在遇难之地。几千年来,他的墓地仍被保护得很好。1983年,当地政府在墓边修建了"扁鹊纪念馆",以供后人凭吊。

二、药王:孙思邈

孙思邈(?—682年),京兆华原(今陕西省铜川市耀州区孙家原)人。天资聪慧,7岁时就能日诵千余言,弱冠之年已通晓诸子百家,尤善谈老子、庄子,并且还喜好钻研佛教典籍,被人称为"圣童"。

孙思邈自幼遭风冷之疾,屡造医门,为治病而散尽家财,又目睹民众缺医少药,遂毅然放弃仕途,学做一名"苍生大医"。

唐朝初年,孙思邈为避战乱,曾隐居终南山,与道宣法师相识,结为至交,道宣的医学知识对孙思邈颇有影响。相传"天王补心丹"就是道宣发明的。

在长期的医疗实践中,孙思邈有感于医方本草卷帙浩繁,遂博采群经,删裁繁复,务在简易,又结合他个人的行医经验,于永徽三年(652年)撰写成《备急千金要方》(简称《千金要方》)30卷。他认为:"人命至重,有贵千金,一方济之,德逾于此。"故以"千金"两字命名。该书较系统地总结了我国唐以前的医药学成就,被医家和学者所尊崇。

显庆四年(659年),唐高宗召见孙思邈,欲授以谏议大夫,他辞谢不受。这次应诏孙思邈在长安居住16年之久,其间曾随唐高宗到避暑胜地麟游九成宫等地。上元元年(674年),孙思邈以疾病为由请求回乡,朝廷赐以良马代步,又将京城光德坊一所住宅赐给他居住。于是孙思邈只得再次留居下来。当时的知名之士如宋令文、孟诜、卢照邻等人,皆以孙思邈为师尊,请教学问。

晚年回到故乡的孙思邈,继续从事医药研究,坚持著述,在逝世前又撰成了《千金翼方》30卷,书名取"輗軏相济""羽翼交飞"之意,对30年前撰成的《备急千金要方》进行了补充,并对新的学术经验做了总结。

孙思邈终生精勤不倦,著述颇多,除了《千金要方》《千金翼方》外,还有《老子注》《庄子注》《枕中素书》各一卷、《福禄论》三卷、《摄生真录》一卷、《龟经》一卷、《会三教论》一卷等。

三、医药著作

《黄帝内经》这部医学著作虽是战国时期问世,但直到西汉才编定成册,是我国现存较早的重要医学文献,此书原名为《内经》,因假托黄帝所作,故名为《黄帝内经》。它反映了我国古代医学的早期成就,奠定了我国医学的理论基础。西汉马王堆汉墓帛书《医方经》记载了几百个药方。盛唐时吐蕃名医元丹贡布编著的《四部医典》,在国内外有重要影响。唐太宗李世民在位时创办了分科较细的医学学校。唐高宗时编修的《唐本草》是世界上最早的由国家颁行的药典。北宋的科学家宋应星写的《天工开物》,被斯大林称为中国11世纪的工艺百科全书,里面记载了可以用明矾等矿物质治疗眼科等复杂疾病的方法。明朝的李时珍用了27年的时间,对中国古代医学进行了一次完美的总结,写成巨著《本草纲目》,里面记载了药物1800多种,方剂一万多个,有图解有注释,考订详细,全面地总结了16世纪以前的中国医药学,被誉为"东方医药巨典"。

第三节　高超的建筑水平

　　隋唐长安城人口超百万,是当时世界上最大的国际都会,由隋代城市规划专家宇文恺设计并负责建造。总面积84平方千米,为世界之最,由外郭城、皇城、宫城三部分组成,东西十一条大街,南北十四条大街,构成一百一十坊,规模宏大,布局合理,为后世所推崇。洛阳、开封、北京都仿照长安相继建造,日本的奈良、京都和韩国的庆州、新罗也是学长安城营造。

一、都市规划

1."前朝后市"的格局

　　自公元前202年刘邦定都长安,至公元8年王莽代汉,建都长安共211年。接着,新莽自公元8年至公元24年,定都长安17年。汉长安城因利用秦代遗留的建设基础,形成了"前朝后市"的格局。宫城内城北以市为主,手工作坊和居住闾里等聚集在此,成为集中的经济区;城南则以宫室为主,由相关的官署、府库及贵族达官的"甲第"形成政治区。这实质上是继承战国综合城郭分工规划概念所形成的有组织的空间结构。

(1) 宫殿区

宫殿区占有长安城面积的 2/3，几乎全在高地上。

长安城的宫殿区是由未央宫、长乐宫、明光宫、桂宫、北宫及城外以西的建章宫所组成。建章宫有复道与未央宫相通，这种规划打破了"择中立宫"的传统布局。城内五宫采用沿长安城中轴线——安门大街呈东西对列的形制来布置，这与秦咸阳渭南诸宫沿中轴东西布列的方式相似。

长安城地势南高北低，以建瓴之势俯瞰全城，因龙首原地势较高，以龙相称符合封建皇帝自诩"真龙天子"和君权神授、至高无上的心理。在城南建宫，以示有别于城北的市里，便于控制制高点，有利于监督市民，利于皇宫的安全，并充分发挥中国古代高台建筑艺术，使宫室区更加雄伟壮观。同时庞大的宫城群，加上有关的府库、官署及府第等，规划用地之多，几乎占全城总面积的 2/3，毗连未央宫的西城外建章宫，更增加了宫室区在全城规划结构中的地位，充分显示了帝居在整个城中的主导地位。

未央宫面积 5 平方千米，形状接近方形，占长安城总面积的 1/7。其遗址在今西安三桥西马寨村以北。1981 年在前殿以北发掘了椒房殿，另外还有台、阁、室等。宫墙现已夷为平地，但西墙有一小段遗留在地面上，高达 11 米。前殿位于全宫的中央，为正殿，其他大殿以此为中心，向四面展开。

长乐宫面积 6 平方千米，其形状是不规则的长方形，宫址也偏北，与未央宫并不对称，占长安城总面积的 1/6。

建章宫位于城西建章乡，是汉武帝时修成的。建章宫修建于西汉鼎盛期，又是在未央宫柏梁台发生火灾，"复起大屋以压之"的情况下动工的，规模宏大，新奇别致。建章宫号称"千门万户"。宫中还有神明台、井干楼等高大建筑物。建章宫选址在城西，是因为城西地势平坦，水源丰富，而城内又无地可容。它与未央宫有跨越城垣的"飞阁"相连，"构辇道以上下"。这种平坦而宽广的地势，为建章宫以前殿、太液池为中心布设楼台亭阁提供了有利条件。南半部地势较高，为主要宫殿区，北半部地势较低，构成以太液池为中心的游乐区。

(2) 市区

市是一个区域的中心,也是全国经济生活的中心,市区在长安城空间结构中居举足轻重的地位。长安城实行"一城多市制",聚集九市于城北,横门附近是长安城工商业重心,规模庞大。其中横门之内东西市实为九市之主体,具有"后市"格局,还有南北市,合称四市,均在城内,其余五市,都在外郭内。《三辅黄图》引《庙论》云:"长安市有九,各方二百六十步。"反映了市的方整形制。陈列同类商品出售的肆是构成市的基础。肆成行布置,各肆之间留有通道——隧。市便是聚集各类不同肆组成的。除肆外还有贮存货物及寄寓商贾的"廛",管理官员办事处——市楼(旗亭)亦设于此。这些统一置于一院内,四周筑有市垣,开设市门,形成集中市场,已不是露天的,而是商店林立,列肆齐整,并有市场管理,对外封闭,内部开放的格局,与今日的步行商业区组织很相似。长安城的市内不仅有商业作坊,而且有手工业作坊,工商结合正是这一时期工商业的历史特点。

(3) 居住区

长安城人口的聚居是按阶级,按职业划分的。居住闾里的布局遵循"仕者近宫,工商近市"的传统来安排的,反映了封建社会严格的等级制度。《西京赋》称:"北阙甲第,当道直启",说明权贵所居的府邸,多布置在城中及北邻宫地段,而且可直接临大道开门,以示有别于里之住宅。一般居民闾里则集中在城的东北角,即宜平门大道以北地段,邻近东西二市处。"长安闾里一百六十,室居栉比,门巷修直"。城内由于宫殿占地大,闾里用地有限,因此闾里分布密度较高,但形制较规整,井井有条。各里筑有里垣,各户不得直接对街开门,出入必由里门,有里吏管理治安,实行监督等事务,实为一封闭空间组织。

(4) 手工业区

商品经济繁荣,使得长安城的手工业也很发达。长安城的手工业可分为两大类,一为官府手工业,二为民营手工业。官府手工业规模颇大,各门类的作坊散布城郭内外,都是分专业划区的,大致采取环绕宫廷区布置的传统格局。城内的民间手工业作坊多集中在城北市民间里附近,以利供销,规模虽远不如官府手工业,但门类颇为齐全,而且部分与市结合。

(5)礼制建筑区

礼制是汉武帝推崇儒家维系封建统治的重要支柱之一,也是都城建设不可缺少的重要组成部分,为城市空间艺术增添了新的内容。除北郊祀地外,其余如祀天的郊坛、社稷、明堂、辟雍等都布置在城南,到了唐代又建有天坛、地坛、日月坛、风师坛、雨师坛、社稷坛等祭祀建筑,都布置在城南,形成城市空间艺术风景。

(6)道路

长安城"八街九陌","参涂夷庭,街衢相经,廛里端直,甍宇齐平"。经过考古钻探,除未央、长乐宫附近的四个城门外,通向其他八个城门的街道均为三条平行的干道,中间的一条最宽,达20米,称为御道或驰道,两边干道宽12米,由两条排水沟相隔开。街道均为东西、南北向,互相交错,形成"丁字路口"和"十字路口"。长安城的街道各有名称,安门、直城门、清明门、横门大街等。长安城内地势平坦,是街道布设宽广、端直的根本原因。汉长安城这种棋盘式的街道格局,以及把市内交通与排水相结合,为后来中国城市的街道设置开创了一个光辉的范例。

长安城还建设了一套悬栋飞阁的空间交通系统——复道网,还有阁道和辇道。各宫之间均有复道相连,分布范围颇大,似此纵横起伏,俨若长虹出现在长安城上空,不仅为城市增添了一套特殊的空间交通系统,同时为城市景观润饰了绚丽多姿的色彩。

2. 乾卦理论布局都城

营建都城乃国之大事,所谓"定鼎之基永固,无穷之业在斯"。它关系到国家的巩固与发展,受政治、经济、军事、文化等多重因素的影响,同时也影响着社会生活的各个方面。在中国古代,精神信仰在人们日常生活中占有非常重要的地位,追求天人感应、天人合一的理想境界,已经成为当时自上而下的普遍认知。因此,城市布局往往被赋予某些象征性意义,唐长安城的规划建设自然不能摆脱这种窠臼。以都城的平面布局来看,所谓"建邦设都,必稽玄象"的象天思想在这里得到了充分的发挥。

宫城、皇城、外郭城平行排列,以宫城象征北极星,以为天中;以皇城百官廨署象征环绕北辰的紫微垣;外郭城象征向北环拱的群星。因此,唐人有诗吟"开国维东井,城池起北辰",说的就是这种布局。当然,它也是封建皇帝据北而立、面南而治的儒家传统思想在建筑领域的形象体现。作为历代帝王治国兴邦的总体指导思想,乾卦理论通过在都城规划布局上的实施,进一步增加了皇帝君权神授思想的神秘色彩。

据宋敏求《长安志》引《隋三礼图》记载,大兴城的街数、坊数的设计也都有所依凭。皇城之南四坊,以象四时;南北九坊,取则《周礼》九逵之制;皇城两侧外城南北十三坊,象征一年有闰。无论事实是否如此,将其附会成具有象征意义的设计,则是都城设计的普遍规律。

随着儒家思想成为统治思想,《周易》作为儒家经典之首,其内容被统治者吸收和利用,宇文恺也将《周易》思想理论引入了长安城的规划设计当中。他在考察地形时发现,在龙首原与少陵原之间大致有六条东西向并列、宽窄不等、断续起伏的黄土条块,所谓龙首原六坡,六条高坡恰似《周易》乾卦卦象排列。于是,新都城的设计除了考察借鉴前朝国都北魏洛阳城和东魏、北齐邺城等规划经验之外,还以《周易》的乾卦理论作为指导思想,充分利用地形制订规划,最终建成了一座规模宏大、设计周详、法度严谨、布局井然的大都市:一条南北中轴线纵贯全城,东西左右均衡对称,坊里排列俨如棋局。这座城市既是中国封建皇权高度集中的标志,又是中国里坊制封闭式城市的典型。

乾卦为《周易》六十四卦中的第一卦,象征天。六爻分别为初九、九二、九三、九四、九五、上九,皆为阳,以龙为喻,正好符合天子之都的意象。是故长安城的布局便顺应六爻的爻辞设计,效法天地不息之运转,以期王朝国势能长治久安。中国传统的方位观是以上为南,与现代以上为北的通行概念恰好相反。所以,初爻成为最靠近龙首原坡地使用的指导原则,如此依序向南,根据各爻的爻辞规划最适合卦象的使用方式。

在乾卦的六爻中,初九为"潜龙勿用"。所以,不做任何建筑上的规划,只作为皇帝的禁苑,供皇室游猎玩赏。九二高坡为"见龙在田,利见大人"。因此,只能"置宫室,以当帝王之居"。依孔子的解释,九二为"庸言之信,庸行之谨,闲邪存其诚,善世而不伐,德博而化",正是为君者所应具备的德行。君主居此或能时刻修德言善,利及百姓,所以皇宫就修建于此。九三爻辞为"君子终日乾乾,夕惕若,厉元咎",正适宜勉励为官者勤政谨行,遂将行政机关设立在九三的坡地上,而且官府靠近位于九二的宫廷,也便于百官的上下朝与公事文书的往来。

依照《周礼·考工记》匠人篇中记载的都市建设蓝图"前朝后市"的规划原则,市场应该设在整个城市的北边,位于宫廷之北。理由是根据传统的风水观念,北方属阴,而市场人来人往,阳气旺盛,正可借此平衡阴阳。但长安城的市场却没有置于九二宫城之北的初九上,而是位于九四坡地上。长安的市场选在九四坡地上,因为九四的爻辞为"或跃在渊,无咎",商业交易也具备灵活性与积极性,正好与这个爻象相合,市场设立于此可承地利之运,促进商业发展。九五却最尊贵,所谓"九五至尊",属"飞龙"之位,不欲常人居之。于是便在这条高冈的中轴线部位,东西对称地建筑了两座规模宏伟的寺观,西面是道教的玄都观,东面是佛教的兴善寺,希望能借用神佛的力量镇压住这个地方的帝王之气。中唐宰相裴度曾因宅院建在这条"九五"高坡上,被人借机诬陷为"宅据冈原,不召自来,其心可见。"最南边的坡地,依据乾卦第六爻的爻象"亢龙有悔"来看,最好不做太多建筑上的规划。所以,重整位于九五与上九间的曲江池,作为皇家园林,也开放给全民参观游赏。每逢假日,长安居民不分男女老少,贵贱尊卑,都喜欢携家带眷流连于此,或放牧心灵,郊游踏青,或到九五高原(当时叫"乐游原")上去礼佛扫塔,登高远眺。其实,如果从六坡的高度看,地势从北到南渐次升高。那么,宫城所处的北面则相对较低。为什么不把宫城设置在最高处呢?根据天上星宿的位置,最为尊贵的紫微宫居于北天中央,它以北极为中枢,东、西两藩共有十五颗星环抱着它,紫微宫即有皇宫的意思。皇帝贵为天子,地上的君主和天上的星宿应该相对应。因此,只能把皇宫布置在北边中央位置。而且北边有渭河相倚,从防卫的角度看,也最具安全性。

3. 街坊布局似棋盘

"千百家似围棋书",这是唐代大诗人白居易用来描绘唐都长安城内街坊布局的诗句。长安城建筑的最大特色是城内街道均为东西或南北向,排列整齐,方向端正,宽畅阔达,宛如一方规则明朗的棋盘。仔细想来,那星罗棋布的宫殿和街坊群,像天上的星星那样罗列,又像棋子似的分布开来,简直就是一盘下不完的棋局。

唐长安城有十三座城门,其中东西南三面各有三门,北墙则开四门。阴历闰年有十三个月,故十三座城门象征着一年有闰;北端乃宫城所在,是皇帝起居和办公的处所,将这多出来的一个"闰门"放在北墙,象征着皇家"闰气"。

人体阴阳的划分也有多种方式,其一即为:阴为静,代表人体的皮肤;阳为动,代表流动的血液。城墙为表面,相当于人的皮肤;街道为内部,相当于人的血液。这种阴阳之理在唐都长安城的建筑布局中,也得到了更为广泛的应用。不但城墙、宫墙为方形四周开门,就连被街道隔列开来的坊,周围也都用夯土筑成围墙,四面开门,四面临街。

城内南北大街十一条,东西大街十四条。其中,贯穿南面三座城门和东西两面六座城门的六条大街为主干道路,号称"六街"。南北向的三条大街分别为启夏门街、朱雀大街和安化门街,宽度都在百米以上。中间的朱雀大街宽达150米,是城内最宽的街道。朱雀大街之名由皇城朱雀门而来,它北连朱雀门,南达明德门,贯穿唐长安城的南北,是全城的主轴。其中,北段自朱雀门到宫城正门承天门一段,因位于皇城内又叫"天街"。皇城南面连接春明门和金光门的大街是东西向的主干街,它与朱雀大街十字交叉,把全城连为一体,使整个皇城和宫城显得气势更加宏伟,形象更为高大。

长安城中东西、南北交错的25条大街,将全城分为两市108坊。其中以朱雀大街为界将城区分为东西两部分:东部隶属万年县,本应有55坊,因城东南角曲江风景区占去两坊之地,故实领53坊;西部属于长安县,有一市55坊。

108坊排列的象征寓意:108坊恰好对应寓意108位神灵的108颗星曜;南北排列13坊,象征着一年有闰;皇城以南,东西各4坊,象征着一年四季;南北9坊,象征着《周礼》一书中所记载的"五城九逵"。

从各坊的大小来看,皇城和宫城东西侧各坊面积较大,皇城以南各坊面积较小。各坊也随着唐王朝运势的变化而有兴衰交替。如唐初以太极宫为皇宫时,皇城东西两侧各坊比较繁荣;而高宗至睿宗时,以大明宫为中枢,其南各坊又成为繁华区;到玄宗执政时移居兴庆宫,兴庆宫附近各坊也随着兴盛起来。长安城各坊尽管大小不同,盛衰各异,但其结构却基本一致。皇城以南的三十六坊,因近靠宫阙,仅有东西街道,故只开东西门,不开南北门。据说这样安排是为了防止泄掉"王气",破坏了风水。各坊内部又以宽15米的小街分成四个部分,再层层分割,形成十六块小区,布局十分严整。

唐长安城的街坊巷道真可谓匠心独运,浑然天成。那整齐划一的结构,使整个皇城显得落落大方,秩序井然。遥想千百年前称雄天下的大唐帝国,其郁郁乎壮哉的都城风貌,以磅礴伟岸的强盛与繁华树立起一派大国风范。无怪乎时至今日,世界各国有华人聚居的地方还被称为"唐人街"。

二、建筑材料

1. 周瓦

在距今3100多年的西周早期,中国古代建筑最重要的材料之一——瓦出现了,这是古代建筑史上具有划时代意义的事件。瓦的发明和使用,是在制陶工业进一步发展的条件下对建筑材料的一个重大改革。瓦的使用,解决了屋顶的防水问题,延长了房屋的使用年限。文献记载建筑中使用瓦始于夏代,目前最早见于岐山凤雏西周早期遗址。当时瓦的数量还不太多,大多只用于屋脊或屋檐上;瓦型无筒瓦、板瓦的区别。瓦的仰面或俯面,却有区别,两面分别设有陶钉或陶环。瓦宽约30厘米,长度不详,全为泥条盘筑,背面饰绳纹,青灰色,陶质较脆。到了西周晚期,瓦的使用范围扩大了。扶风召陈西周晚期遗址,三个房屋周围都有大量的瓦片堆积,瓦的种类达十几种之多,大小、形制、纹饰各不相同;有板瓦,也有筒瓦。板瓦的尺度很大,宽30厘米左右。早期带有钉环的瓦,其制作可能是用泥条盘筑成圆筒,然后切开,做成筒瓦。瓦的背面有手指按捺的痕迹,不太平整,瓦壁厚薄不均匀,瓦钉和瓦环是用泥条另外附贴在瓦坯上的,瓦的正面饰绳纹。此外,在客省庄等西周晚期遗址,也发现了瓦。这些瓦都是青灰色,烧制时火候较高,这种青瓦生产技术被保留下来,成为我国烧陶工业的一个传统。

2. 秦砖

历史上颇负盛名的秦代砖瓦,是以其颜色青灰、质地坚硬、制作规整、浑厚朴实、形制多样而著称于世。有人给予"敲之有声,断之无孔"的评价,也有人称之为铅砖,都是形容其质量之高。秦砖的纹饰主要有米格纹、太阳纹、平行线纹、小方格纹等,也有人物、车马、狩猎、乐舞、宴饮、杂技、驯兽、神话故事以及反映生产活动的画面。用于台阶或壁面的秦砖以龙纹、凤纹和几何形纹为主,也有素面的空心砖。有的秦砖上有文字,字体瘦劲古朴,这种古砖十分少见。秦砖上带有文字,多为戳印文,刻文极少。戳印有阴文和阳文两种,其中以阳文为最多,字体以小篆为主,有些介于篆隶之间。戳印文字多见于板瓦、筒瓦及大型条砖上,脊瓦和小条砖上少见。

(1) 方砖

1980年至1982年秦咸阳二号宫殿遗址出土了战国至秦的方砖多件。颜色以青灰色为主,少数为红色。有的为素面,有的饰有菱形纹、回纹、绳纹、云格纹、太阳纹、锯齿纹和圆圈纹等不同纹饰。方砖的主要类型有:菱形纹方砖,长42.6～48.8厘米,宽32.7～35.5厘米,厚3～4.4厘米;菱格圆璧云纹方砖,长43.5～44.6厘米,宽31.8～32.7厘米,厚3.1～4.2厘米;回纹方砖,长38.5～39.4厘米,宽38.1～39.3厘米,厚2.8～4厘米;绳纹方砖,长40～52.5厘米,宽32～34.6厘米,厚2.5～5.8厘米;锯齿纹方砖,四边有子母唇,残长22厘米,宽32.3厘米,厚4.5厘米。这些方砖均用于回廊内铺地或廊沿镶边。

(2) 秦龙纹空心砖

1974年、1980年至1982年先后于秦咸阳一、二号宫殿遗址出土战国至秦的空心砖多件。空心砖均为大型长方形,中空。砖面打磨光亮,呈青灰色。大部分表面阴刻龙纹、凤纹、动物纹、四叶纹和横印几何阳纹,有的素面,其中砖体五面均饰横印几何纹的,以回纹和菱形纹为主,长136厘米,宽38厘米,高18厘米;砖面为龙纹的,有单龙绕璧和双龙交尾两种,单龙绕璧砖长117厘米,宽39厘米,高16.3厘米,双龙交尾砖残长64厘米,宽37.5厘米,高17厘米;砖面为凤纹的,有立凤、卷凤和水神骑凤三种。现分藏咸阳博物馆、陕西省考古研究所等单位。

(3) 神人骑凤空心砖

1974年至1975年间于陕西咸阳秦都一号宫殿遗址出土。图在空心砖残片上已不完整。上有一神人,正面戴山形帽,仅存上身左半。其左耳似挂一曲体青蛇,左臂曲肘上举,手如鸟爪,两趾。据《山海经》有神"耳两青蛇",故知其右耳亦有一蛇。神人左方有一凤,张口含珠,凤冠后伸,仅存头颈,其下与神人连接处似一环璧,亦仅存上半。因图像残损,难窥全貌,很难判定它确实的内涵,但似与神话有关。论者或以为"珥蛇佩璧"者为水神禺强,引图系"秦得水德"的反映。该图用线劲健流畅,形象夸张生动,富于装饰美,特别是凤体中表现羽毛的线纹,简洁匀称,变化丰富,颇具艺术美感。现藏咸阳博物馆。

三、超高建筑

1. 灵台

周代丰镐的园林,以森林、草丛和有利地形为基础,稍加雕琢,具有粗犷、豪放的风格特点。《诗经·大雅》载:"经始灵台,经之营之,庶民攻之,不日成之。"灵台是一高台建筑物,据说"王文受命,而民乐其有灵德",故建此台,"以观祲象,察气之妖祥也"。祲象也就是妖气,证明灵台主要是为了观察吉利与邪恶,以顺应天时地利。实际上这也是中国最早的天文台。灵台高大,除观天象外,在周代园林中也是登高瞭望,观赏秦岭、沣河两岸田园风光的重要建筑物,也符合中国园林高低有致的构建原则。沣河西岸低平,灵台突兀高起,自然使人有凌空腾跃之感。灵台实际上是周代丰镐园林的主脊,以高屋建瓴之势统率全园,开创了中国都城园林高低错落有致的先河。今沣河西岸灵沼乡东南灵台村的灵台遗址,仍很高大,也可能就是周代的灵台。由灵台的位置证明,周代丰镐的园林主要位于丰京之南,尽得山川地利。

2. 飞濂观与神明台

上林苑是西汉皇家最大的园林建筑,汉武帝在上林苑中兴建了一座飞濂观。观高40丈,合今92米。武帝还在上林苑中建章宫前殿西北建了一座神明台。

神明台是建章宫最为壮观的建筑。关于神明台的来历,据说是武帝为求神仙问道而建的。汉武帝虽是一位英明的君主,但到了晚年后和秦始皇一样,醉心于长生不老,为此他不惜花费大量人力物力,到处求仙问道,还大量炼制所谓的"仙丹"吞服。为了对幻想中的神仙心诚膜拜,他专门让人在建章宫修筑了这座神明台。

神明台高 50 丈,合今 117.5 米,今西安市孟村村北有神明台遗址,现留台高约 10 米,当地群众称"柏梁台"。台上原铸有铜仙人一座。仙人手托一巨型铜盘,盘内放有一硕大的玉杯,用来承接天露,故取名承露杯。关于巨型仙人与铜盘到底有多大,据说仅其手掌就粗达七围,其大小也就可想而知了。神明台上除了仙人承露杯外,还设有九室,象征着九天。神明台存在时间较长,一直到三国魏明帝时,才拆下了托盘和仙人,准备运往魏都洛阳去。但由于"仙人"太大又太重,运输起来非常困难。魏明帝为此专门修驰道,动用了一万多人进行搬运,可只走到灞河岸上就折断了。据说,当仙人断裂时声响震天,周围数里之内的人都听到了,人们都说是魏明帝惹怒了上天诸神,以致出此事故。明帝听后也诚惶诚恐,遂将仙人就地弃于灞河岸边。至今这里还有一地叫铜人原。

3. 通天台

在今陕西咸阳市淳化县铁王乡梁武帝村一带,有一座汉宫遗址,形似覆斗,并出土有秦砖汉瓦等文物。相传这一带是黄帝祭祀天神的地方。到了战国时期,为匈奴人所占,但仍在此地祭天神。秦始皇一统天下后,以此为起点,修筑了著名的驰道,一直通到今内蒙古包头市。到秦二世,又在此建了一座宫殿,名林光宫,汉代改为甘泉宫。到武帝时,对甘泉宫进行了大规模的扩建,成为一处供皇帝、后妃们避暑的胜地。

甘泉宫是不是为避暑而建,历史上有许多传说,其中一种认为,汉武帝大修甘泉宫,名为避暑,实为求仙。传说,有一位号称已有数百岁的老人名叫李方君,听说汉武帝热衷于鬼神之事,便携祠灶方人拜见武帝。他说:"祠灶可以致神物,丹砂可以成黄金,黄金成则食之可益寿,益寿后蓬莱仙者就可见,见到仙人者而后封禅,就可长生不老。"

甘泉宫内部的殿阁楼台,无论从建造装饰还是命名上大多都与神仙有关系。甘泉宫的主体建筑是首泉殿,也叫前殿,处于整个宫的中心位置。

前殿建筑十分考究,内壁墙面皆雕绘云气彩虹等图案,像住着天上神人之宫阙。前殿之侧是"芝房",是专为培植灵芝草而建。据史载,西汉帝王们对灵芝是仙草、食之可长生的说法深信不疑,故专门造房屋以养之。时人还专为芝房填词作曲,以供朝拜神灵时歌唱。

除前殿外,甘泉宫里还有竹宫、长定宫、通灵台以及通天台等建筑。竹宫是因用青竹建造而得名,室内盛夏凉爽,皇帝每到甘泉宫拜天神或消盛暑,便住在竹宫,故也称寝宫。由竹宫顺一通道,连接着一座高达30丈的建筑物,即甘泉宫里的最高处——通天台。通天台虽说只有30丈,但由于建筑在高耸的台地上,因而看上去雄伟壮观,站在台上,但觉300里外的长安朦胧可见,悠悠的白云从脚下飘过。通天台专为祭天之用,室内一应陈设也皆与"神人"有关,其目的是期待天神会降临使用。汉帝们常择良辰吉日,乘御车前往,日复一日,年复一年地等候神灵,企盼仙人。因此,通天台又叫"候神台"或"望仙台"。

第四节 精湛的制造工艺

关中是青铜器之乡,西周至秦,冶铜达到一个高峰,从今天的秦铜车马,可以领略到古人制造技术的精湛。从半坡、秦俑坑、汉阳陵出土的陶器和陶人,可知古人制陶技艺之领先;从唐三彩和耀州窑青瓷,可见关中在唐宋时代制瓷工艺之先进。

一、青铜工艺

1. 青铜器镶嵌工艺

中国先民使用金属的时间可以上推到五六千年前的新石器时代,在公元前2000年左右中国进入了青铜器时代。古代青铜器数量众多,铸造精美、造型丰富多彩、表面装饰工艺高超,在世界上享有极高的盛誉。而在绚丽的古代青铜技艺中,镶嵌工艺则是中国青铜器铸造技术史上一朵灿烂的奇葩。多数古代镶嵌装饰的青铜器为精品,其技术精湛,线条流畅,图案鲜明活跃,给人一种高贵华丽、五彩缤纷之感。

迄今所发现的考古资料表明,镶嵌工艺很早就出现了。其实,从青铜器开始使用起,源于原始社会后期骨、石器装饰的镶嵌技法便应用于青铜器,当时的工匠,在一些小型铜饰件、兵器乃至容器上单独镶嵌绿松石。至夏商时期,青铜器发展进入了第一个高峰,主要运用富于变化的线型铸造浮雕纹作为装饰。青铜器镶嵌术在早商的青铜制品中就有表现,例如在河南偃师二里头早商遗址中发掘出了一个周围镶嵌有61块绿松石的圆形青铜器。

到殷商时代,常在戈、矛、剑等青铜兵器上镶嵌玉石,目前发现在兵器和一些小型器物上镶嵌的花纹有饕餮纹、龙纹、云雷纹,在容器上镶嵌绿松石在商代是很少见的。从商代起,还出现了镶嵌金属的工艺,分为镶嵌红铜和镶嵌金银。利用红铜和金银的色泽与青铜基体相异,从而构成各种绚丽的图案。镶嵌红铜出现于商代,最早镶嵌红铜铸件为商代的戈和钺,使用机械法成型。镶嵌红铜的高峰时期大概在春秋晚期和战国早期,战国中晚期的错红铜器物虽然仍有发现,但是数量上远不如春秋晚期和战国早期,此外大多和别的工艺同时使用。

错金银虽然是我国青铜时代一项精细工艺,但它出现比较晚。据目前的考古资料来看,错金银是青铜工艺发展了1000多年以后,即到春秋中晚期才兴盛起来的。错金银中首先出现的是错金工艺,开始是用于错镶铭文,它是我国古代科学技术发展到一定阶段的产物,它一出现,就受到了人们的普遍欢迎。在战国中期开始,墓葬中常见的是错金丝银线的金银错铜器。错金银工艺最为发达的时期是战国中期至西汉时期,这一时期在兵器、礼器、容器、车器、符节、金印、铜镜、带钩等各种青铜器物上均能看到图案鲜明跃动、纹饰繁缛精美、线条流畅的错金银装饰。这一时期的青铜器制作在青铜器发展演进中形成了又一高峰。战国和西汉时期是镶嵌工艺的鼎盛时期,数量众多,技艺娴熟,有两个鲜明的特点。第一,战国晚期以后,尤其是汉代,在采用两种或两种以上装饰工艺的器物中,绿松石起点缀作用,衬托错金银铜器物。2002年小田溪战国墓葬出土了一件铜壶,周身纹饰,镶嵌既有银丝,也有红铜丝,并用绿松石点缀出晶莹的翠绿,以装饰不同的部位,煞是好看。也有点缀红玛瑙、玉、鎏金圆泡等。第二,镶嵌绿松石的器物种类广泛,不只限于小型铜器,也有镶嵌绿松石的大铜器如鼎敦、壶等。

秦代以秦始皇陵铜车马的技艺为典型。秦陵铜车马的制作工艺复杂,不但使用了铸造、磨削、钻削、冲凿、錾刻及多种连接技术,而且还多处使用镶嵌法进行加工和装配。不仅有错金银的精美纹饰,而且还镶嵌有金珠。错金银工艺在秦代已经应用得相当熟练。

2.青铜器的艺术魅力

中国古代青铜器造型丰富、品相繁多。加之用合范法铸造,一般一范只铸一器,很少有面目完全一致的青铜器,因此件件面貌各异,拓宽了艺术欣赏的视野。尤其是其中精品迭出,令人叹为观止。如1975年出土于湖南省醴陵县(现为醴陵市)狮形山的象尊,精美绝伦。通体作象形,其腹部宽大结实,四足粗壮,象鼻卷起,略呈反S形。既有凝重感,曲线又显得流畅而不呆板,活脱脱是一头现实生活中象的形状。更为难得的是象尊通体布满纹饰,主体部位是饕餮纹、夔纹,鼻上饰鳞纹,额上有蛇纹,简直是一幅优美的立体图画。再如1976年在河南省安阳市小屯村殷墟妇好墓出土的一件三联甗,其形制前所未见。以前发现的这种类似现今蒸锅式的甗都是单体的,而三联甗则是由并列的三个甑和一个长方形案状的鬲组成的,犹如长条桌上放着三只带耳的蒸锅。案上有三个圈形灶孔,用来承置甑体。不但放置稳当,而且一次能加温蒸好三锅饭,可见其构思之奇巧。长方甗架四周饰一圈蟠龙纹,相间有圆涡纹,其下加垂叶纹。甑的双耳为兽首耳,口沿下有两道细棱,饰对称的大夔纹和小圆涡纹,纹饰相当精美。从器上铭文得知它是当时赫赫有名的商王武丁之妃妇好的器物,怪不得如此珍奇。

西周时期也有很多艺术精品,其中以牛尊最具魅力。1967年陕西岐山县贺家村出土了一件牛尊。整体作牛形。牛体浑圆,四蹄粗壮,头部前伸,双目圆睁,似在鸣吼,造型十分传神。尤其别致的是背上开一方口,口上加盖,盖与牛背以系环相连。盖上铸一立虎,虎四足向前,后身微缩,俨然在捕食。虎瘦劲而凶猛,牛庞大而憨实,两相对照,令人忍俊不禁。有些器物由于自身用途的限制,不可能做得如此奇巧,但细细察看,仍然可以体会铸造者的一片匠心。新中国成立后出土的铭文最长的西周青铜器是墙盘,1976年12月于陕西扶风县庄白村出土。盘为方唇、浅腹、附耳、圈足,造型大方而沉稳。器身通体漆黑发亮,如同新铸的一般。腹部饰一圈带状垂冠分尾长鸟纹,圈足饰宽扁的窃曲纹,纹饰的设计恰恰与器形的宽侈适应,因而给人以流畅、舒展的美感。铭文共284字,铸于盘内底,共18行。横竖成行,章法齐整,结构均衡,字形依笔画繁简略有错落,显得十分活泼。其字体圆润,起笔收笔皆藏锋,给人遒劲秀美的艺术享受。商周青铜器秀美多姿的形态,令人眼花缭乱的纹饰,不但为研究上古美术史和造型艺术提供了丰富的资料,而且是现今装饰艺术很好的借鉴物。

秦代的青铜业也具有重要地位。考古发现咸阳宫殿区附近的一处官府冶铜作坊,占地南北150米,东西60米,规模相当可观。又据《三辅黄图》记载,秦收天下兵,聚之咸阳,销钟镰,高三丈,钟小者千石也。销锋镝以为金人十二,以弱天下之人。立于宫门,坐高三丈。可想而知,这样的官营冶铜作坊规模更大。另在秦始皇陵东侧大型陶俑陪葬坑中,发现的青铜兵器剑、矛、镞等,皆制造精良,并经过铬化处理,故在泥土中埋葬2000多年,仍不蚀不锈,锋利如新,说明秦代青铜铸造技术非常高超。

3. 青铜器之乡的发现

周原地处关中盆地西部的宝鸡一带,作为周人的发祥地,这里遗留有大量的大型宫殿、宗庙遗址以及王室、贵族的祖茔。由于西周末年政治经济中心东迁,众多王室、贵族为了躲避战乱,都将青铜礼器埋入地下,因而在周原一带形成了大规模的青铜器窖藏群。世人便给了它一个好听的称誉——青铜器之乡。

早在西汉时期,生活在周原这片土地上的人们就发现了埋藏在地下的西周青铜器。到了清代,不少有名的青铜器,例如大丰簋、大小盂鼎等都在周原相继出土。由于缺乏连贯、详细的记载,失群的青铜器在民间比比皆是。

清光绪十六年(1890年),在周原遗址的任家村,一个叫任致远的农民在村南的土壕里挖出了一个青铜器窖藏,出土青铜器达120多件。周原遗址多次发现青铜器的遗存,著名的毛公鼎、大小克鼎和卫鼎等均出土于此。扶风县任家村地处古周原的中心地区,地上地下文物遗存特别丰富。千百年来,村民们在生产劳动中常常会挖出宝物来,这一带也就广为流传着挖宝、藏宝的传奇故事。

1940年,任致远的孙子挖出了各类宝贝170多件,再次引起轰动。由于文物商贩、土匪多次来村侵扰,致使宝物下落不明。曾有考古工作者试图寻找这些宝物的下落,但在与村民谈到宝物的相关故事时村民们滔滔不绝,一提到藏宝及下落时,村民们便语焉不详了。

周原地区盗掘、私藏、买卖之风的盛行,引起了陕西省文物管理委员会的重视,从1949年起,文物主管部门正式开始了对周原遗址的调查和发掘。

1957年,岐山董家村出土了一窖青铜器共37件,青铜器上的铭文记载了西周中期有关征伐、租田、诉讼等事。1974年在扶风县黄堆云塘村又发现了一批青铜器,征集到7件,其中的师𩛥鼎腹内铭文19行,每行19字,根据铭文内容确定其是共王八年(公元前915年)的器物。

1975年,在岐山县董家村又发现一处青铜器窖藏,清理出青铜器37件,制作时代从周穆王到宣王时期。其中30件铸有铭文,铭文记载着西周中晚期以物换田、土地交换、林场易主、诉讼判决、赏赐判决、赏赐策命等重要事件,反映了西周社会的政治、经济、法律、土地制度、阶级关系等多方面情况。其中出土的"亻朕匜"铭文,是我国目前发现的最早的一篇诉讼判决书,是研究西周法制史的重要资料。

对周原遗址第一次大规模的考古发掘是在1976年。陕西省文物管理委员会与北京大学、西北大学等考古单位联合组成的周原考古队,对周原进行了大规模的考古发掘,经过两年时间,召陈村和凤雏村旁边两处大型建筑基址被发掘,经专家测定,这两处基址大约建于3100年前,属于周人的宗庙建筑。同时,在岐山县还发现了凤雏西周宫室建筑基址并出土甲骨

21050片，其中有字卜甲293片，共900余字；在扶风县一次出土青铜重器103件，成为当时轰动世界的重大考古发现。

周原文物出土的消息，吸引了许多国内外的专家学者对周原进行学术考察和研究，专家们逐步把目标锁定在岐山北麓以扶风县法门寺为中心的数十平方千米的区域。他们把遗存比较集中的地方称为周原遗址，认为这一带应该具有作为都邑的极大可能性。在此后的几十年里，对周原遗址的发掘一直没有间断。

1999年，经国家文物局批准，北京大学、陕西省考古研究所、中国社科院考古所联合组成周原考古队，对周原遗址再次进行大规模的考古发掘，并取得了一批重要成果。2003年1月19日，在周原保护区范围内的眉县杨家村，5位农民在村北坡取土时发现了青铜器窖藏，他们立即报告文物部门并妥善保护现场。经文物部门发掘清理，共出土青铜器27件且均有铭文，铭文总字数达4048字，内容涉及西周十一代十二王，并记载了单氏家族八代与其对应的关系。同年，周原考古队在扶风县李家村发掘出一处西周铸铜作坊遗址，出土了数以千计的陶范，其年代跨越了整个西周时期，对西周历史文化及铸铜工艺研究等具有极其重要的意义。

2003年是收获颇丰的一年，轰动考古界的周公庙遗址也在这一年被发现。周公庙是周原的一部分，位于今岐山县城西北7.5千米的凤凰山南麓，总面积61万多平方米。2003年12月，北京大学副教授徐天进在周公庙附近进行田野考古调查时，发现了两片有刻辞的西周卜甲，共有文字55字。这个重大发现立即引起学术界高度关注。在国家文物局的直接指导下，陕西省文物考古所和北京大学联合组成了周公庙考古队，对这一带进行考古调查、钻探和抢救性发掘。第二年5月7日下午，周公庙考古队成员、北京大学副教授雷兴山在周公庙东边一座山梁上考察时，发现了具有四条墓道的西周墓。经过大规模勘探，钻探出大型墓葬19座，这座墓地成为目前所知周代等级最高的大型墓地。

在这处大型墓地外围，考古人员还发现了大型西周夯土城墙，总长度达1500余米，分布在墓地的东、北、西三面，个别地方发现城墙的残存部分高出原地面两米多。

周公庙遗址是周人发祥地——周原的一部分,大型墓地的发现将为寻找和确认西周王陵、西周都城等提供重要的考古资料。迄今发现的诸多迹象表明,周公庙遗址很可能是周公的采邑。就其多处发现甲骨而言,很可能成为"西周的殷墟",这对研究中华文明史、继承与发扬中华民族文化传统等具有无法估量的价值。

周公庙遗址大型墓葬群尚未正式发掘。目前考古调查和钻探只进行了已知面积的1/3,随着考古发掘和研究的进一步深入,将会有更多、更重要的发现面世。

二、陶瓷技艺

中国的制陶技艺可追溯到7000多年前。可以说,陶瓷发展史是中华民族发展史中的一个重要组成部分。中国人在科学技术上的成果以及对美的追求与塑造,在许多方面都是通过陶瓷制作来体现的,并形成各时代非常典型的技术与艺术特征。

早在欧洲掌握制瓷技术的1000多年前,中国已能制造出相当精美的瓷器。从我国陶瓷发展史来看,一般是把"陶瓷"这个名词一分为二,即陶和瓷两大类。通常把胎体没有致密烧结的黏土和瓷石制品,不论是有色还是白色,统称为陶器。其中把烧造温度较高、烧结程度较好的那一部分称为"硬陶",把施釉的一种称为"釉陶"。而经过高温烧成、胎体烧结程度较为致密、釉色品质优良的黏土或瓷石制品称为"瓷器"。

(1) 仰韶尖底瓶

西安半坡博物馆里陈列着一件小口尖底瓶,一般通行的解释是:尖底瓶是仰韶人打水的水器。它小口、鼓腹、尖底。空瓶放置的时候是倾斜的,悬于水面,受水浮力,即倾倒注水。水至半瓶,重心下移,瓶身就自动端正,浮于水中。若注满水,瓶身就覆没于水中。说到这里,不禁使人想起孔子到鲁庙参观的故事来。一次,孔子到鲁桓公庙参观,见一欹器(即倾斜放置着的陶器),不知其名,遂问守庙人。答是宥坐之器。"宥"也写作"侑"或"右",意为劝诫。宥坐之器,即放在座侧以示劝诫的器物。孔子说:"听说这宥坐之器,虚则欹(倾斜)、中则正、满则覆(倾没),果真如此吗?"遂让弟子们取水来试验,果然如是。宥坐,即右坐,也就是"座右铭"中"座右"一词之语源。从这个故事可知,孔子所在的春秋时代,传统的劝诫之器还有器而无铭。鲁桓公庙里的欹器,后来失传了。汉代张衡、南朝祖冲之等古代科学名家都研制过。可是,后世研制的,也早已失传。令人欣慰的是,我们今天所见到的仰韶村的小口尖底瓶,与孔子所见之欹器何其相似乃尔。恐怕它就是那神秘的又已失传了的劝诫之器吧!

(2) 人面鱼纹盆

半坡仰韶文化中的人面鱼纹盆是彩陶的代表作之一,画上的人面和鱼纹巧妙地结合在一起,只见人面戴着一尖顶饰物、圆圆的脸、三角形的鼻子,嘴上还衔着两条小鱼。关于它的含意,国内外专家看法各异,有近30种解释。其中较普遍的观点有三种:人面鱼纹是当时图腾崇拜的产物;是巫师作法时戴的面具,绘在陶器上的人面鱼纹则是代替巫师主持祭祀活动的专用图案;当时人口增长率很低,人们希望像鱼一样繁衍子孙。

(3) 秦始皇陵兵马俑

秦代的制陶业也很发达,秦兵马俑就是例证。当时官府制陶作坊主要为帝王、官僚服务,一般为宫廷烧制砖瓦和陪葬用的陶质明器。在咸阳宫殿遗址发现的瓦,形制多样,美观实用。还有用来作为地下水道的陶管,有各种形制,而且便于套接。更令人赞叹的是,秦始皇兵马俑数千个形态逼真、形体高大的陶俑即为官府作坊创造的陶制工艺史上的奇观。另有官营性质的市亭制陶作坊,除烧制官府器物外,还制造部分生活用具,向民众出售。而民营制陶作坊全部制造生活用具,上市销售。因为陶器是古代人民日常生活的主要用具,有广阔的销售市场,因而刺激了秦代民营制陶业的发展。在秦都咸阳附近的咸亭,是民营制陶作坊的聚居区。

(4) 唐三彩

据史料记载,唐代的河南府是贡白瓷的重要产区,巩县窑、鹤壁集窑、陕县西关窑等窑址都出产白瓷,同时烧造三彩器和彩釉器。发达的手工业是封建社会商品来源的保障,而兴盛的商业又刺激着手工业的发展,陶瓷业在这一时期得到空前发展。唐三彩器大多出自墓葬。唐王朝在西安、洛阳一带设有庞大的政治统治机构,大批贵族、官僚聚居于此,生前穷奢极侈,死后厚葬成风。王公百官,竞为厚葬,偶人象马,雕饰如生,风俗影响至普通百姓。唐代以三彩俑闻名于世。它是施以多种色釉烧制而成的陶俑。三彩俑有人物俑、马俑、骆驼载乐俑、乐舞俑,动物中有马、牛、狮子、骆驼、鸡、鸭等,神怪的形象有可以御鬼的镇墓俑"颥头"等,反映了唐代多彩的社会生活,不仅具有时代特征,而且艺术成就很高。

(5) 耀州窑青瓷

耀州窑位于今陕西铜川一带,宋代属耀州。耀州窑始烧于唐代,北宋中期达到鼎盛,金元时期转向衰落。其遗址在20世纪50年代和20世纪80年代经过两次较大规模的发掘,从考古发掘的资料来看,耀州窑的瓷器质量较高,影响广泛,以致河南、广西等地都纷纷效仿,从而形成一个庞大的耀州窑系。耀州窑是宋代北方著名青瓷产地,产品品种丰富,造型多变。其胎色灰白而薄,釉色匀净,青中泛绿,有极细密的气泡。由于胎质中含有铁的成分,在相应的烧成气氛下,使器底呈现一种姜黄斑块,形成了耀州窑所独有的特征。

由于宋代社会经济和商业贸易的发展,形成了陶瓷业空前繁荣的局面。除了各具风格的一批名窑之外,许多产量较少但具有特色的小型窑场也遍布全国。它们不仅为宫廷生产御用器皿,也为广大人民群众生产日常用品,产品还远输国外。

三、金银工艺

金银是贵重金属,硬度适中,具有延展性,易锤打成型,又有亮丽的天然色泽,且不易氧化变色,是制作工艺品的良好材料。金银器是中国传统文化艺术的重要载体,它在历史文物中占有重要位置。自从人类发现、认识了金银之后,便施以精湛巧妙之制作工艺,配以科学性与艺术性相结合之构思,将中华民族几千年来更迭出现的各个时代的不同文化内涵,展现得淋漓尽致。金银制品在商代即已出现,春秋战国时代已有金银镶嵌工艺,至唐代金银工艺得到了长足的发展。

1. 法门寺出土的金银器

1987年,在法门寺的地宫里发现了唐朝几代皇帝供奉给佛的珍宝器用共约400件,其中最大宗的就是金银器皿,共121件(组)。这些金银器的形制和装饰极尽精巧华美,如唐懿宗供奉的一套用于保存佛骨舍利的宝函,内外共计八重,全部以金银材质制成或以金银装饰。八重容器,层层环套,最内层的金塔更以纯金制成,玲珑剔透,金光熠熠,神奇的佛骨舍利就藏于塔内。除了注重造型轮廓以外,唐代金银器更配以精致的装饰纹样,同时还利用贵金属本身的光泽,在银器上将纹饰鎏金,制成精美的金花银器。特别是大型金花银盘,通常在盘心设计主要纹饰,多为芝鹿、狮子、凤鸟或摩羯(鱼龙),然后在菱花或葵花形盘缘,饰布局匀称的花卉图案,早期的花卉纹疏落有致,到中唐以后花卉图像变得丰满且分布密集,还有的在盘心的主纹周围再加饰一周花卉图案,由内外两重增至三重纹饰,更显富丽堂皇。

2. 何家村出土的金银器

1970年10月,在西安南郊何家村的唐代窖藏中共出土文物1000多件,包括金银器皿271件,银铤8件,银饼22件,银板60件,金、银、铜钱币466枚,玛瑙器3件,琉璃器1件,水晶器1件,玉带10副,金饰品13件,另有金箔、玉材、宝石等。其中金器总重量约14.9千克,银器总重量约195千克。唐朝经济的高度发达,使得金银器成为当时重要的工艺制品之一。西安何家村唐代金银器窖藏的发现,就说明了金银制品在唐代士绅商贾中的大量流行。何家村这批稀世珍宝充满了浓郁的唐代生活气息,它把千年以前古人的生活状态生动地展现在我们面前,透过这些精美绝伦的文物,我们仿佛穿越时空,回到那浪漫、开放而璀璨的遥远年代。

第七章 精神家园——中国宗教发源地

第一节　大慈恩寺
第二节　大荐福寺
第三节　大兴善寺
第四节　广仁寺
第五节　青龙寺
第六节　草堂寺
第七节　公输堂
第八节　长安兴教寺
第九节　长安香积寺
第十节　长安净业寺
第十一节　周至仙游寺
第十二节　蓝田水陆庵
第十三节　西安八仙庵
第十四节　周至楼观台
第十五节　重阳宫
第十六节　西安大清真寺
第十七节　甘肃省的佛教石窟

渭河流域是中国宗教文化的发祥之地,佛教在两汉之际传入长安,在中国和东南亚诸国中,佛教共有八大宗,其中六派祖都在西安:草堂寺是三论宗,大慈恩寺是法相宗,大兴善寺是密宗,华严寺是华严宗,净业寺是律宗,香积寺是净土宗。在历史上相当长一段时间,陕西佛寺众多,可称中国之最,终南山有"长安三千金世界,终南百万玉楼台"的称誉。长安也成为世界宗教交流之地,十六国时期龟兹的鸠摩罗什,南北朝时期的阇那崛多、隋唐时期的空悔、新罗王子圆测和慈藏,于阗王子智严等,都与中国在宗教方面有密切的交流。

道教是中国土宗教,源远流长,现存道观有周至楼观台、西安八仙庵、户县重阳宫、临潼老母殿。伊斯兰教于唐代永徽二年(651年)传入长安,距今已有1300多年的历史,西安化觉巷大清真寺是中国四大清真寺之一。基督教从《大秦景教流行中国碑》记载起,传入长安已有1300多年历史。所以说渭河流域是中国宗教文化的策源之地。

第一节　大慈恩寺

大慈恩寺位于今西安市雁塔路南端。该寺创建于隋代,原名无漏寺。唐贞观二十一年(647年)唐高宗李治为太子时,为追念其母文德皇后改建为大慈恩寺。

大慈恩寺是当时最大的皇家寺院,重楼复殿,云阁禅房,规模宏大,豪华壮丽,内有翻经院、元果院、太真院等13个院落,总计建舍宇1897间。著名画家阎立本、尉迟乙僧、吴道子、伊琳等人画了许多壁画。唐僧玄奘印度取经回到长安后在此译经。玄奘19年的译经生活,多半是在这里度过的。玄奘的贡献,一是翻译了74部梵文经典;二是在这里创立了佛教一大宗派——慈恩宗,寺院因此声名远扬,香客云集,盛极一时;三是玄奘由印度带回的许多佛经,唐高宗李治为安置这些佛经,专门于永徽三年(652年)建造了著名的大雁塔。

唐代科举考试后新中进士,在这里举行盛大的"雁塔题名"活动。诗人白居易27岁中进士,留有"雁塔题名在城南,二十人中最少年"的诗句。其他文人骚客也来此登塔游赏,唐天宝十一载(752年),诗人岑参、杜甫同登大雁塔,岑参有"塔势如涌出,孤高耸天宫。登临出世界,蹬道盘虚空。突兀压神州,峥嵘如鬼工。四角碍白日,七层摩苍穹。下窥指高鸟,俯听闻惊风"的佳句。此外,慈恩寺也是民间游乐、演戏、赏花的场所。

唐代以后,慈恩寺屡遭兵火,除大雁塔外,所有殿宇毁于一旦,今寺院建筑均为明清建筑遗存。新中国成立后多次对慈恩寺进行修葺,特别是改革开放后的2000年11月21日为纪念玄奘法师诞辰1400周年活动,投资4100万元,建造了玄奘三藏院:西院为光明堂,展示玄奘求学取经的故事;东院主殿为般若堂,陈列译经弘法的佛经;中院主殿为遍觉堂,供奉玄奘法师铜像及顶骨舍利。全院占地11320平方米,建筑面积5000平方米。在慈恩寺南北建成了大雁塔南北广场,南广场竖立了玄奘铜像,北广场建成亚洲最大的水景喷泉,游人如织,成为西安的旅游名片。

第二节　大荐福寺

大荐福寺位于今西安城南1000米处。隋代时是隋炀帝为晋王时的王府,唐代时为太宗女儿襄城公主的住宅。唐睿宗李旦文明元年(684年)改立献福寺,武则天天授元年(690年)改为荐福寺,是皇家重要的寺院。唐末建筑遭毁,只保留下了著名的小雁塔,元明清各代都对寺院进行多次修复,现存建筑为明清遗物。

荐福寺有两大重要文物,一是小雁塔,二是大铁钟。金代明昌三年

(1192年)铸造了20000多斤的大铁钟,置于寺内,"雁塔晨钟"成为著名的"关中八景"之一。荐福寺是佛经"四大译场"之一,驰名天下。唐高宗咸亨二年(671年),36岁的高僧义净仰慕玄奘,在外游历25年,踏遍30余国,带回佛经400部,回国后武则天在东都洛阳东门外迎接义净,再返长安,在荐福寺译经。这次译经不但有西域僧人参加,连宰相韦巨源、张说以至皇帝都亲自参与润正文字,可见规模之大,共译经56部230卷,义净因此也成为我国古代四大佛经翻译家之一。这些佛家经典,对研究印度及东南亚的历史、地理、文化、风俗有重要的史料价值。

近年在荐福寺内建成了仿古建筑西安博物院,融名寺古塔、水景园林、长安古乐、击钟常鸣、文博展览为一体,热闹非凡,成为古城又一旅游热点。

第三节　大兴善寺

大兴善寺位于西安城南约2500米的小寨兴善寺西街,始建于晋武帝司马炎泰始至太康年间(265—289),距今1700余年。初称遵善寺。隋文帝杨坚在兴建大兴城时,敕令建造大兴善寺作为国寺。

这里还是隋朝第一所国立译经馆。著名的"开皇三大师"耶连提黎耶舍、阇那崛多、达摩笈多都相继主持翻译工作,开创了隋朝一代的佛经翻译。耶舍主译佛经约8部23卷,有《百佛名经》《莲华面经》等;崛多主译佛经31部165卷,主要有《文殊师利行经》《佛本行集经》《贤护菩萨经》等;笈多久住兴善寺,主译经论7部22卷。这三位从古印度远道而来的高僧,对中国佛经翻译做出了很大贡献。唐玄宗开元初期,印度佛教密宗传播者善无畏、金刚智和不空译出密宗经典500多部,大兴善寺成为隋唐长安翻译佛经的三大译场之一,也成为中国佛教密宗圣地。

公元758年,应不空所请,唐肃宗在大兴善寺设置灌顶道场。灌顶之法,在古印度是国王即位仪式,将四海之水用四宝瓶盛之,由国师灌于国王头顶,象征国王权力四海无边、国家兴盛。佛教密宗效法此举,僧人嗣阿阇梨在位时,结坛灌顶,称"授职灌顶",此外还有"结缘灌顶"等,从而在华夏首开灌顶之风。

唐武宗时下令全国灭佛,大兴善寺建筑被毁,僧人被勒令还俗。大兴善寺从此一蹶不振。宋元时期,大兴善寺一直很冷寂。明永乐年间(1403—1424),云峰禅师居大兴善寺,修造了殿堂和钟楼,弘扬禅宗。清康熙年间(1662—1722)的修复工程最多,先后重修了方丈、殿堂、钟鼓楼和山门等。清同治年间(1862—1874),寺院建筑再次被毁,仅存钟、鼓楼和前门。现存寺院建筑沿正南正北方向呈一字形排列在中轴线上,依次是天王殿、大雄宝殿、观音殿、东西禅堂、后殿。改革开放后,大兴善寺经过扩展寺院,增建殿宇以及寺庙园林,面貌为之一新,香客云集,香火鼎盛,成为西安重要的佛事活动场所。

大兴善寺大殿北边有唐代法轮殿遗址,遗址前安放着一尊日本高野山真言宗空海大师同志会赠送的地藏菩萨铜像。公元804年,日本学僧人空海入唐求法。在西安青龙寺拜惠果为师,回国后开创了日本真言宗(即密宗)。1985年10月,日本空海大师同志会为纪念空海圆寂1150周年,向真言宗的发祥地——大兴善寺敬献了这尊青铜地藏菩萨立像,高约1.7米,底座用汉白玉砌成。

第四节　广仁寺

广仁寺位于西安市城墙内西北角。广仁寺是西北和西藏一带大喇嘛进京路过陕西时的行宫,因此又称"喇嘛寺"。广仁寺是陕西省唯一的藏传佛教寺院。1703年由清圣祖康熙帝敕建,历史上起着凝聚、促进西北和西南边陲多民族团结的作用。1983年被国务院列为汉族地区藏传佛教全国重点寺院。

整个寺院占地16亩,寺前竖有高大的六角攒顶式康熙御碑亭。迈过宏伟的卷棚式屋顶的大门,大院中有一尊铁铸的八卦灯楼,灯内一次可添油108斤,昼夜不熄,称为"万年灯"。红柱碧檐的大殿内,供奉着两米高的观音坐像,两侧分别是高1.5米的文殊、普贤菩萨坐像,均为唐代鎏金佛像,相传是由唐开元寺移来的。

藏经殿在大殿后面。殿内供奉着高1.5米的西藏喇嘛教格鲁派(黄教)创始人宗喀巴大师彩色塑像。广仁寺藏经甚丰,有明正统五年(1440年)刊刻、清康熙四十五年(1706年)又续刻刊印的《大般若波罗蜜多经》一部。这部藏经纸质光洁、书体严整,卷首刻有精美的线刻佛画,每10卷经一函,共677函,6770卷;每函又按千字文标明序列,用黄色包袱包裹,十分整齐。寺内还珍藏一部《藏文大藏经》,清康熙三十九年(1700年)所赐,共107包,为甘珠尔类(佛部),收入律、经、秘咒三部分,有目录(汉、藏、满、蒙四种文字并列)、密部、大般若、二万五千颂、万八千颂、诸般若、宝释部、华严部、诸品经、律部和八千颂等内容。该版藏经是清王室宫本,刻造装帧颇为精良,版型较一般藏文经大,扉画均为手工绘制,笔触细腻,大多出自藏、蒙古族名僧画家之手,极为珍贵。

殿前有一口大理石莲花纹水缸,高1米,直径1米,缸口镌刻隶书铭文,系清朝乾隆年间雕刻,俗称"乾隆兰花缸"。藏经殿的后面有个小四合院,中间是三间宽的讲经堂,为喇嘛们念经的地方,两侧各有两间僧房。

在大殿和藏经殿的两侧各有配殿、厢房等,互相对称。寺内共有建筑100多间,颇具规模。在此寺可欣赏藏传佛教的建筑风格、布局特点和雕塑艺术,并可领略到藏传密黄教寺院独特的气氛。

千手观音像位于广仁寺的主殿天王殿,安坐在金刚台莲花宝座上,用俄罗斯珍贵椴木雕制。佛像高约6.6米,重达2吨。观音像全身贴金,闪闪发光,慈眉善目,胸前双手合十。该雕像由美籍爱国华侨齐茂椿先生出资、浙江民间艺人陈伟阳等人历时半年精雕而成。

第五节　青龙寺

青龙寺的前身是灵感寺,始建于隋文帝开皇二年(582年)。隋文帝是个有政治抱负的皇帝,他为了建立万世基业,放弃了残破的汉长安城,以兴建大兴城为实现其雄图的开端。隋文帝在尼寺里生活了13年,受佛教的熏陶和影响很深,在修建大兴城时,因为要将城中的陵园家墓迁葬到郊野,为超度这些亡灵,其特意在乐游原上修了寺院,取名为灵感寺。唐高祖武德四年(621年)寺废。高宗龙朔二年(662年)城阳公主患病,和尚法朗诵《观音经》祈佛保佑,公主病愈后奏请又立为观音寺。唐睿宗景云二年(711年)改名为青龙寺。随后寺院承受着雨打风吹、岁月侵袭,但终是"青龙依旧在,几度夕阳红"。到北宋哲宗元祐元年(1086年),由于战乱不断,寺院废毁,地面建筑已经荡然无存。

历史上的青龙寺最大时面积达到300多亩,规模宏大,殿宇雄伟。新中国成立后在原址复建了青龙寺,2011年在此又建成了青龙寺遗址公园。寺内新建了仿唐建筑云峰阁,共两层,可登高望远。新建了惠果、空海纪念堂和空海纪念碑。空海是一位日本僧人,入大唐求法,拜青龙寺东塔院惠果为师,一年后回到日本。由于空海博综众艺,对日本文化教育贡献甚大,又是日本真言宗的开山鼻祖,因此,民间尊称空海是日本的"孔子"。被日本举为"入唐八家"中的六人,都曾在青龙寺受法。

青龙寺不但作为佛教密宗盛地,吸引了新罗僧慧日、日本僧空海等僧人前来留学受戒,还作为长安的著名游览区,吸引了不少的诗人名流来这里观赏吟咏。传说唐代大诗人白居易、舒元舆等都曾在青龙寺北住过。白居易在《青龙寺早夏》一诗里描绘青龙寺的地势和风景:"丹凤楼当后,青龙寺在前。市街尘不到,宫树影相连。"如今青龙寺从日本引种樱花11种,栽植千余株,阳春三月,樱花怒放,游人如潮,争相欣赏。

第六节　草堂寺

草堂寺是中国佛教三论宗祖庭,位于陕西户县圭峰山北面。后秦弘始三年(401年)姚兴迎龟兹名僧鸠摩罗什来长安,待以国礼,请住逍遥园演讲,翻译佛经。后于园旁"构一堂,以草苫盖",称大寺。弘始八年后,鸠摩罗什住寺,至弘始十五年圆寂。其间,鸠摩罗什译出《中论》《百论》《十二门论》等众多经典。鸠摩罗什圆寂后,人为其立"姚秦三藏法师鸠摩罗什舍利塔"于寺内,历时1600多年,至今基本完好。

草堂寺唐代改为栖禅寺,宋乾德四年(966年)改名清凉建福院,金代复称草堂寺,曾作亭覆护鸠摩罗什舍利塔。元代,逍遥园、栖禅寺、草堂寺三名并用。清雍正十二年(1734年),鸠摩罗什门人僧肇被封为"大智圆正圣僧",因此改名圣恩寺。清同治以后,寺宇几乎全毁。1952年至1956年曾经进行两次大整修,1981年开始翻新大殿、僧房。草堂寺现有新建大殿5间(内供阿弥陀佛坐像一尊,日本赠鸠摩罗什木雕坐像一尊),大殿两侧各建碑廊7间,共14间(内壁嵌列古碑石20余方),钟楼1间(内放明钟一口),鼓楼1间(内竖《定慧禅师传碑》)。13世纪中,日本僧人日莲据鸠摩罗什所译《妙法莲华经》创日莲宗。1980年,日莲宗代表团曾参拜草堂寺。

关中八景中的"草堂烟雾"就出自这里。神奇的"草堂烟雾"出自寺内的一口古井。古井在草堂寺的北院,这里林茂竹秀,幽静清雅,超凡脱俗。古井内经常会出现烟雾升腾的奇景,更给这里增添了一种神秘的色彩。现存于西安碑林的"关中八景"石碑上有清人朱集义诗一首,生动描绘了这一奇景:"烟雾空蒙叠嶂生,草堂龙象未分明。"其实,井内的地热是引起这股烟雾的真正原因。每年秋冬的早晨,天气寒冷,空气潮湿,井内喷出的热气一时不易散失,和空中的水汽凝聚为一体,就形成这一罕见的大雾现象。

第七节　公输堂

公输堂位于户县北13.5千米处渭丰乡祁村。此堂原名源远堂,亦名万佛堂,创建于明代永乐年间(1403—1424)。1933年于右任题签的《重修户县志》记载:"(祁村南堡)有工师堂,俗称鲁班所修,雕刻极其精巧。"元代文宗天历年间,山西太原府祁南集里小汾村人李金荣兴办三阳教会,被尊为教主。明永乐年间,教会弟子为祭祖师,遂在北依渭河、地势平坦的户县依何园村(现在的祁村)建源远堂,为时11年。此后这里成为白阳三会的法堂及供佛的礼拜殿,殿内原有数目众多的小佛龛和佛像,故历史上称万佛堂。

公输堂原来规模较大,有木牌坊、山门、正殿、厢房,现主要保留有正殿,原宽3间,为大木硬山式殿宇,是一座罕见的木质结构大型宫殿。高6米,每间外檐,置六抹透花门扇,门额上筑斗拱重楼,殿内为天宫楼阁,重檐三滴水,角棱斗拱出檐,天宫下设佛帐三间,内置佛像,阁顶为斗形八藻井。

整个殿堂,结构严谨,精雕细刻,全部彩绘,沥粉贴金。木雕种类繁多,图案精美,体现了1000多年前《营造法式》中天宫楼阁难得的孤品实物。六扇抹花门的门楣上刻有福禄寿三星图案,门楣上采用格穿套刻的技法,刻有龟纹、回纹、万字纹、海棠纹,还有竹兰梅菊、莲花卷纹如意、缠枝牡丹、卷叶草等各种精美图案。

20世纪90年代,国家文物局古代建筑专家罗文哲、故宫博物院原院长单士元、古代建筑专家郑孝燮等都来这里考察,给予很高的评价。单士元认为公输堂的历史价值和工艺价值,都够得上国家级别。

第八节　长安兴教寺

该寺位于西安城南20千米的长安区少陵原畔,是唐代樊川八大寺院之一,是我国唐代著名高僧玄奘法师的长眠之地。

麟德元年(664年),著名高僧玄奘法师圆寂后,葬于白鹿原;唐高宗总章二年(669年)又改葬到樊川的凤栖原,并修建了五层灵塔,次年因塔建寺,唐高宗题"兴教"二字,从此取名兴教寺。兴教寺坐北朝南,门内钟鼓两楼夹道对峙,气象庄严。在这里远眺终南山,峰峦叠嶂,景色秀丽,是佛教人士游览和瞻仰玄奘遗迹的圣地。寺内藏有明代铜佛像、缅甸玉佛像各一尊。周总理曾陪同印度总理尼赫鲁来此瞻仰玄奘墓塔。

唐末,兴教寺因为战乱而被烧毁,唯一幸存的是玄奘和他两位弟子的舍利塔,东边是玄奘上座弟子圆测的舍利塔,西边是玄奘另一位上座弟子窥基的舍利塔。玄奘的弟子有上千人,怎么唯独这两位能享此殊荣?这里面有一段有趣的故事:传说玄奘从印度回来后,就在慈恩寺内专心译经,尽管他不分昼夜地工作,然而单靠他一人何年何月才能译完600多部经卷呢?于是玄奘决心物色几个有志于佛学研究的人,以便将自己的事业继承下去。一天玄奘在路上散步,偶然遇到一位气度不凡的少年,经询问得知他是唐开国元勋尉迟恭之侄,玄奘决心收他为徒。太宗知道后,赐他法名窥基。他聪慧好学,刻苦钻研佛经,很快就学会了梵文。他不但成为玄奘译经的得力助手,而且撰写了多部佛学著作。玄奘的另一位弟子圆测更有传奇色彩,他是新罗(唐时朝鲜半岛有三个国家——高丽、百济、新罗)王孙,自幼出家,15岁游学长安,精研诸论,通梵、藏等六种语言,随师译经,做出了巨大贡献。因此两位弟子能葬在玄奘舍利塔旁。

兴教寺现由大雄宝殿、藏经楼和塔院三部分组成。大雄宝殿正对山门,殿后为讲经堂。藏经楼在东跨院,为二层楼:底层陈列有关玄奘大师的画像和书画,以及周恩来、尼赫鲁等领导人瞻仰玄奘墓地的照片;楼上珍藏《碛砂藏经》《大正藏经》等数千册经书,其中最为珍贵的是用巴利文写成的《贝叶经》残片。西跨院又称慈恩院,是玄奘及其弟子圆测和窥基遗骨安葬之地的三座舍利塔,三塔之北的慈恩殿内陈列玄奘及其弟子的石刻像等。

第九节　长安香积寺

香积寺是中国净土宗的祖庭,在西安城南约 17.5 千米的长安区郭杜乡香积寺村。这里正南是终南山子午谷,正北是神禾原西畔,北接风景秀丽的樊川,西南沣河与潏河汇流于此间,风景优美。唐代诗人王维在其著名的诗篇《过香积寺》中描绘:"不知香积寺,数里入云峰。古木无人径,深山何处钟。泉声咽危石,日色冷青松。薄暮空潭曲,安禅制毒龙。"唐高宗永隆二年(681 年),净土宗创始人之一——善导大师圆寂,弟子怀恽为纪念善导功德,修建了香积寺和善导大师供养塔,使香积寺成为中国佛教净土宗正式创立后的第一个道场。

唐朝时的香积寺规模宏大,有"骑马关山门"的传说。据"龙禅法师碑"载:"神木灵草,凌岁寒而独秀,夜暗花明,逾严霜而霏萃。岂直风高气爽,声闻进道之场,故亦临水,面菩萨会真之地。又于寺院造大堵坡(即佛塔),塔周回二百步,直上一十三级……重重佛事,穷鹫岭之分身;种种庄严,尽比丘之异宝。"

香积寺历经唐末、宋、元衰败,直到明嘉靖年间才进行了大规模的修复。清代也对香积寺进行了修葺,但仍保持明朝的规模。直到清末,寺内还保存有许多金石文物,仅历代雕刻就有 119 件。净土宗是东晋时由天竺传入,开祖于庐山慧远。相传名僧慧远和十八高贤共结莲社,称白莲社,同修净土,故净土宗亦称"莲宗"或"白莲宗"。继盛于北魏,从五台昙鸾大师和唐并州道绰大师,至长安光明善导大师,乃集其大成蔚为宗风,故人们认为净土宗的实际创宗者是善导,尊他为二祖。净土宗提倡专念阿弥陀佛的名号,就此往生"西方净土"的极乐世界。"阿弥陀佛"是梵语,意为无量光明、无量寿命、无量智德等。唐代净土宗得到长足的发展,中唐以后,曾广泛流行于社会各阶层。

香积寺除原有善导塔、大雄宝殿等建筑外,近年又大规模扩建,兴建了通寺公路、寺前广场、青石大牌坊、山门大殿、钟鼓二楼、碑石长廊等,又广植花木,筑建喷泉拱桥等。如今的香积寺,高塔深院,殿宇雄伟,林木葱郁,鸟语花香,香火鼎盛,游人如潮。

第十节　长安净业寺

净业寺位于长安区终南山麓之凤凰山上,距西安市约35千米,是国务院确定的佛教全国重点寺院之一。凤凰山山形如凤,地脉龙绵,山势奇古高峻,林密幽深。净业寺踞处山腰,坐北朝南,东对青华山,西临沣峪河,南面阔朗,可眺观音、九鼎诸峰,是净心清修的道场。

净业寺始建于隋末,唐初为高僧道宣修行弘律的道场,因而成为佛教律宗的发祥地。道宣(596—667),自幼聪慧,9岁能作赋,15岁出家,20岁受具足戒,先后依止智𫖮、智首律师,钻研律学,曾在大禅定寺听智首律师讲《四分律》20遍,于山村间修习定慧。

而后,四方参学。武德七年(624年)道宣结庐终南,始居白泉寺和丰德寺,后得护法菩萨"彼清官村,故净业寺,地当宝势,道可习成"之示,遂移居净业寺。此后40余年,道宣律师除两次出山,被礼请参加玄奘法师在长安弘福寺和西明寺组织的译场外,其余时间均在净业寺潜心禅定,研究律学。他曾因严持戒律、精修般若三昧而感天人送供,天神护法。

道宣以大乘教释《四分律》,广弘律学一脉,他的著述中有关《四分律》疏、钞极多,其中《四分律删繁补阙行事钞》和《四分律删繁随机羯磨疏》《四分律含注式戒本疏》被称为"南山三大部",再加上《四分律拾毗尼义钞》《四分比丘尼钞》等著作,在中国佛教史上占有极其重要的地位。唐乾封二年(667年),他在终南山清宫精舍创立戒坛,依其所制传戒、受戒仪规,为诸州沙门20余人传授具足戒。所著《关中创立戒坛图经》成为后世戒坛之模范。

道宣生平"三衣皆伫,一食为菽,行则仗策,坐不倚床",其道行声名远播西域,唐开元三大士之一金刚智法师也慕名来长安亲拜道宣律师。玄奘、窥基、圆测法师、牛头祖师及孙思邈等与道宣律师交往颇多。道宣于唐高宗乾封二年十月三日圆寂,葬于坛谷石室。唐高宗诏令天下寺院供奉道宣律师画像,并令名匠韩伯通为其塑像。唐穆宗曾赞曰:"代有完人,为如来使。龙鬼归降,天神奉侍。声飞五天,辞惊万里。金乌西沉,佛日东举。稽首归依,肇律宗主。"后人因他长期居住终南山,尊称他所弘扬的《四分律》为南山宗,亦尊称他为南山律祖。

道宣律师门下有受法传教弟子千人,著名的有大慈、文纲等,道宣的再传弟子鉴真,将律学传到日本,成为日本律宗祖师。

唐时净业寺因道宣弘扬律宗而达到极盛,后渐衰落。寺内所存明朝《道宣律师略传》及清朝钟鼓楼碑记载,明正统二年(1437年),净业寺住持云秀募集资金,重修殿堂。明天顺四年(1460年)住持本泉筹集修葺寺院。明嘉靖三十四年(1555年),因地震塔倾,到隆庆年间(1567-1572)才加以修复。清康熙五十二年(1713年),寺僧又重修道宣律师塔。清嘉庆十八年(1813年),重修殿宇。道光年间,寺况稍盛。

第十一节　周至仙游寺

仙游寺位于西安市周至县城南约17千米处的黑水峪,寺塔正好建在黑河拐弯处的山坡上。隋唐时,这里近乎长安,因此帝王与大臣经常来这里游玩。这里的风光与寺庙吸引了历代文人墨客,如唐朝的白居易、岑参,宋朝的苏东坡等都在此留下了诗篇与墨宝。

仙游寺今存正殿五间,配殿与客房、僧舍二十余间,并有古塔四座,其中以法王塔最为著名。黑河北岸为中兴寺(又称北寺),有殿二十余间,正殿东边的房间,为宋代文学家苏东坡读书之处。在南寺与北寺之间有潭,名黑水潭,也称仙游潭、五龙潭,水色黝黑,深不可测,是宋代苏东坡等人常游之处,至今尚有"苏章石壁"等遗迹。仙游寺周围清溪似带,群峰列嶂,风景秀丽宜人,自古以来为人们常来游览的胜地。

1998年10月,因修建黑河金盆湾水库,西安市在黑河西边进行整体迁建包括仙游寺在内,现已迁建完毕,并原样搬迁了隋代仙游寺古塔。

唐代诗人白居易在周至当过县尉,在此将唐明皇和杨贵妃的爱情故事写成著名的《长恨歌》,毛主席又手书了《长恨歌》,成为书法珍品,这些都使仙游寺更加驰名,享誉九州。

第十二节　蓝田水陆庵

水陆庵在蓝田县城以东10千米的普化镇王顺山下,庵内以精美的各类雕塑而著名,有"陕西敦煌"之称。

水陆庵建于明代。明代西安秦藩王朱怀埢,是朱元璋的八世孙。朱怀埢因母亲笃信佛教,他就在隋唐名刹悟真寺山口,选择了风水绝佳的地方,兴建了水陆庵,作为水陆法会的道场。

水陆庵现有5间山门,两边各建有13间厢房,院中建有3间中殿,西边建有5间大殿,形成一个封闭的四合院。庵四周青山峙列,绿水环抱,庵内殿宇雄伟,树木葱郁,花草繁茂,风光宜人,是蓝田县的旅游热点。

明代建造时,继承唐代艺术风格,建造了巨大的雕塑群体,创造了佛教造像艺术的一代高峰,可与敦煌、龙门、云冈、麦积山四大石窟媲美,在中国雕塑史上写下了光辉一页。水陆庵壁雕共分为南北山墙、殿中正隔间西壁、西檐墙四部分。其中以南北山墙上壁雕最为精彩,有山水桥梁、园林瀑布、楼台亭阁、殿宇宝塔,有释迦牟尼传略故事情节的佛事活动场面,还有其他菩萨、飞天仙女造像,另有许多飞龙、凤舞、雄狮、麒麟、大象、黄牛等动物造型。

整个壁雕,布局严谨,结构紧密,层次分明,造型生动,手法绝妙,充分展示了我国古代雕塑工匠丰富的想象力和高超的雕塑技艺。

第十三节　西安八仙庵

八仙庵又名万寿八仙宫,位于西安市东关长乐坊,建在唐代兴庆宫的遗址上,是西安市最大的一座道教观院。

八仙庵相传为宋代创建。据说当时有一个姓郑的书生在此遇到道教传说中的八位神仙,即铁拐李、汉钟离、张果老、何仙姑、蓝采和、吕洞宾、韩湘子、曹国舅,传说八仙分别是代表着男、女、老、幼、富、贵、贫、贱。据八仙庵石碑记载,原先这里有座雷神庙,八仙流浪来这里,他们手捉飞来蟑螂食之,留下遍地栗壳,遂建八仙庵庙祭祀,以享受人间香火。元、明、清各代都有重修,现以清代建筑为多。

1900年,八国联军侵入北京,慈禧太后和光绪皇帝逃到西安避难,曾拨发1000两白银,命八仙庵道长李宗阳修建牌坊,并赐庙额"敕建万寿八仙宫",高悬于庵前门额之上。

八仙庵现占地110亩,由山门至后殿,分为三进。山门外,有清光绪二十年(1894年)砖砌大牌坊两座,门外的影壁上刻有"万古长青"四个大字。迈进山门,钟、鼓二楼分列左右。第一进院落的正中有遇仙桥。据记载,道教全真派创始人王重阳求道时,在沽河桥遇吕洞宾祖师授"五篇灵文"而得道,乃修遇仙桥以示纪念。院落正面为灵官殿,殿内正中供奉着道教的护法神玉灵官的彩色塑像,两侧青龙、白虎两将军的彩色塑像分侍。

第二进院的正面为五开间的八仙殿,为八仙庵之主殿,是道观日常举行盛大宗教活动的场所。殿门正中悬挂着"宝篆仙传"四字匾额,为清光绪皇帝所书。殿门正中奉祀着东华帝君,两侧分别为汉钟离、张果老、韩湘子、铁拐李、吕洞宾、曹国舅、蓝采和、何仙姑的泥塑彩像。

第三进院落的正面为斗姥殿。殿门正面悬有清慈禧太后所书的"洞天云籍"四字匾额。殿内正中奉祀着斗姥元君,两侧分别为北斗七星中的文曲、武曲、贪狼、破军等星君塑像。大殿的东西两侧各有跨院,东院内有吕祖洞、药王殿和太白殿。吕祖即吕洞宾,号纯阳子,传说他在唐时两次考进士都不中,最后随汉钟离学道,汉钟离授以"延命之术";药王即唐代著名医学家孙思邈,他一生博通百家之说,尤好老庄,不求名利,热心行医,为民治病,被人们尊称"药王",成道后,被封为"妙应真人";太白殿内供奉着太白金星,源于古代的星辰崇拜,是对太阳系中接近太阳的第三颗行星——金星的神化。在道教中太白神有富贵功名象征之说。西院的北面为丘祖殿,丘祖即丘处机,为中国道教全真派的创始人之一,元朝初期被成吉思汗封为国师。院内的其他房屋为庵内道士的居住处,故又称监院。

八仙庵是陕西道教集中活动的胜地,每年农历九月初九重阳节,八仙庵都举行盛大的道场,有的善男信女于初八晚上即赶到这里,初九清晨鼓声拉开宗教活动的序幕,只见殿堂灯火通明,经师手执法器,身着刺绣精美的法衣,在高僧带领下吟诵经典,祈祷国泰民安。信徒们烧香磕头,祈求四季平安。有的信徒还为八仙披上全套新装,以示祝愿。

第十四节　周至楼观台

楼观台号称"天下第一福地",是我国著名的道教圣地,位于西安市周至县东南15千米的终南山北麓,风景优美,依山带水,茂林修竹,绿荫蔽天。史书赞美:"关中河山百二,以终南为最胜;终南千峰耸翠,以楼观为最佳。"楼观台既有周秦汉唐古迹，又有青山绿水的自然风光。古迹主要有老子说经台、尹喜观星楼、秦始皇清庙、汉武帝望仙宫、大秦寺塔以及炼丹炉、吕祖洞、上善池等60余处。

楼观台有个传说，相传西周大夫函谷关令尹喜结草为楼，夜观天象，只见紫气东来，知道将有真人从此经过。后来果然老子西游入关，被尹喜迎至草楼，在这里著《道德经》五千言，并在楼南筑台讲经，留下了楼观台这一名胜。

楼观台是我国古代著名哲学家老子李聃著书立说、传道讲经之发祥地，已有2500余年历史，道教史称"仙都"。西楼观大陵山是老子修真、羽化之地，有吾老洞、老子墓等古迹。宗圣宫建于唐初，是李唐王朝奉老子为远祖，礼祭老子的宗祠。观内计存文物古迹50余处，碑石70余通，名人诗作150余篇。

目前西安市投入巨资兴建楼观台道教基地，以老子说经台为中轴线，结合了道教"一元初始、太极两仪、三才相合、四象环绕、五行相生、六合寰宇、七日未复、八卦演义、九宫合中"的文化概念依山而建，建成五进院落，十大殿堂。建筑雄伟，气势恢宏，雕梁画栋，五彩缤纷。已于2012年3月2日建成，成为中国道教文化和旅游观光胜地。

第十五节　重阳宫

重阳宫是道教宫观，全真道的祖庭，又称重阳万寿宫、祖庵，位于陕西户县城西5千米的祖庵镇。道家以上为阳，下为阴，清为阳，浊为阴，"上""清"皆阳，故云"重阳"。相传全真道祖师王重阳曾隐修于此。金世宗大定七年(1167年)，王重阳自焚其居，东行至山东宁海，得马丹阳、谭处端、刘处玄、丘处机、王处一、郝大通和孙不二等人，人称"全真七子"，创立全真道教。王重阳卒后，弟子护其遗骨葬于户县旧居。马丹阳袭掌全真教，于此地建立道观,手书"祖庭"二字为额。嗣后,王重阳弟子王处一上奏,请于其址建灵虚观,丘处机又请改名重阳宫。元世祖时乃更名重阳万寿宫。

元初开始大规模修建重阳宫,宫域东至涝峪河,西至甘峪河,南抵终南山,北临渭水,殿堂楼阁 5048 间,常住道士近万人,宫观规模之大为国内道观之最,朝廷曾派道丁 3600 人驻防保卫。

元世祖忽必烈时期,全真教达鼎盛时期,成为大元帝国的护国神教。重阳宫居全真教三大祖庭之首(和北京白云观、山西永乐宫并称为道教全真三大祖庭),历来享有"天下祖庭""全真圣地"的尊称。重阳宫是全真教的发祥地,是道教全真派祖师王重阳修炼成道和归葬之所,重阳宫内宫殿雄伟,亭台楼阁,古树佳木,风景幽异。

重阳宫现有 40 余通有关道教全真派历史的碑石,其中最著名的有《全真七子画像碑》、王重阳手书《无梦令》诗碑、元代大书法家赵孟頫所书的《大元敕藏御服碑》《孙真人道行碑》,还有元代御碑多通。元代皇帝《圣旨碑》是已失传的蒙古最古老的八思巴文仅存的实物资料。这些大量集中的元代碑石在国内实属罕见,具有极高的史学和书法价值。祖庵碑林中的蒙汉文合刻碑,对于研究元代文献中蒙汉对译及演变有重要价值,也是研究古代蒙古语言的第一手资料。碑铭比较详尽地反映了重阳宫和道教全真派发展起落的轨迹和状况,较为集中地反映了全真教与金、元社会政治发展的紧密关系,所记载的全真教修炼方法,为研究道教文化和中国传统医学提供了翔实的资料。宫内现有王重阳墓、其弟子马钰(丹阳)手植的银杏树。

第十六节　西安大清真寺

伊斯兰教于唐代永徽二年(651 年)传入西安。现全市有 21 座大清真寺,其中以化觉巷大清真寺最为著名。

大清真寺位于西安市鼓楼西北隅,是一座历史悠久、规模宏大的中国宫殿式古建筑群,是伊斯兰文化和中国文化相融合的结晶。该寺院始建于唐天宝元年(742年)。唐初,伊斯兰教随着阿拉伯商人经丝绸之路来到唐都长安,阿拉伯人在西市和东市经商贸易,随后陆续在长安城定居。特别是唐肃宗时,曾经帮助汾阳王郭子仪平安史之乱的西域回纥族领袖,带领将官部卒200余人跟随郭子仪从泾川来到长安,也纷纷落户长安。他们开始广泛学习唐朝的法令制度和文化习俗。由于众多的穆斯林在长安定居和世代繁衍,就使伊斯兰教在这里得到传播和发展。而作为伊斯兰文化的象征,作为广大穆斯林向真主表奉忠心和精神依托的圣堂——清真寺,便在唐代长安应运而生。西安大清真寺历经宋、元、明、清各代的维修保护,形成目前的建筑格局,1988年晋升为全国第三批重点文物保护单位。

这座清真寺没有阿拉伯伊斯兰教清真寺那种金碧辉煌的大圆顶,也没有高耸入云的宣礼塔,以及令人目不暇接的阿拉伯图案花纹。寺内处处是亭台楼阁、雕梁画栋,从设计施工到艺术造型,是中华民族的传统古典建筑风格,又略兼有伊斯兰教寺院的格调和特点。根据寺内《创建清真寺碑记》载,该寺建于公元742年,但从寺内建筑风格来看,可能重修于明代。

全寺总面积13000平方米,建筑面积约6000平方米。整个建筑形制呈东西走向的长方形,共分四进院。第一进院最东边影壁正面镶有三方菱形菊莲图案,檐下砖雕斗拱,宏伟壮观。古建木牌坊位立中央,建于17世纪,翼角飞檐,精镂细雕,牌坊顶部琉璃瓦覆盖,蔚为壮观。南北两侧各有厢厦三间,内部陈设明清两代古典家具。经过五间楼进入二进院,中央竖立石牌坊一座,三门四柱,中楣匾镌刻"天监在慈",两翼各为"虔诚省礼"和"钦翼照事"。往西10米,南北各竖砖雕镶嵌"冲天雕龙"碑一座,记载历代重修的情况。往西是"敕赐礼拜寺"的"敕赐殿",殿内有石碑7通,碑文有阿拉伯文、波斯文和汉文。第三进院入口处的敕修殿里藏有推算回历的阿拉伯文"月牌",碑文是清初寺内一个叫小西宁的掌教编著的。院落中心有一座三层八角木质结构的省心楼,是呼唤穆斯林们来礼拜的塔楼。省心楼南北两厢,分别建有布局雅致的客厅和经堂。主亭为六角形,两个侧亭是三角形,三亭连在一起,形如凤凰展翅,故名"凤凰亭"。还有宋代大书法家米带"道法参天地"和明代书法家董其昌"敕赐礼拜殿"手书,是我国书法艺术中斗大字的珍品,其笔力遒劲,笔法飘逸,字形匀称,堪称我国书法的杰作。第四进院内是面积约1300平方米的大殿堂,可容纳千余人做礼拜,殿内有天棚藻井彩画600余幅。

清真大寺的建筑形式和基调为中国民族风格,然而寺院内的一切布置又严格按照伊斯兰教制度,殿内的雕刻藻饰和蔓草花纹装饰都是阿拉伯图样。

第十七节 甘肃省的佛教石窟

渭河上游的甘肃省也是古代佛教主要的传播基地,形成规模宏大的佛教石窟群,著名的有天水麦积山石窟(位列中国四大石窟之一)、武山县拉梢寺石窟、甘谷县大像山石窟、庆阳北石窟寺、泾川县王母宫石窟、合水县莲花寺石窟、庄浪县云崖寺石窟群等。这些石窟造像中有高大雄伟之佛像,也有造型各异的小型佛像,内涵丰富、包罗万象。

一、麦积山石窟

麦积山石窟在甘肃天水市城东南约30千米的山中。崛起一峰,如农家积麦之状,因有此名。据文献记载,后秦时开窟造像,创建佛寺。西魏文帝时,再修崖阁,重兴寺宇,魏文帝皇后乙弗氏薨,凿麦积崖为龛而葬。北周保定、天和年间(561－571),秦州大都督李允信为亡父造七佛阁。历代开窟造像在距山基20~30米、70~80米高的悬崖峭壁上,层层相叠,上下错落,密如蜂房。唐开元二十二年(734年)地震,崖面中间塌毁,窟群分成东崖和西崖。现保存北魏、西魏、北周、隋、唐、五代、宋、元、明、清等各代洞窟194个(东崖54个,西崖140个),泥塑像、石雕像7000余身,壁画1300多平方米。泥塑有高浮塑、圆塑、粘贴塑、壁塑四种。数以千计的与真人大小相仿的圆塑,极富生活情趣。端庄的佛,犹如头上无冕旒的世俗帝王,侧侍的菩萨、弟子,有的低眉含嫣,交头接耳,窃窃私语或眉开眼笑;有的俊俏活泼,向人们招手致意;还有聪慧虔诚的少年和天真的男女儿童形象。从高约16米的阿弥陀佛,到10余厘米小的影塑,从神圣的佛到天王脚下"金角银蹄"的牛犊儿,均精巧细腻,栩栩如生。把神人格化,使之成为有血有肉的现实生活中的人,生活气息浓厚,令人感到亲切而不神秘。泥塑上彩而不重彩,被誉为"塑像馆"。抬头仰望,凌空飞栈。攀行其上,惊险陡峭,五代《玉堂闲话》云:"其青云之半,峭壁之间,镌石成佛,万龛千窟,虽自人力,疑是神功。"在群众中有"先有万丈柴,后有麦积崖""积木成山,拆木成功"的传说。石窟形制完全按照我国民族建筑形式开凿,方形、平顶,前壁开门,两侧开龛的房屋建筑为崖阁式。麦积山是秦岭山脉西端的奇峰,冬暖夏凉,秋季细雨霏霏,云雾缭绕,《广舆记》誉为"秦地林泉之冠","麦积烟雨"为天水"八景"之首。登上高70多米的上七佛阁(俗称散花楼),居高临下,扬手撒花,花随着上旋气流越飘越高。峰峦重叠,碧波如海,与蓝天相接。新中国成立后对其加以管理保护,使古老的艺术宝库倍增光辉。

二、武山县拉梢寺石窟

拉梢寺石窟在甘肃武山县城东北约25千米的鲁班乡。山中曲径幽林,百鸟争鸣,空谷回应。绝壁上有浮雕佛像三尊,中间大佛高约60米,两旁胁侍菩萨,手持莲枝,躬身肃立。旁有北周武成元年(559年)墨书题记。佛坐莲台上,镌有狮、鹿、象三排。上层六狮,中层九鹿,下层九象。还有诸多佛龛伫立着宋代小佛像。浮雕外表加薄泥涂光彩绘,衣纹、颜色保存均好,刀法挺劲,线条简朴。栈道早毁,登临无路。崖面上部向前凸出,又加筑风檐,以蔽风雨。雕刻飞云走兽,悬挂铜铃,微风起处叮当作响。《武山县志》载,相传鸠摩罗什用鬼斧神工,拉树梢成山,因有此名。

三、甘谷县大像山石窟

甘谷大像山石窟在甘肃甘谷县城南 0.5 千米处。大像山原有大小石窟 20 多个，塑像 295 身，殿宇 11 座，多数已毁。现仅存大佛，高约 38 米，胸围 10.4 米，石胎泥塑，佛龛高 42 米，有三层楼阁式窟檐。佛祖胸赤足，面貌丰润，高髻，体躯宏伟，前颈上胸有三道线纹，上着通身袈裟，下着长裤短裙。四周悬塑飞天，凌空展翅。据窟内所存清同治年间（1862—1874）碑文记载，石窟肇于宋嘉祐三年（1058 年）。近人就佛像形态、装饰及洞窟形制观察，认为可能早于宋代。与敦煌莫高窟、炳灵寺石窟的盛唐之作极为相似。

四、庆阳北石窟寺

庆阳北石窟寺又称寺沟石窟。在甘肃省庆阳市西锋区西南 25 千米的寺沟川村，蒲、茹两河交汇处东岸。据清乾隆六十年《重修石窟寺诸神庙碑记》及《镇原县志》引自唐碑记载，庆阳北石窟为北魏永平二年（509 年）泾川刺史奚康生开始建造。窟龛开凿在黄砂岩的崖面上，分上中下三层，南北长 120 米。最高处距地面 10 余米。编号 165 窟，俗称"佛洞"的大窟，是窟群中最大、保护最好的一洞，高 13.2 米，深 17.9 米，宽 21.7 米。内造 7 佛，身高 8.1 米许；十尊胁侍菩萨，身高 3~4 米；两尊交脚菩萨，高 6.8 米；三头四臂天王、乘象普贤菩萨；前壁门上明窗左右有大型高雕佛本生故事——《萨垂那太子舍身饲虎图》，门外两侧雕有金刚力士和狮子。历经西魏、北周、隋、唐各代开窟造像，现存窟龛 295 个，塑像 2100 身。石刻及墨书题字 150 方，碑刻 7 通。壁画较少，多已残缺。

五、泾川县王母宫石窟

王母宫石窟位于泾川县城西 2 千米处，泾河、汭河汇合的山嘴上。建于北魏永平三年(510年)。窟略呈长方形,中有方体塔柱,直连窟顶,柱身及窟壁,由下至上,逐层缩小,石雕佛像三层。顶部建造物脱落几尽。现存造像100余尊,王母像居中,其他依次排列两旁。窟外建楼阁三层。山上有古钟,为金大安三年(1211年)铜铸,宋天圣三年(1025年)立石碑一通。山阳有瑶池,泉出石隙,滴沥如雨,上有亭。俗传周穆王曾驾八骏游此。

六、合水县莲花寺石窟

莲花寺石窟位于太白乡平定川西山下红砂岩壁内,距县城110千米。雕凿于唐宋时期,属省级文物保护单位。石壁上凸下凹,伸缩弯曲,不规整。全长19米,高6.4米,共开龛室18个,龛内佛像密集,形态各异,工艺高超,栩栩如生。

第八章　山明水秀——环境优美灵秀地

第一节　关中平原　天府之国

第二节　秦岭横亘　森林茂密

第三节　八水环绕　水源充沛

第四节　气候温和　四季分明

第五节　营造园林　美丽都会

第六节　重视环保　立法保护

第一节 关中平原 天府之国

西安地处关中平原的中心地带,有得天独厚的地理优势。关中平原,也称渭河平原、渭河盆地或八百里秦川,西起宝鸡,东至潼关,南依秦岭,北界渭北群山,东西长约300千米,东部最宽100千米,西安附近宽约75千米,眉县一带宽度仅20千米,西到宝鸡收尾闭合。其范围和渭河地堑一致,地势西高东低,西部海拔700多米,东部最低325米,平均海拔520米,总面积3.04万平方千米,其中渭河阶地区1.23万平方千米,是陕西第一大平原,面积在全国平原中列第四。

关中地区从地貌上,分三大板块。一是渭河河流阶地区,属关中的主体平原。所谓"八百里秦川"通常指这一地区,其中主要有两级阶地,一级阶地在渭河两岸犬牙交错分布,高出渭河5~20米,二级阶地高出渭河20~50米,两岸阶地分布不对称,南岸西安附近宽阔,到了临潼以东成为狭窄地带。北岸因有泾河和洛河的缘故,阶地分布广阔,原野舒展,且有三角洲。一二级阶地,地下水资源丰富,便于井灌,灌溉条件优越,目前灌溉面积达1500万亩。

二是渭北黄土高原地区。主要在渭河及支流泾河、洛河的下游,高出渭河水面100~250米,形成典型的黄土高原沟壑区,原面平整宽阔、沟壑纵横相间,原高水深、水源短缺,一般需要抽水灌溉。

三是秦岭北麓冲积区。秦岭北麓共有72个峪口,为涝峪、沣峪、石砭峪等,在峪口形成冲积扇裙,坡度一般3~10度,由于秦岭是土石山区,所以峪口砾石遍布,少数辟为农田,多数为林果基地,如华县的大杏、临潼的石榴、周至的猕猴桃,在此多有分布。

此外,在洛河与渭河夹峙的三角地带,有一块沙漠,称大荔沙苑,沙丘起伏,面积250平方千米,形成关中平原上的独特景观。

顺渭河进入关中后为平坦的黄土阶地与冲积平原,这里属干旱和半干旱地区,年平均气温6~14℃,年平均降水量450~700毫米,多集中在7、8、9这3个月。年蒸发量1000~2000毫米,无霜期120~220天,作物一般一年两熟。美丽富饶的关中平原"黄壤千里,沃野弥望",这在我国最早的典籍《尚书·禹贡》中就有记载:"厥土惟黄壤,厥田惟上上"。从古到今,关中平原孕育了发达的农业经济。

关中平原的名称源于战国时期,说法不一。古代的关中概念比现在要大,东有河南灵宝的函谷关,西面偏南有秦岭大散关,南有丹凤县的武关,北有宁夏固原的萧关,关中平原居四关之中而得名;一说在函谷关和大散关之间,或函谷关和陇关之间而得名。现代的关中东起潼关,西至大散关,北到铜川金锁关,南至蓝田县蓝关。

关中平原地势平坦,沃野千里,灌溉发达,气候温和,物产丰饶,以优越的地理位置和良好的生态环境,受到古人的推崇和高度评价。战国时哲学家荀子对秦国考察后对秦国丞相范雎说:"其固塞险,形势便,山林川谷美,天材之利多,是形胜也。"战国时苏秦对秦惠王说:"大王之国,西有巴蜀汉中之利,北有胡貉、代马之用,南有巫山、黔中之限,东有崤函之固。田肥美,民殷富,战车万乘,奋击百万,沃野千里,蓄积饶多,地势形便,此所谓天府,天下之雄国也"(《战国策·秦策一》)。汉代张良对刘邦说:"关中左崤函(崤山与函谷关),右陇蜀,沃野千里,南有巴蜀之饶,北有胡苑之利,阻三南而守,独一面东制诸侯……足以委输。此所谓金城千里,天府之国也。"最终说服刘邦放弃洛阳,建都长安,雄踞关中,开创西汉王朝。相反,楚汉之争,项羽入关灭秦,却不听亚父范增建都关中之言,却要返回徐州,分封诸侯,也是他失败的重要原因。史学家司马迁在《史记·货殖列传》中说:"关中自汧、雍以东至河、华,膏壤沃野千里……关中之地,于天下三分之一,而人众不过什三;然量其富,什居其六。"关中财富占天下的6/10,可见多么富饶。东汉史学家班固评价关中:"左据函谷二崤之阻,表以太华终南之山,右界褒斜陇首之险,带以洪河泾渭之川……华实之毛,则九州之上腴焉;防御之阻,则天下之隩区焉。"唐代柳宗元在《封建论》中说:"秦有天下,据天下之雄图,都六合之上游,摄制四海,运于掌握之内,此其所以为得也。"唐代诗人袁朗在《和洗掾登城南坂望京邑》一诗中,赞叹关中形势"二华连陌塞,九陇统金方。奥区称富贵,重险擅雄强。龙飞灞水上,凤集岐山阳。神皋多瑞迹,列代有兴王。"可见其美丽富饶。

第二节 秦岭横亘 森林茂密

秦岭是横亘在我国中部的一个大山系,它的"身板"西起青海省的西倾山,中经陇南、陕西,到鄂豫皖间的大别山及蚌埠附近的张八岭终止,总长1500千米。山体庞大,巍峨雄壮,形成一个巨大的屏障,阻挡了北方寒冷气流的南侵和东南季风的北上,形成了秦岭南北气候、土壤植被和动物区系的差异,成为我国南北的天然分界线,是扼控我国南北气候的最大"挡风墙",也是我国长江和黄河的分水岭。

东西绵延的秦岭,主要地段和高峰在陕西,界于渭河与汉水之间,东西长400~500千米,南北宽120~180千米,山地面积5.2平方千米,约占陕西省总面积的1/4。平均海拔1000米以上,但大多属2000米左右的中山区,2500米以上的高山险峰有老牛山(2554米)、终南山(2604米)、草链岭(2645米)、首阳山(2719米)、牛背山(2802米)、太白山(3767米)等。

秦岭在陕西境内的山系分布情况是在太白山以西分为三支,北支南岐山,中支凤岭,南支紫柏山,海拔均在2000米以上。太白山以南又有"九岭",自南而北依次为马道岭、牛岭、兴隆岭、财神岭、秦岭梁、父子岭、卡峰梁、老君岭、青杠岭。太白山以东的商洛地区境内有蟒岭、流岭、鹘岭、新开岭等,其海拔多在1500米以下,比西段秦岭低。

秦岭山体岩石主要有花岗岩、片麻岩(如太白山、华山、蟒岭等)、片岩、石英岩以及碳酸岩类岩石（如草凉驿至凤县和丹凤以南山岭的大理岩,凤岭、紫柏山、镇安一带的石灰岩）。

秦岭作为古代长安建都的重要因素和有利条件,有以下几个方面的原因。

一、秦岭是长安建都的军事战略保障

"关梁者,社稷之宝矣",古代是以刀枪剑戟为武器作战的冷兵器时代,西安作为首都,东有黄河之险,南有秦岭作为屏障,秦岭高大雄伟,山高坡陡,交通困难,关隘很多,有武关、蓝关、斜峪关、大散关等关口。一夫当关,万夫莫敌,易守难攻,军事战略位置十分重要。战国时秦昭襄王凭借栈道千里,以通蜀汉,克服秦岭的阻隔,派大将司马错三次伐蜀,取得了胜利。楚汉相争,刘邦在汉中拜韩信为大将,以"明修栈道,暗度陈仓"的战略,进入关中,最终打败了项羽。三国时诸葛亮六出祁山伐魏,通过褒斜道大军由汉中到达关中,由于交通运输困难,补给不足,最终兵败岐山县的五丈原。唐代安史之乱,安禄山大战潼关,最终破关入秦,攻陷长安。宋代名将吴阶、吴璘镇守大散关,凭借天险,于南宋绍兴元年(1131年)大战元兵,金帅金兀术险些丧命。

二、秦岭森林茂密是林果药材等的生产基地

秦岭林木茂密,森林覆盖率达到70%,在古代更是高于现在,且多是原始森林。秦岭主峰太白山,海拔高3767米,从山脚到山顶,生长着亚热带、暖温带、温带、寒温带的植物。纵览全山,可以看到从我国秦岭南麓到俄罗斯西伯利亚的大部分森林植物,是植物的王国。这里共有种子植物121科628属,约1550种,占全国种子植物总种数的6.3%。盛产木材、药材、竹材、生漆、桐油、茶叶、猕猴桃等大宗林特产品,以及天麻、当归、川芎、大黄、柴胡、黄芪、贝母、灵芝草、手掌参、麝香、熊胆等数以百计的珍贵药材,成为从古到今的林特生产基地,保证了古都西安皇家和臣民的生活给养。唐代

长安城人口超过100万,烧火做饭除少量用煤外,主要靠南山薪材。白居易《卖炭翁》中有"伐薪烧炭南山中"的诗句。唐王朝为了运输南山木材和药材,于天宝元年(742年)专门从南山到长安修了一条小运河,分滈水由含光门入城,至西市东街注水为潭,以水运木材、药材供应市中。

秦岭还是动物的乐园,有各种动物560种,尤以大熊猫、金丝猴、羚牛、朱鹮最为珍贵,被称为"秦岭四宝",另外还有金钱豹、狗熊、大鲵、锦鸡等珍贵动物,成为古代帝王天然的狩猎场。

三、秦岭是关中的水源涵养地

秦岭北麓是关中的水源涵养地,是关中城乡水源地和水产养殖基地。秦岭北麓直接入渭河的南山支流有150余条,自东向西主要河流有潼关的潼峪河,华阴的柳叶河、罗夫河、葱峪河,华县的罗纹河、石堤河、遇仙河,临渭区的沈河,临潼区的零河、戏河,西安市内的灞河、浐河、沣河,户县的涝河,周至的黑河、清水河,眉县的石头河,宝鸡的磻溪河,渭滨区的清姜河等。

古代秦岭森林茂密,涵养水源。古代山上的森林使终南山支流水量充盈,各朝遂大兴灌溉渔舟之利和漕运之便,解决了城乡供水之难,使关中成为天府之国。秦汉时利用泾河建成了郑国渠和白渠,西汉时以渭水为源兴建著名的成国渠,周至县兴建了灵轵渠,唐代兴建了三白渠。民国时期李仪祉建成了梅惠(石头河)、黑惠、涝惠、沣惠渠等,号称"关中八惠",灌地360万亩。新中国成立后又建成石头河水库灌区,周至田惠渠、井泉渠,户县太平渠,长安幸福渠、少陵渠,蓝田辋灞渠,渭南沈河灌区等,促进了农业生产的发展。其中西安市共建成水地346.4万亩,农田水利的发展使全市3/4的农田实现了水利标准化,粮食总产量由新中国成立初的4.56亿公斤上升到现在的20亿公斤,增产近4倍。

在城市供水上,西汉时以沣河支流为水源开辟了昆明池,解决了长安城供水。唐代宇文恺开辟了龙首渠、永安渠、清明渠,解决了长安城百万人口的生活、作坊和园林等的用水问题。新中国成立后建成石头河和黑河水库,解决了西安水荒,日供水量达到160万立方米。

古代终南山支流丰富的水源,使关中平原湖塘遍布,促进了渔业的发展。西周丰京灵沼开了中国人工养鱼的发端,汉唐关中渔业盛极一时。新中国成立后关中渔业迅速崛起,西安市水产养殖面积达3.4万亩,年产鱼突破万吨大关,缓解了西安吃鱼难的问题,同时促进了垂钓观光事业的发展。

四、秦岭森林是古都长安的造氧机和空气净化器

森林不仅能保持水土,涵养水源,而且有水汽蒸腾、增加雨量、湿润空气的环保功能。更重要的是森林中的林木,通过光合作用,净化空气,每公顷的树木每年可产生氧气12吨,可吸收二氧化碳16吨,可以吸收二氧化硫3000吨,滞留尘埃0.9吨,蓄水1500立方米,蒸腾水分4500~7500吨,成片的森林可以调节气温,使空气冬暖夏凉,夏季气温比空旷地低3~5℃,冬季气温可高2~4℃,还可削减噪音26~43分贝,削减风速40%~60%,使空气中的含菌量减少29%~65%,使居住环境得到极大改善,发挥着强大的身体保健作用,使人类延年益寿。唐代大医学家孙思邈曾长期居住在秦岭,活了100多岁。西安市现存秦岭森林面积5235.7平方千米,古代秦岭森林覆盖面积约为4712平方千米,这些森林每年可产氧气564400万吨,可吸收二氧化碳达7539200万吨,可以想象古代西安空气之好。

五、秦岭是关中矿产开发和沙石建材基地

秦岭物华天宝,矿产资源丰富,有色金属有金、银、铜、铁、钛、钼、铅、锌、铌、钽、锶、钨等20余种,非有色金属矿有硫、磷、石墨、蛭石、滑石、水晶石、大理石、花岗岩、白云母、石英石、石灰石等,是关中矿业生产基地和建材工业原料基地。

如今渭南市所属潼关、华阴、华县金矿储量和产量居陕西之首,年产黄

金12万两,在全国产金地市中名列第四位。潼关现有黄金选矿石场28个,采矿队100个,2万人从事黄金生产,年产黄金10万两,居全国第三位。华县秦岭钼矿储量87.6万吨,建有金堆城钼业公司,形成1.5万人的矿山城镇,成为我国目前最大的钼业采、选、冶基地。宝鸡市所属太白、凤县铅锌储量500万吨,居全国第三位。太白县也是产金大县,年产黄金4万两。宝鸡市钛矿源丰富,建成了中国最大的钛业生产基地。所有这些都促进了关中工业的发展和繁荣,为地方增加了可观的财税收入。

秦岭北麓从古到今是陕西最大的建材原料工业基地,为城市、交通、能源、水利等建设提供了充足的建材,如水泥、板材、沙石等,促进了建筑材料工业的崛起。

六、秦岭是中国南北气候的分界线

秦岭位置居中,高山连绵,阻碍着我国冬夏季风的南北流通。冬季,它挡住了西北风的南下,使南方少受寒潮冷气的侵袭;夏季,它又截断了东南季风的北上,使水汽很难到达西北内陆,这样北方就变得干燥。这点古人早有记载,伟大的文学家、史学家司马迁在《史记》中就曾说过:"秦岭天下大阻也"。因此,秦岭一直是我国南北重要的地理分界线,秦岭南北也呈现出截然不同的自然景观特点,尤以陕西的汉中和关中差别最为明显。

汉中地属亚热带,气候温暖,雨量充沛,空气湿润,到处青山苍翠,水清见底,既有四季常绿的棕榈、杉木、乌桕、油茶,又有汁浓味美的南方水果枇杷、柑橘;汉江两岸更是美丽富饶的鱼米之乡。每到阳春三月,禾苗青青菜花香,鹅鸭嬉戏在池塘,到处是一派生机勃勃的江南景象。宋代的邵雍在他作的一首物候诗《南秦早梅》中曾这样描绘秦岭南麓的景色,诗曰:"梅覆深溪水绕山,梅花烂漫水潺潺。南秦地暖花开早,比至春初已数翻。"

然而一山之隔的关中却是另一个世界。这里属暖温带半湿润气候,虽然常年气候温和,但夏日酷热,冬季寒冷。树木以杨、槐、楸、桐、榆等落叶乔木为主，水果主产桃、杏、苹果等北方品种。每当春暖花开之际，八百里秦川上，杨柳依依麦苗绿，菜花飘香遍地黄，一到寒冬腊月，则是北风呼啸，雪花飘飘，到处一片银装素裹的北国风光。

七、秦岭是古代帝王行宫和温泉疗养基地

终南山特指秦岭山脉的中段，"西起秦、陇，东彻蓝田，凡雍、岐、郿、户、长安、万年，相去八百里"，终南山是秦岭的精华所在，生态环境良好，属京畿之地，山水奇异，风光秀丽，且多温泉，是历代帝王兴建离宫别馆之地。秦代兴建阿房宫覆压300余里，延至秦岭，汉代在南山兴建了太乙宫，隋代兴建了凤泉宫、仙游宫、宜寿宫、甘泉宫、太平宫，唐代兴建了著名的华清宫、太和宫（翠微宫）、万泉宫等。

不但皇家在此兴建离宫别馆，朝中权臣也争先在秦岭山中兴建别墅，唐代尚书右丞、诗人、画家王维在蓝田县辋川兴建别墅，这里秀峰林立、松柏竞翠，清泉石流，竹洲花坞，环境优雅，景色天然，附近有文杏馆、华子岗、白石滩等多处景点，王维晚年在此隐居，吟诗作画，留下了《辋川图》和《辋川十二咏》等诗画作品。唐代兵部尚书韦嗣立，便在骊山鹦鹉谷，建造了"逍遥公别业"，可见秦岭是世间最美的宜居之地。唐代的卢藏用，想入朝做官，便隐居终南山，后来果然入朝为官，这便是"终南捷径"典故的来历。商朝的姜子牙也在宝鸡的磻溪隐居，后来周王访贤时被赏识，成为西周的丞相。秦岭北麓一线，温泉资源丰富，著名的有骊山温泉、眉县的凤凰泉（称西汤峪）和蓝田县的汤峪温泉（称东汤峪）。骊山温泉最早发现于西周，秦代已很有名，唐代贞观年间，唐太宗在此兴建汤泉宫，天宝年间唐玄宗大肆扩建，改称华清宫，李隆基和杨贵妃在此演绎了浪漫的爱情故事，诗人白居易有"春寒赐浴华清池，温泉水滑洗凝脂"的描述。隋文帝杨坚在眉县西汤峪兴建"凤泉宫"，在此与嫔妃臣僚沐浴。这些宝贵的温泉资源，让秦岭成为疗养沐浴、休闲观光的旅游胜地。

第三节　八水环绕　水源充沛

世界文明古国巴比伦发祥于底格里斯河和幼发拉底河,埃及发祥于尼罗河,印度发祥于恒河,中国发祥于黄河。这些河流孕育了巴格达、开罗、长安等世界名城,开创了人类文明。周秦汉唐鼎盛时期创造了中国古代的文明辉煌,这得益于政治、经济中心地处渭河流域。八水绕长安,为京畿地区提供了充沛的水源,保证了京畿农田灌溉用水、京城居民用水、官苑园林用水和运河运输以及水产养殖。

西安周围有八条河流,西汉时司马相如作《上林赋》称:"终始灞浐,出入泾渭,酆、镐、潦、潏,纡余委蛇,经营乎其内,荡荡乎八川分流,相背而异态。"后人由此引申出"八水绕长安"一词,清代所修《西安府志》也有"长安之地,潏、滈经其南,泾、渭流其后,灞、浐界其左,沣、潦(即涝河)合其右"的记载。泾、渭、浐、灞、沣、滈、涝、潏八条河流,除泾、渭发源于宁夏和甘肃外,其余六水皆发源于森林茂密的秦岭,水量充沛,为孕育古都创造了得天独厚的条件。

泾河:渭河最大的支流,发源于宁夏泾源县老龙潭,流经甘肃,在陕西长武县入境,在泾阳县张家山出峡谷,进入关中平原,于高陵区陈家滩汇入渭河。流域面积 45421 平方千米,干流长 455 千米。陕西境内面积 9246 平方千米,干流长 272 千米。年平均径流量为 21.4 亿立方米,陕西境内径流量为 4.27 亿立方米。泾河是世界上水土流失最严重的河流,年输沙量达 3 亿吨,占黄河总输沙量 16 亿吨的 18.7%,故有"泾水一石,其泥数斗"之说。引泾灌溉,从秦代的郑国渠到现代的泾惠渠,都是世界著名的农田水利工程。泾惠渠现灌地 145 万亩,其中灌溉西安所属高陵、临潼、阎良三区 63 万亩农田。国家筹划在礼泉县兴建泾河东庄水库,灌溉发电,又是将来西安、咸阳重要的城市供水水源。泾河流域高陵区陈家滩泾渭分明的景观、泾阳县郑国渠遗址和崇文塔、三原县的城隍庙、礼泉县的昭陵、彬县的大佛寺等,都是西安周边的旅游热点。

渭河:渭河是黄河最大的一级支流,发源于甘肃省渭源县鸟鼠山,在宝鸡市入陕境,横贯八百里秦川,至潼关东入黄河。流域面积13.48万平方千米,干流长818千米。在陕境内面积69948平方千米,干流长502千米。纳入泸河后年平均径流量74.9亿立方米,最大的时候为111.7亿立方米,省内年平均径流量为49亿立方米,年输沙量1.69亿吨(不含泾河)。渭河流域物华天宝,人杰地灵,周秦隋唐开国帝王都生于渭河两岸:周武王(武功—岐山)、秦始皇(甘肃陇东—凤翔)、隋文帝(华阴)、唐高祖(甘肃秦安—长安)。他们以雄才大略造就了四朝雄风。境内文物古迹驰名天下,炎帝陵、钓鱼台、周公庙、法门寺、茂陵、楼观台、兵马俑、华岳庙等游人如织。沿渭河形成宝鸡、杨凌、咸阳、西安、渭南、华阴等城市链,是关中工业、科技带和粮棉油基地,也是西安东西两线旅游区。渭河在西安市流经六个区县,干流长141千米,与西安的建设发展息息相关。

泸河:泸河是灞河最大的支流,发源于蓝田县西南秦岭山中,始称汤峪河,与东边的岱峪河汇合后称泸河,在长安区鸣犊镇与库峪河交汇后形成干流,北流15千米后进入西安市郊灞桥区,在高桥镇接纳荆峪河,北流经纺织城在广太庙附近注入灞河。泸河流域面积753平方千米,干流长70千米。年平均径流量2.08亿立方米。泸河名胜有汤峪温泉、半坡遗址,是西安的旅游热点。

灞河:灞河是渭河的一级支流,发源于蓝田县东北箭峪岭南麓的九道沟,称道沟峪,在玉山镇接纳清峪、流峪等支流后,始称灞河。在蓝田县城南关与辋川河汇合,再沿白鹿原北流,纳白马河、白牛河等,于毛西附近进入平原,在市郊太庙附近与泸河相会,北行于兰家庄注入渭河。流域面积2581平方千米,干流长104.1千米,纳入泸河后年平均径流量7.4亿立方米,年输沙量278万吨。灞河山区景色秀丽,以辋川最为著名,山光水色,茂林修竹,唐代诗人王维在此建有别墅。东郊灞河两岸,垂柳依依,"灞柳风雪"为"关中八景"之一,折枝送别成为古代长安民俗。此外,还有蓝田猿人遗址、古蓝桥、水陆庵、蔡文姬墓、蓝田溶洞、汉文帝霸陵等。灞河原称滋水。秦穆公为春秋五霸之一,为显霸功,将滋水改为灞水。在古代,浐、灞二水各成水系,直接入渭,故分别相称。后来两流合一,统称灞河水系。

沣河:沣河发源于长安秦岭北坡喂子坪乡鸡窝子,始称沣峪,中纳高冠峪,西纳太平峪,三峪出山后在户县秦渡镇以北的西留堡与张堡村相继汇成沣河干流,再在秦渡镇南门口东边接纳浟河(由潏河、滈河汇流),北流至咸阳鱼王村汇入渭河。流域面积1460平方千米,干流长82千米。年平均径流量2.58亿立方米,年输沙量9万吨。民国时建成沣惠渠,为"关中八惠"之一,新中国成立后扩建改善,灌地21万亩。沣河以周代兴建丰、镐二京驰名天下,境内有大坝沟、子午关、太平峪、草堂寺、高冠瀑布、丰镐遗址、古灵沼遗址、西周车马坑等名胜古迹,其中"草堂烟雾"为"关中八景"之一。

滈河:滈河发源于长安区秦岭北麓,始称石砭峪,古代也称福水、御宿川,直接流入渭河,自成水系。后来经过改道变迁汇入潏河。流域面积278平方千米,干流长46千米,年平均径流量0.95亿立方米,是八水中最小的河流。

涝河:涝河为渭河一级支流,古称潦水,中穿户县全境。上游分两支,东涝峪发源于静峪垴,西涝峪发源于秦岭梁,两支流交汇于塔庙出山,进入平原,先后接纳栗峪、甘峪,在涝店北改建为人工河道,最后至保安滩汇入渭河。流域面积663平方千米,山区平原各占一半,干流长82千米,年平均径流量1.79亿立方米,最大为3.55亿立方米。涝河最大的特点是重力侵蚀严重,每当山洪暴发,沙石俱下,在出山口至瑶西段,巨石和卵石群立,枯水时在石缝中潜流,形成天桥,河床最宽达9千米。民国时建成涝惠渠,灌地0.96万亩,为"关中八惠"之一,新中国成立后扩建,井渠双保险,灌地2.4万亩。

潏河:古称沇水、高都水,发源于秦岭光头山,始称大峪,北流至大峪口出山,向西北方向流至关家村附近,接纳小峪河、太峪河进入樊川称潏河。再汇入浐河后入渭;后来在长安瓜洲村进行人工改道,绕神禾在香积寺与滈河汇合,称洨水,洨水流至秦渡镇汇入沣河。流域面积687平方千米,干流长64千米,年平均径流量2亿立方米。境内有终南山、翠华山、太乙宫、五台山、香积寺等名胜。

上述八条河流水文资料,是新中国成立后多年实测资料,其河流流量远远小于古代的流量。例如灞河古代流量很大,可行大舟,水上运输发达,近几年考古发现木船的残骸可以证明当时水运之发达。唐代连灞河的支流蓝田县的辋川都可通航,王维住在辋川,有"莲动下渔舟"的诗句,可见流量之大。

第四节　气候温和　四季分明

一、古代西安的气候

"天时地利人和"是中国人生存、生活的三大有利条件,说明古人对天时的重视。天时是指气候气象,包括气温、湿度、光照、风雨雷电、冰雪、霜冻、风尘沙暴、台风日灼等,与人类生活息息相关。西安之所以成为千古帝都,与良好的气候条件密切相关。

古代科技水平有限,缺乏科学的监测手段和准确的文字记载,如今人只能通过文献典籍、物候观测、考古挖掘、林木年轮、孢粉分析、黄土地层和沉积物进行研究探索,探究西安古代的气候。陕西师范大学朱士光教授等人研究了关中历史时期的气候变化,认为西周干冷,战国至西汉暖润,隋唐时期暖润。

西周初年全球气温明显降低。竺可桢在《中国五千年来气候变迁初步研究》一文中说西周时期气候比较寒冷,他列举了《诗经·豳风·七月》一诗中的"八月剥枣,十月获稻"说明豳地(今陕西彬县)之物候,晚于中原等地,说明气候比较寒冷。到了春秋时期,关中气候变暖。《诗经·秦风·车邻》一诗中,说关中"阪有漆,隰有栗",《诗经·秦风·终南》一诗有"终南何有？有条有梅"，漆和梅都是亚热带的乔木，足见关中气候的温暖。20世纪80年代在泾阳县高家堡发掘的戈国之墓中，一个大鼎中贮有34颗核，可作为佐证。到战国时期关中气候也很温暖。吕不韦的《吕氏春秋》卷二载："仲春之月……桃李华……玄鸟至"，说明当时关中桃李花开，与玄鸟（燕子）始见之时比较早。根据《史记》记载，战国时关中出现过"桃李东华"等暖冬现象，这也是气候偏暖的迹象。

西汉时期《史记·货殖列传》中有"渭川千亩竹"的记载，《汉书·地理志》中记述关中"有雩、杜竹林、南山檀柘"，说明气候温暖，年平均气温比现在高1~2℃，年降水量也多于现代。气候温暖湿润，适宜万物生长，生态环境良好，适宜人居。

隋唐时代，西安建都共328年，这时气候也是温暖湿润。隋代享国38年，关中地区仅在隋文帝开皇二十年（600年）有"十一月……京师大风雪"的记载。这显然较曹魏、西晋、十六国、北朝时期大霜酷寒之气候要暖和。唐继隋后，历时290年，且是我国历史上继西汉之后又一个强盛的王朝。因关中为王畿所在，所以关于这一地区之气候状况史籍上记载较详细。据《旧唐书》及《新唐书》中"帝纪"与"五行志"之记载，唐代关中地区冬无冰雪竟达16个年份，这在我国历史上各王朝中是绝无仅有的。这表明唐代气候是偏暖的。结合唐长安城内外仍长有梅树，皇宫中种有柑橘并能结果的事实看，当时气温要高于现在。

唐代气候较为暖热还可从考古资料中得到印证。从发掘出土的唐代各种人物俑和墓室壁画中可以发现，当时不论男女老幼衣着均比较单薄，特别是仕女，袒胸露背，蝉衣轻盈，而以后宋、元、明时的人物俑，大多以身着棉袍厚衣为主。同时唐代帝王贵族常往山区之九成宫、玉华宫、翠微宫、华清宫等离宫别馆避暑，京城官员也每在盛暑之日获准放假，不用上朝。这些生活习俗，也都从侧面反映了当时关中之气候状况。

总之，古代西安，除西周时期比较寒冷外，在春秋战国之后，秦汉隋唐气候都比现在温暖湿润，适宜万物生长，这促进了关中农业、畜牧、林果业的发展，促进了农业经济的繁荣，使关中富饶甲天下。这也是千年古都永盛不衰、国泰民安的一个有利的生态条件。

气候条件的变化与农时节令息息相关,聪明的古代人,根据太阳在黄道上的位置(黄经),将全年划分为40个节气。到秦汉时二十四节气已完全确立,二十四节气的制定是以渭河关中地区和黄河流域气候为特点制定,在我国东北和长江以南就不太适合。二十四节气,春季有立春、雨水、惊蛰、春分、清明、谷雨,夏季有立夏、小满、芒种、夏至、小暑、大暑,秋季有立秋、处暑、白露、秋分、寒露、霜降,冬季有立冬、小雪、大雪、冬至、小寒、大寒。古代西安四季分明,以二十四节气指导农业生产,如"清明前后,种瓜点豆",就是按节令指导农业生产的谚语。

二、西安的现代气候

经过几千年的历史演变,西安的气候依然温和,四季分明,其气候要素如下:

1. 西安的气温:

西安平均气温6.41~13.4℃,各县略同。大陆性气候在气温上表现特别明显。平均气温由平原向山区递降,海拔每升高100米,降温0.4℃,秦岭山区海拔1700米以上地带,年平均气温8℃以下,周至县双庙年均气温为6.4℃,气温垂直差异显著。

(1)年内月平均气温变幅大:7月平均气温26.6℃,1月平均气温至-1℃,年内平均气温变幅为27.6℃。春秋雨季气温变幅大。春季升温快,2月至3月,月平均气温上升6℃以上;秋季降温更快,10月至11月,月平均气温下降6~8℃。寒潮一次可使气温迅速下降10℃。

(2)气温年际变化大:年平均气温的年际变幅达1.1~1.8℃,西部小于东部,山区小于平原。

(3)极端气温:1934年7月14日西安市城区最高气温达到45.2℃,1955年1月11日冬季最低气温下降至-20.6℃,平常年份不低于-10℃。

(4)无霜期:平原地区无霜年均219~233天。年均始于3月22—31日,终于11月3—12日。无霜期最早开始于2月25—27日,最晚于4月6—26日;结束最早于10月10—27日,最晚于11月30日。无霜期最长一年可达248~261天,最短199~207天,秦岭山区只有150~181天。

(5)热岛效应:西安城区气温比周围郊县高,名为热岛效应。随着城市规模的扩大,人口的增多,建筑物密集度的增强,汽车数量的增加,热岛中心从玉祥门、西门、和平门至长乐路呈元宝状向四周辐射,渐次减弱。城区大于或等于35℃的炎热天已达23天。

2.西安的降水:

(1)一般情况

雨水的来源是太平洋和印度洋的暖湿气流,依靠偏南风和偏东风输送,主要成因是太阳辐射热。

一般情况下降水量随太阳热变化。夏至(6月21日或22日)太阳正射北回归线,热气流控制华北,南北气压平衡,气流稳定,风雨不多。从统计资料看,6月份降雨量反而小于5月份,不利于大秋作物的播种和生长。太阳正射地球的位置南移,冷重气流南侵,在西安形成热冷气流南北交流的局面,7、8、9三个月降水最多,中秋前后是西安的雨季。

当太阳正射南回归线时,冷气流控制北方,冬天的西安多晴、少雨。冬至(12月22日或23日)过后,太阳高度角逐渐增加,到达赤道以后,冷暖气流在西安附近再一次南北交流,在清明前后形成西安的第二个雨季。但因为干冬刚过,北上的湿热空气中水汽微弱,只能下小雨,降水量少。西安年均降水88~105天,市区96.6天。最多年117~156天,最少年71~84天,大致与降水量曲线相吻。

(2)特殊情况:

①降水量的增加和气温的升高成比例,但都有滞后性。春雨偏少,秋雨偏多。降水量3—5月为139.8毫米,6—8月为223.3毫米,9—11月为232.4毫米,12—2月为24.9毫米。降水量最多的季节应在气温最高的夏季,但降雨往往滞后到秋季。这种规律与气温变化情况相似。这种滞后性可能和积热的理论一样,水汽有一个积累的过程。

②降水强度受季节的影响明显。日降水量大于25毫米的大雨日数,7—9月占60%。日降水量大于50毫米的暴雨亦发生在7—9月,局部暴雨还要受地形因素的制约。1963年8月30日蓝田县日暴雨量高达118.12毫米。

③降水受秦岭山地的地形影响极大。终南山的年降水量可达1000毫米以上,向北骤减。市区年降水量为584.9毫米,高陵区只有537.5毫米,临潼区553.3毫米,户县649.5毫米,长安区676.1毫米,周至县674.3毫米,蓝田县749.5毫米。地区偏南,离山越近,雨水越多。

④降水年际变化。西安最少年降水量346~552.8毫米;最多年降水量达671~917.6毫米。一般地说,多水年就丰收,天旱雨涝农业多会歉收。太阳黑子与厄尔尼诺现象,更加剧了灾害性旱涝的频率和严重性。

⑤淫雨。西安市地处汾渭地堑的西部,关中之地四周环山,降水云气常因无风驱动而停下来生成淫雨。超过4天的降水叫连阴雨。秋雨连绵40天以上不为稀罕,也发生过连阴带雨算上可达百日的淫雨。

淫雨成灾,春、夏、秋都有过。农历三月二十八日小麦吐穗扬花时,淫雨造成减产。芒种初夏小麦成熟,连阴雨成灾也常见,而且多半是丰收年。秋雨成灾常影响晚秋作物成熟,棉花霉烂。秋雨连绵再加暴雨还可造成洪灾,1988年因淫雨秋播迟了半个月,但晚玉米却获丰收。

3.西安秦岭山区气候:

影响山区气候的因素,一是海拔高程,二是天然植被,纬度的变化影响甚微。

据西安市地理志资料,秦岭北坡每升高100米,温度降低0.41~0.6℃。秦岭的制高点太白山较平地高出3000多米,所以6月积雪。一般说来,山区冬天长,夏天短。1400米高程以上的山区,几乎没有夏天。

秦岭植被破坏较严重,岩石裸露面积大,气温的大陆性表现明显。昼夜温差大,气温升降迅速,夏夜凝重的冷气向山下急流,下山风对山前台塬和平原的气温有调节作用。

1700米高程以下的山区,年平均气温10~12℃(市区是13.3℃)。1月气温为-7~-5℃(市区-1℃),7月温度为18~22℃(市区26.6摄氏度)。1700米高程以上年平均气温8℃以下,1月温度低于-5℃,7月温度低于18℃。

4.西安的雾霾:

近几年由于西安城规模的增大、高楼林立,加上将近有200万辆汽车污染,燃火等锅炉煤气的排放,以及基建施工带来的扬尘污染,在关中盆地的地貌特征条件下,导致西安、咸阳、宝鸡、渭南等城市 PM2.5 严重超标形成了突发的雾霾灾害。2013 年西安市全年空气优良天数为 138 天,其中优 9 天、良 129 天。其余 227 天皆为污染天,其中中度污染 54 天,重度污染 33 天,严重污染 34 天。

第五节　营造园林　美丽都会

西安是我国古代的政治中心,先后有周秦汉唐等 13 个朝代在此建都,并兴建了我国历史上规模宏大、建筑豪华的群殿宫室,同时也建成了许多著名的皇家囿苑,形成中国古典园林艺术,相接衍替,丰富发展,故长安有"世界园林之母"的称号。

就西安古典园林发展过程而言,萌芽于周代,奠基于秦汉,繁荣于隋唐。西安的古典园林对唐代以后,直至明清产生了深远的影响。

一、西安古代园林建筑的演变

中国古典园林,发展到今天的现代园林,大体上经历了四个阶段的演变,就是从囿—苑囿—宫苑—公园(包括动物园、植物园、遗址公园等),其园林的性质、功能、规模、造园技艺都发生了很大变化。

西安的古典园林,西周称囿,秦汉时成为苑囿,到隋唐时发展为宫苑。古代园林的萌芽,首先是从狩猎开始的,在周代叫囿,以困养野兽进行射猎为主。从奴隶社会到封建社会,射猎是帝王游乐的重要方式。《淮南子·原道训》中说:"强弩弋高鸟,走犬逐狡兔,此其为乐也。"秦末李斯遭赵高陷害,临刑时对儿子说:"吾欲与若复牵黄犬俱出上蔡东门逐狡兔,岂可得乎?"(《史记·李斯列传》)以再不能走犬射猎为最大遗憾。

计成所写《园治》一文中称:"三代苑囿,专门帝王游猎之地,风物多取天然,而人工之役设施盖鲜。"意思说囿的建立,主要功能是保证帝王狩猎,让自然环境保持原生态,没有人工修筑的建筑物。《说文解字》也云:"囿,养禽兽也。"古代圈地为囿,划为禁区,不准百姓打猎,保证猎源,比远郊野外打猎就方便多了。周文王在丰京兴建了灵沼、灵台、灵囿,据《孟子》记载其范围"方七十里",可见其大。

到了秦汉时,不单纯是圈地为囿,猎取囿中的自然猎源,而且增加了放养、笼养珍禽异兽,对动物由过去的单纯捕猎变为捕猎、观赏、游乐(包括斗兽)三个功能。同时栽植花木,构山聚水,兴建宫室。这种把山水、花木、动物、宫室融为一体的园林称为"苑囿",代替了以困养动物和狩猎为主的囿。因此,在《汉制考》中有"古谓之囿,汉家为苑"的记载。

到了隋唐,政治上高度统一,经济繁荣,外交活动频繁,皇家政务繁忙,这就迫切要求把皇室处理朝政、饮食起居、游乐玩赏集中到一起,这样就出现了以宫为主,宫寓于苑,或宫苑分离,而囿的成分很少,称为"宫苑"。这就是西安古典园林发展演变的过程。囿苑和宫苑习惯上多称"禁苑",都是皇家园林,只供统治者享用,平民禁入。唐代中期一些禁苑定期向市民开放,这是一个很大的进步,也就是公园的萌芽。囿苑历经演变,到了近代才成为公园(包括遗址公园、动物园、植物园、水族馆以及游乐场等),普通民众才可游览。

二、西周丰镐二京的园林

在公元前1136年左右,周文王(姬昌)消灭了崇国,把国都由西岐迁到西安沣河以西,建立了丰京。周武王翦灭商纣,统一中国建都镐京,镐京实际上是丰京的扩大。丰镐二京,其范围大体在沣河,西至灵沼河,北至客省庄、张家坡,南到西王村、冯村,总面积约6平方千米。

周文王迁都丰京以后,兴建了宫室园林,称为灵台、灵囿和灵沼。

奴隶社会等级森严,囿的大小也有规定:"天子百里,诸侯四十里。"周文王所建囿，介于二者之间，据《孟子》记载"方七十里"。为什么称灵囿？《陕西通志》载："灵者，言文王有灵德。灵囿，言道行于苑囿也。"灵囿、灵沼和灵台就是周文王的游乐场所。《诗经·大雅》中有如下的记载："经始灵台，经之营之。庶民攻之，不日成之。经始勿亟，庶民子来。王在灵囿，麀鹿攸伏。麀鹿濯濯，白鸟翯翯。王在灵沼，于牣鱼跃。"灵台、灵囿、灵沼在什么地方呢？据程大昌《雍录》记载："《长安志》曰：'在鄠县，灵台、灵沼、灵囿皆属其地也。台、沼、囿，诗人皆赏颂其美矣，而不载其制，今无可考，独灵台遗址至贞观尚在'，故魏王泰《括地志》曰：'辟雍灵沼今悉无复处，惟灵台孤立，高二丈，周围一百二十步也'。"今鄠县秦渡镇以北2里处的平等寺有一土台，相传为周文王的灵台。今长安区海子村与鄠县秦渡镇北的董村附近有一洼地，传为灵沼遗址。灵囿理应也在秦渡镇附近，其范围大，现在很难考究。周文王修建了灵台，可以登高望远；修了灵囿，养有母鹿、公鹿、白鸟；在灵沼养鱼，享受"台、池、鸟、兽"之乐，可以在囿内进行游乐性的狩猎，比当时庶民在荒野山林攫取野生动物的生产性狩猎就方便得多了。

周代灵囿的管理有专门的人员，称"囿人"。根据《周礼·地官》记载，囿人的职责是"掌囿游之兽禁""牧百兽""祭祀、丧纪、宾客，供其生兽死兽之物"。意思是经营管理好野兽，除天子狩猎外，还要为祭奠仙、祖和宴请宾客提供猎品。这也是我国最早专门从事公园管理和动物饲养的人员，后来还出现斗兽的勇士，相当于今天的斗牛士和马戏滑稽演员。灵囿很大，林木葱茂，生息繁衍着飞禽走兽，是狩猎游乐场所。灵台和灵沼建在灵囿之中，形成了一个整体园林。灵沼、灵囿是我国在3000年前所建的最早的动物园。

到了周武王时，他十分喜爱珍禽异兽，建都镐京后，武王建造了一个巨大的动物园——智牲园，饲养了老虎、犀牛和各种鸟类、鱼类等动物，被誉为中国最早的动物收藏家。

灵囿、灵沼和智牲园，创造了中国园林和水景园林之最：①灵囿和灵沼是中国和世界上第一个人工建设的动物园，是中华民族的骄傲。国外最早的动物园是奥地利维也纳城的申布隆动物园，该园是弗郎索瓦皇帝一世为玛丽娅·塞莱于1752年兴建的观赏性动物园，比西周的动物园晚了2000

多年。②灵沼是我国最早开挖的人工湖泊。灵沼附近有灵台,可以登高望远,灵沼的周围有花木相映,形成了中国最早的人工水景园林。③灵沼是中国最早的人工养鱼池。人类在原始社会的食物来源,主要靠狩猎、捕鱼和采集野果而生活,进而才有了畜牧业,进入农耕时代。人类从江河湖海捕捞水产品,到人工开挖鱼池养鱼,是中国古代养鱼的发端,是渔业生产的一大进步。

西周的囿是中国园林的发端,到秦汉发展成苑囿,到隋唐形成宫苑,所以西周的囿在中国园林史上具有开创先河的意义。

三、秦代的园林

秦代的园林就是处于囿到苑囿变化的过渡时代。秦始皇崇尚山水,在秦代皇家园林中,水景园林比重很大,推动了中国古代园林的进步和发展。

秦代苑囿规模宏大,数量众多,遍布关中。秦代的苑囿主要有上林苑、宜春苑、骊山苑、梁山苑、兔园等,其中不少苑囿水景园林占有很大的比重。

上林苑:其范围大概东起曲江池,南至终南山,西到沣水,北界渭河,面积很大。苑内除有渭河、沣河、滈河等天然河流景观外,在苑内开挖有许多人工湖泊。①牛首池。《长安志》载:"秦王上林苑有牛首池,在苑西头"。《史记·司马相如传》集解载:"牛首,池名,在上林苑西头。"《括地志》载牛首池:"在雍州长安县西北三十八里。"其位置大体在今阿房宫遗址西北。②镐池。《三辅黄图》载:"镐池,在昆明池北,即周之故都也。《庙记》曰:'长安城西有镐池,在昆明池北,周匝二十二里,溉地三十三顷。'《史记》曰:'秦始皇帝三十六年(公元前211年),使者从关东夜至华阴平舒道。有人持璧遮使者曰:为吾遗镐池君。'"镐池周长达22里,可见水面之宽阔,故址在汉昆明池北,乡人俗称小昆明池。③樊川池。《三辅黄图》载:"络樊川为池。"樊川就是今长安区滈河两岸的川道平原,引水为池。秦代上林苑内的这些湖池,丰富了苑内水上景观,也为飞禽走兽提供了饮水水源和栖息之地,便于皇家狩猎游乐。上林苑中兴建有虎圈和射熊馆、长杨宫、长杨榭等建筑,呈现了苑与宫结合的逐渐转变。在上林苑中已有人工栽植花木,司马相如在《上林赋》中有"吐芳扬烈,郁郁菲菲,众香发越"的描述,可见上林苑遍地花草,浓香遍野,花繁似锦的盛况了。

兰池宫:秦代除苑囿水景园林外,还兴建了许多宫殿,以水取胜。最著名的是兰池宫。秦始皇引水为池,临池建宫,为水景园林。《史记·秦始皇本纪》载秦始皇三十一年(公元前216年),"始皇为微行咸阳,与武士四人俱,夜出逢盗兰池"。《三秦记》载:"始皇引渭水为长池,东西二百里,南北二十里,刻石为鲸,长二百丈。"又据《元和郡县志》记载,兰池在咸阳东25里,可能在今咸阳市东北杨家湾附近。兰池水面宽广,长达200里,烟波浩渺,池中构筑假山为蓬莱仙岛,雕刻鲸鱼石,临池兴建宫阁,山水相依,宫室相映,草木争辉,为秦代著名的离宫别馆。

骊山苑:临潼的骊山不仅风景秀丽,更有温泉之水,秦国诸王和秦始皇尤为重视,故在此兴建骊山苑、骊山汤,经常来此沐浴、游玩和狩猎。《三辅黄图》载:"阿房宫,亦曰阿城,惠文王造,宫未成而亡,始皇广其宫,规恢三百余里,离宫别馆,弥山跨谷,辇道相属,阁道通骊山八十余里。"改革开放后发掘华清宫遗址时,在唐文化层以下,发现秦代骊山汤的板瓦、瓦筒、方砖、檩条等,同时发现秦代五角形水道,直径0.3米圆形绳纹水管等,为秦代骊山苑、骊山汤的存在提供了证据。

秦代的苑囿数量众多、规模宏大,尽管如此,秦始皇还不满足,嫌苑囿太小。秦代艺人优旃,是个侏儒,个子虽然矮小,但生性滑稽,善于谈笑,又敢大胆讽谏,名噪一时,司马迁在《史记》专门为他立传。"始皇尝议欲大苑囿,东至函谷关,西至雍、陈仓。优旃曰:'善,多纵禽兽于其中,寇从东方来,令麋鹿触之足矣'始皇故辍止。"(《史记·滑稽列传》)秦始皇要把苑囿扩大到东至今河南省灵宝市的函谷关,西到今天的宝鸡市。优旃说那好呀,等东方各国进攻秦国的时候,就让麋鹿用角抵抗敌人去吧!秦始皇醒悟,停止了这一动议。

秦代苑囿园林的特点:一是博采广收,兼容并包。每消灭一国,就仿建其宫室园林,集六国宫殿于咸阳北阪之上。二是规模宏大。从咸阳北向渭河以南扩展,"渭水贯都,以象天汉",把渭河纳入城中,并修建了横桥以及兰池宫,显山水之灵气,构筑宫室园林,集六国之精华。宫苑相济,规模宏大,把建筑与园林融为一体,相得益彰。《历代宅京记》载:"咸阳北至九嵕山、甘泉,南至户、杜,东至河(黄河),西至汧、渭之交。东西八百里,南北四百里,离宫别馆,弥山跨谷,辇道相属。木衣锦绣,土被朱紫。宫人不移,乐不改悬,穷年忘归,犹不能遍。"唐代诗人杜牧在《阿房宫赋》中有"六王毕,四海一。蜀山兀,阿房出。覆压三百余里,隔离天日,骊山北构而西折,直走咸阳"的描述。三是构思精巧,设计精良。秦代宫廷园林,注意融合山水,配置花木,建筑构造,形式多样,大气磅礴,殿宇高耸,回廊曲绕,亭台点缀,冷暖可调,风景如画,令人神往,也为汉代苑囿在秦代基础上发展壮大奠定了基础。

四、汉代的园林

秦亡汉兴,刘邦立国,吸取秦代亡国的教训,治国兴邦,颇有建树。接着文帝、景帝继位,开创了"文景之治",国力强盛。汉武帝在景帝之后登位,文武兼备,使西汉进入了最强盛的时期。但汉武帝安富尊荣,生活奢侈,加上他贪生怕死,迷信方士,仿效秦始皇寻求长生不老之药,大肆兴建宫苑园林,苑囿建设比秦代有过之而无不及,达到了一代巅峰。综观汉代的园林,还是处于苑囿阶段,但宫苑的成分和比例增大,呈现出由苑囿向宫苑过渡的趋势。其中水景园林大放光彩,使宫室苑囿更为壮观,造园技艺明显提高。

西汉长安的苑囿有上林苑、甘泉苑、御宿苑、思贤苑、博望苑、西郊苑、乐游苑、黄山苑、昭祥苑、三十六苑等。除过苑囿中的水景园林外,在未央宫、长乐宫、建章宫等著名的皇宫,还增加水上景观。

上林苑:西汉皇家最大的园林建筑,也是世界上当时最大的皇家园林和动植物园,是汉武帝时代将秦代上林苑增扩而成。扩建时受到大臣东方朔的强烈反对。《陕西通志》记载,东方朔进谏曰:"夫南山之阻,陆海之地也。山出玉石、金、银、铜、铁,豫章檀柘,异类之物不可胜原,此百工所取给,万民所仰足也。又有秔、稻、梨、栗、桑、麻、竹箭之饶,土宜姜、芋,水多鼃鱼,贫者得以人给家足,无饥寒,故丰、镐,之间号为土膏,其价晦一金。

今规以为苑,绝陂池水泽之利,而取民膏腴之地,上乏国用,下夺农桑,其不可一也;且盛荆棘之林,大虎狼之墟,坏人冢墓,发人室庐,其不可二也;垣而囿之,骑驰车骛,有深沟大渠,夫一日之乐,不足以危无堤之舆,其不可三也。且殷作九市之宫而诸侯畔,灵王起章华之台,而楚民散,秦兴阿房之殿,天下乱。粪土愚臣,逆盛意,犯隆罪,当万死。"上乃拜朔为太中大夫给事中,赐黄金百斤,然遂起上林苑。汉武帝对东方朔冒死谏议废修上林苑一事置若罔闻,我行我素。汉王朝最终还是置百姓万民于不顾,为了皇帝一人之乐,将方圆几百里的范围"垣而固之",使百姓不能擅入其内,躬耕陇亩,衣食之源遂绝。

西汉上林苑,规模宏大。《汉书》云:"武帝建元三年(公元前138年)开上林苑,东南至蓝田宜春、鼎湖、御宿、昆吾,旁南山而西,至长杨、五柞,北绕黄山,濒渭水而东。周袤三百里,离宫七十所,皆容千乘万骑。"《汉宫殿疏》云:"方三百四十里。"其范围东起蓝田,西到周至,南依秦岭,北濒渭水。上林苑有离宫七十,苑三十六,台观三十五,池十,包罗万象。《三辅黄图》载:"上林苑有初池、糜池、牛首池、蒯池、积草池、东陂池、西陂池、当路池、大一池、郎池。"可见人工湖泊之多。《初学记》卷七记载"汉上林有池十五所",除了上述十池外,还有承露池、昆台池、戟子池、龙池和鱼池。这些池湖周围广植花草树木,兴建殿阁亭榭,与碧水清波相映生辉,把汉家宫阙点缀得艳丽多彩,满目锦绣。各池景色千姿百态,各有特色,例如鱼池可以观鱼和钓鱼;蒯池滩岸,盛产蒯草,可以织席;积草池中有南越王赵佗进献的珊瑚树一棵,称为烽火树,树高一丈二尺,一本三柯,上有462个枝条,夜晚随着灯的变换,五光十色,引人入胜。上林苑中除种草池以外,还有昆池观、郎池观、鼎池观、白渠观等。

这些皇宫御苑,专供皇帝和嫔妃居住游乐。辟有为皇帝演奏乐舞的宣曲宫,为皇帝玩乐的鱼鸟观、走马观、犬台观。还有为太子及接待贵宾的博望苑、思贤观等。

上林苑内广植花木,"群臣远方献名果异木三千多种",形成一个庞大的植物园,堪称当时世界之最。《西京杂记》记载,栽培的奇果异树品种繁多。梨十:紫梨、青梨、芳梨、大谷梨、细叶梨、缥叶梨、金叶梨(出琅玡王野家,太守王唐所献)、瀚海梨(出瀚海北,耐寒不枯)、东王梨、紫条梨。枣七:弱枝枣、玉门枣、棠枣、青华枣、梬枣、赤心枣、西王母枣(出昆仑山)。栗四:候栗、榛栗、瑰栗、峄阳栗(峄阳都尉曹龙所献)。桃十:秦桃、榹桃、缃核桃、金城桃、绮叶桃、紫文桃、霜桃(霜下可食)、胡桃(出西域)、樱桃、含桃。李十五:紫李、绿李、朱李、黄李、青绮李、青房李、同心李、东下李、含枝李、金枝李、颜渊李(出自鲁)、羌李、燕李、蛮李、候李。柰三:白柰、紫柰(花紫色)、绿柰(花绿色)。查三:蛮查、羌查、猴查。椑三:青椑、赤叶椑、乌椑。棠四:赤棠、白棠、青棠、沙棠。梅七:朱梅、紫叶梅、紫花梅、同心梅、丽枝梅、燕梅、猴梅。杏二:文杏、蓬莱杏(东郡尉干吉所献。一株花朵五色,六出,云是仙人所食)。桐三:椅桐、梧桐、荆桐。林檎十株。枇杷十株。橙十株。安石榴十株。楟十株。白银树十株。万年长生树十株。扶老木十株。守宫槐十株。金明树二十株。摇风树十株。鸣风树十株。琉璃树七株。池离树十株。离娄树十株。白榆、梅杜、桂、蜀漆树十株。楠四株。楸七株。栝十株。楔四株。枫四株。

汉上林苑背山傍水,山谷原野,泉池河湖,宫室殿群,栉比其间,垂柳扶疏,绿树成荫,奇花异草,落英缤纷,珍禽怪兽,囿藏其中,集山水草木鸟兽之大成,凝为一体,应有尽有,绚丽幽致,引人入胜。西汉时辞赋家司马相如《上林赋》描写上林苑"离宫别馆,弥川跨谷,高廊四注,重坐曲阁……醴泉涌清室,通川过于中庭""嬉游往来,宫宿馆舍,庖厨不徙,后宫不移,百官备具"。所造宫室极为雄伟豪华,登峰一时。

上林苑作为皇家禁苑,不但供皇帝游乐,同时还保留着狩猎的功能,苑中养百兽,天子春秋射猎苑中,取兽无数。直到汉成帝元延三年(公元前10年)秋,成帝到上林苑长杨射熊馆校猎,因其劳民伤财,扬雄目睹其状,心中郁郁不乐,于是写了《长杨赋》以讽谏。《汉书·扬雄传》里记载了当时的情况:"上将大夸胡人以多禽兽,秋,命右扶风发民入南山,西自褒斜,东至弘农,南驱汉中,张罗网置罘,捕熊罴、豪猪、虎豹、狖玃、狐兔、麋鹿,载以槛车,输长杨射熊馆,以网为周陆,纵禽兽其中,令胡人手搏之自取其获,上亲临观焉。是时,农民不得收敛。"可见上林苑一直保留射猎这一专供皇帝游猎取乐的园林功能。

汉武帝时在上林苑中兴建了一座飞廉观。飞廉是古代神话中的神鸟，"身似鹿，头如雀，有角而蛇尾，纹如豹纹"。观高40丈，合今92米。上林苑中建章宫前殿西北的神明台，台上立铜柱，柱上铸铜仙人捧铜盘玉杯，以"承云表之清露"，供汉武帝饮用，以求长生不老。根据《史记·孝武本纪》司马贞索隐引《三辅故事》的记载，仙人承露盘"高三十丈，大七围，以铜为之"。说明铜柱和铜人高有30丈，合今70.5米，加上基座共高50丈，合今117.5米。今西安市太液池苗圃西北孟家寨北有神明台遗址。唐代诗人李贺感此曾写下"衰兰送客咸阳道，天若有情天亦老。携盘独出月荒凉，渭城已远波声小"（《金铜仙人辞汉歌》）的诗句。

未央宫十三池：未央宫不但宫室殿宇高大豪华，水景园林也很兴盛。《西京杂记》载，未央宫"池十三，山六，池一、山二亦在后宫"。但未央宫中有哪十三池湖，史书没有明确记述，《三辅黄图》只记载了"沧池，在长安城中"，《旧图》曰"未央宫有沧池，言池水苍色，故曰沧池"。尽管史书记载不详，但从未央宫开挖有13个人工湖泊，可知其水景之胜，湖周遍植树木花草。

长乐宫池：长乐宫位于未央宫东，两宫相临，原为秦始皇所造兴乐宫，汉灭秦后，高祖刘邦迁居长乐宫，进行了修饰。长乐宫宫墙周长10千米，有14座宫殿。长乐宫中也开凿有人工湖泊秦酒池、鱼池等。《三辅黄图》载"秦酒池，在长安故城中"。《庙记》曰："长乐宫中有鱼池、酒池，池上有肉炙树，秦始皇造。汉武帝行舟于池中，酒池北起台，天子于观牛饮者三千人。又曰：'武帝作，以夸羌胡，饮以铁杯，重不能举，皆抵牛饮。'《西征赋》云：'酒池鉴于商辛，追覆车而不寤。'"

建章宫太液池：建章宫是上林苑中最重要的宫城，为汉代三大宫城之一，不仅殿阙雄伟，而且山水园林兴盛。在建章宫出现了叠山理水的园林建筑，在前殿西北开挖了一个很大的人工湖太液池，水面宽阔，"沧海之汤汤"（班固《西都赋》），在池中构筑了瀛洲、蓬莱、方丈三座仙山，象征东海仙境，还雕刻有鱼龙、奇禽、异兽之属。良好的水域生态环境，为水生植物生长、水生动物栖息创造了生存条件。"太液池边皆是雕胡、紫箨、绿节之类。菰之有米者，长安人谓之雕胡。葭芦之未解叶者，谓之紫箨。菰之有首者,谓之绿节。其间凫雏雁子,布满充积,又多紫龟绿鳖。池边平沙,沙上鹈鹕、鹧鸪、鹩鹊、鸿鹀,动辄成群"(《西京杂记》),构成了一幅返璞归真美丽动人的天然图画。"太液池中有鸣鹤舟、容与舟、清旷舟、采菱舟、越女舟"(《西京杂记》)。汉昭帝时"又刻大桐木为虬龙,雕饰如真,夹云舟而行"(《三辅黄图》)。汉成帝时常与赵飞燕戏于太液池。建章宫太液池成为汉代皇帝和宫妃驾舟嬉戏游乐之地,西汉著名水上游乐风景区,可惜在西汉末毁于王莽之手。

昆明池:汉武帝为伐讨滇国,开凿滇池,即昆明池,在上林苑中,《三辅旧事》记载,昆明池水面面积达3万多亩。池中有弋船数十艘,楼船100艘,船上立戈矛,四角皆垂幡旗葆麾。另外还建造有一艘豫章大船,上可载万人。还有皇帝专用的龙首船,皇家和宫女们泛舟轻荡,张风盖,建华旗,作櫂歌,杂以鼓吹奏乐,皇帝亲临章台观看,以求娱乐。

昆明池中刻有一大石鲸鱼,长3丈,每遇雷雨,石鲸吼叫不已,鬐尾皆动。每逢久旱不雨,便在昆明池祭祀石鲸求雨,往往灵验。《庙记》还载,昆明池"养鱼以给诸陵祭祀,余付长安厨"。因为昆明池是上林苑中水面最大的人工湖,水域宽广,从汉代至唐代一直是京城长安最大的养鱼基地,所产之鱼除供皇家祭祀皇陵、皇家食用外,多余的运到长安市场上销售。使昆明池充分发挥了水军操练、城市供水、渭河水运、水产养殖、风景游乐等多种功能。

曲江池:《太平寰宇记》卷25云,曲江池"汉武帝所造,名为宜春苑。其水曲折有似广陵之江,故名之。"秦始皇在今西安城南大雁塔一带兴建了宜春苑,开发水上风景,当时称"陁州"。汉武帝时,在这里兴建了宜春下苑,开发陁州,改称曲江池。从秦汉一直延续到唐代,成为长安著名水上风景区,今西安市已建成曲江池遗址公园,恢复了曲江池水面,再现汉唐雄风。

御宿苑:御宿苑在长安城南御宿川中,即今长安韦曲向东南沿潏河一带。汉武帝时期,离宫别馆禁御人不得入,往来游观,止宿其中,故曰御宿。据《三秦记》载:"出栗,十五枚一胜(升),大梨如五胜(五个一升),落地则破,其取梨先以布囊承之,号曰含消,此园梨也。"足见帝苑中所种之栗与梨,皆名贵品种,既可食用,又可观赏,堪为一大景观。

乐游苑：汉宣帝神爵三年（公元前59年）春建，在杜陵西北，其地四望高敞，苑中建有一庙，称为乐游庙。《西京杂记》载："乐游苑自生玫瑰树，树下多苜蓿，苜蓿一名怀风，时人或谓之光风。风在其间，常萧萧然。日照其花，有光彩，故名苜蓿为怀风。茂陵人谓之连枝草。"当时能把从西域引种的苜蓿植于乐游苑，可见风光宜人。到了唐代，太平公主在原上游赏，每年三月上巳节、九月重阳节，女士游嬉，登高抒怀，吟诗作赋，人潮如涌，车马填塞，热闹非凡。

博望苑：汉武帝专为庚太子所立。使通宾客，苑在汉长安城外，漕渠之北。据《汉书》记载，武帝年二十九乃得太子，甚喜，等太子加冠，为立博望，以通宾客。据《雍录》载，言太子奔湖，斫汉城覆盎门而出，因苑在门外，而太子斫门以出，则知博望非常居之地。此苑至汉成帝时撤去。

西汉私园：西汉长安和关中，不仅皇家宫苑园林遍布，而且私人园林也很兴盛。《西京杂记》记载："茂陵（今兴平市境）富人袁广汉，藏镪巨万，家僮八九百人，于北邙山下筑园，东西四里，南北五里。激流水注其内。构石为山，高十余丈，连延数里。养白鹦鹉、紫鸳鸯、牦牛、青兕（犀牛），奇兽怪禽，委积其间……"其他的王室显贵、商贾豪富，争造府邸私园，竞相媲美，这促进了汉代园林的发展和造园技艺的提高。西汉的宫苑池湖山水园林建筑众多，限于篇幅，只择其重点简要介绍，不能一一叙述了。

西汉园林建筑的特点：一是园林面积增大，宫苑结合。园林不仅依靠天然园林，而且加大人工园林比重，叠山理水，辟池凿沼，广植树木，配以花草。饲养动物，兴建殿阁楼亭，理政、游乐、射猎等功能齐全。二是造园技艺突飞猛进，开创了我国人工堆山叠石之先河。加上充分利用河湖溪流，形成了丰富的山水风景。在植物栽培方面有温室培育，仅梅花就有七色之多。在动物饲养上也有了长进，而且进行驯兽、斗兽取乐，继续保持园林射猎功能。三是规范管理，经营有方。《汉旧仪》载："上林苑中有令有尉，禽兽簿记各数。又有上林诏狱，主治苑中禽兽宫馆之事。属水衡。"《汉书·百官表》中记述："水衡都尉于武帝元鼎二年（公元前115年）初置，掌上林苑，有五丞。属官有上林、均输、御羞、禁圃、辑濯、钟官、技巧、六厩、辨铜九官令丞。"连制造铜钱的作坊都设在上林苑之内。这些官职现在已经难以考证,但可以看出园林建筑管理官僚机构之庞大,管理之严格,经营之妥善。

五、唐代的园林

中国古典园林一枝独秀,富有中华民族特色,长盛不衰,在世界园林史上占有重要的地位。唐代长安关中园林是民族文化的瑰宝,对后世造园技艺产生了深远的影响。唐代园林大体上可分长安京城宫苑园林、关中离宫别馆园林、京畿私人宅墅园林、京畿皇家陵墓园林、京畿寺庙僧院园林、自然河湖山川园林六类。这里着重介绍现存的具有特色的园林。

1. 三宫园林:皇帝执政和寝居的皇宫主要是三大宫殿区,即太极宫、大明宫、兴庆宫,是唐王朝以宫室为主的皇家园林。其特点是以宫为主,宫苑结合,修建御花园,把帝王理政、居住、游乐集为一体,出现了"宫寓于苑""前宫后寝""寝后有苑""左右为苑"的格局,与秦汉的宫苑分离大不相同;为了保证宫室安全,宫苑面积相对缩小,造园技艺奇思精巧,更加集中,水景园林,各领风骚。

太极宫:皇宫前半部分为前朝,是听政议政的地方,后半部分是寝宫,为居住游乐的场所。在寝宫中修筑了山池水榭,构建了皇宫水景园林,共开挖了四个人工湖泊。从㶚河开清明渠引水入宫,形成三个湖池,即成池殿东的南海池、凝碧阁以东的西海池、玄武门以西的北海池,西海池边还兴建有千步长廊,在西海池西北构筑有假山。在太极宫后宫区还引浐河开龙首渠,积蓄而成的海池,水域宽广,碧波荡漾,为皇帝泛舟游乐之所,为太极宫中主要水上风景区。

大明宫:在大明宫北部,唐初开挖了一个很大的人工湖太液池,分东西二池。经考古探测,西池东西长500米,南北宽320米,东池南北长220米,东西宽150米,两池总面积19.3万平方米。池中筑有蓬莱仙山,湖光山色,碧波粼粼,成为三大宫中最大的水景园林。沿池周筑有长廊,总长约1200米,把山水桥廊融为一体,诗人李绅有"桥转彩虹当绮殿,舰浮花鹢近蓬莱"的描述。唐代贾至在《早朝大明宫呈两省僚友》诗中写道:"银烛朝天紫陌长,禁城春色晓苍苍。千条弱柳垂青琐,百啭流莺绕建章。剑佩声随玉墀步,衣冠身惹御炉香。共沐恩波凤池上,朝朝染翰侍君王。"唐李华作《含元殿赋》,赞誉太液池的山水风光:"天光流于紫庭,倒景入于朱户,腾祥云之郁蔼,映旭日之葱茏。清渠导于元气,玉树生于景风。夷坦数里,徘徊无穷。罗千乘与万骑,曾不得半乎其中。"

兴庆宫:唐玄宗李隆基的皇宫,以水景园林著称。据《旧唐书·玄宗本纪》记载,在武则天时,居民王纯家中有井溢水,浸成水池数十顷,称隆庆池,为避玄宗隆基名讳而改为兴庆池,也称龙池。并引龙首渠水入池,在唐中宗时,池"广袤五、七里"。经考古探测,兴庆池东西长915米,南北宽214米,水面18.2万平方米,池呈椭圆形,池周广植草木花卉。兴庆池湖光水色,波天碧翠,游船画舫,相映倒影,垂柳婀娜,随风拂动,牡丹斗艳,国色天香,殿阁林立,雕梁画栋,廊道曲径,幽通迂回,奇石相叠,嶙峋多姿,是三宫中最幽美的皇家园林。唐玄宗在此结彩为楼,宴会群臣,泛舟游乐。文人雅士留下许多诗章,韦元旦《兴庆池侍宴应制》中写道:"沧池漭沆帝城边,殊胜昆明凿汉年。夹岸旌旗疏辇道,中流箫鼓振楼船。云峰四起迎宸幄,水树千重入御筵。宴乐已深鱼藻泳,承恩更欲奏甘泉。"沈佺期作《龙池篇》曰:"龙池跃龙龙已飞,龙德先天天不违。池开天汉分黄道,龙向天门入紫微。邸第楼台多气色,君王凫雁有光辉。为报寰中百川水,来朝此地莫东归。"此外,陈湖有"青春光凤苑,细草遍龙池。曲渚交苹叶,回塘惹柳枝。因风初冉冉,覆岸欲离离。色带金堤静,阴连玉树移。日光浮靃靡,波影动参差。岂比生幽远,芳馨众不知"(《龙池春草》)的描述。

2. 唐城禁苑:原为隋代大兴苑,唐代更名禁苑,规模宏大。东临浐水,南接长安城,北枕渭河,西界汉长安城西。东西长13.5千米,南北宽11.5千米,周长50千米,面积155平方千米,禁苑四周共开10个城门,是唐长安城郊最大的皇家风景园林区和狩猎区。禁苑、太极宫之西的内苑和大明宫内的内苑,合称唐城"三苑"。禁苑位于北郊,这里原坡滩岸,高低参差,河渠潭池,波光水影,林木葱郁,飞禽走兽,尽在其中。禁苑中有殿阁亭观20多处,水景园林遍布其中。望春宫位于禁苑东部,紧临浐水,清流细浪,鱼翔浅底,风光旖旎,是以浐河水色为主的风景区。宫内有升阳殿、望春亭、放鸭亭等。天宝初年水陆转运使韦坚引浐水通漕运,开挖了广运潭,皇帝多在望春楼观赏水景。鱼藻宫,位于禁苑东部中段,开挖有人工湖鱼藻池,水深一丈八尺,池中筑山,山上建鱼藻宫,为禁苑主要水景区,皇帝、后妃和臣僚多在此处设宴相聚,观舟竞渡。唐王建《宫词》诗云:"鱼藻宫中锁翠娥,先皇行处不曾过。而今池底休铺锦,菱角鸡头积渐多。"禁苑之内临池湖河渠兴建了青城桥、龙鳞桥、栖云桥、凝碧桥、临渭亭、七架亭、神泉亭等,小桥流水,亭榭旁依,风景如画。

3. 唐曲江池:位于长安城东南,今大雁塔之东南,始于秦代,称"洲"。秦始皇在这里曾开辟宜春苑,汉武帝时划入上林苑,隋代又疏阔开凿。到了唐代,有两次大规模的扩建和复建。第一次是在开元年间,唐玄宗令扩大曲江,疏凿水道,引终南山义谷水的黄渠补充水源,使曲江池水面达到70万平方米,大肆兴建楼台亭榭,使曲江池成为最重要的皇家水景园林区。安史之乱以后,曲江遭受浩劫,一片衰败。唐文宗读了杜甫"江头宫殿锁千门,细草新蒲为谁绿"的诗句,得知天宝以前曲江的盛况,突发奇思,要恢复曲江盛景,于太和九年(835年)二月,征发神策军疏浚曲江,并号召诸司,沿池兴建亭馆堂所,把曲江建设又一次推向一个高潮。唐亡以后,曲江干涸,成为一片洼地废墟。今西安市政府投入巨资,兴建了国家级的曲江池旅游风景区,再现盛唐雄风。

对于曲江池水景盛况,康骈在《剧谈录》中做了详细描述:"曲江池,本秦世隑洲,开元中疏凿,遂为胜境,其南有紫云楼、芙蓉苑,其西有杏园、慈恩寺,花卉环周,烟水明媚,都人游玩,盛于中和、上巳之节,彩幄翠帱,匝于堤岸,鲜车健马,比肩击毂。上巳即赐宴臣僚,京兆府大陈筵席,长安、万年两县,以雄胜相较,锦绣珍玩,无所不施。百辟会于山亭,恩赐太常及教坊声乐,池中备彩舟数只,惟宰相、三使、北省官与翰林学士登焉。每岁倾动皇州,以为盛观。入夏则菰蒲葱翠,柳荫四合,碧波红蕖,湛然可爱。好事者,赏芳晨,玩清景……"可见曲江之盛。

曲江池为皇家乐园,唐玄宗为了保密和安全,从兴庆宫到曲江池的芙蓉园专门修了高大的城墙,称"夹城"。

曲江池的游乐活动和政治活动很多,主要表现为以下几类:

曲江流饮：为长安八景之一，皇帝在此宴会群臣，酌酒杯（羽觞）内，置于水面，杯随水势漂流漫泛，流在谁的面前，谁就执杯畅饮，遂成盛事。朱集义有"坐对回波醉复醒，杏花春宴过兰亭。如何但说山阴事，风度曾经数九龄"的诗句。

曲江宴会：唐代开科取士，最多每科取进士30人，皇上为新科进士在这里设宴庆典，宴设在船上称为"游宴"。规模盛大，皇族后妃，名臣显贵，纷纷而至，不少官宦人家带上闺中待嫁妙龄少女来此择婿。此外，在重大节日皇帝也会在此设宴，以会臣僚。

曲江题咏：在曲江宴会和游乐时，臣僚显贵、新科进士在此吟诗作赋，各显奇才。李白、杜甫、韩愈、白居易都写下不少诗文。新科进士更是借此显露锋芒，如刘沧在《及第后宴曲江》中有"及第新春选胜游，杏园初宴曲江头。紫毫粉壁题仙籍，柳色箫声拂御楼"的诗句。

曲江歌舞：曲江一年四季游人不断，中和（二月初一）、上巳（三月初三）、重阳（九月初九）三个节日最为热闹，以上巳节最盛。皇家梨园子弟奏乐，宫女载歌载舞，民间艺人卖唱，胡人表演胡舞，江湖艺人表演杂耍和杂技，上演一出文艺盛会。

曲江赏花：曲江池岸，柳暗花明，曲江池中，荷花玉立，游人赏花争先恐后。唐人姚合作诗云："江头数顷杏花开，车马争先尽此来。欲待无人连夜看，黄昏树树满尘埃。"可见游人之众。卢纶作《曲江春望》诗云："菖蒲翻叶柳交枝，暗上莲舟鸟不知。更到无花最深处，玉楼金殿影参差。"可见水景之妙。

曲江开禁：历代皇家园林，平民莫入，划为禁苑。而曲江池每年上巳节，即三月初三这天，向市民开放，开创了皇家园林开禁的先例，是公园的萌芽，不能不说是一个很大的进步。故杜甫有"三月三日天气新，长安水边多丽人"的诗句。

4. 京畿私人宅墅园林：唐王朝历经290年，除兴建大量的皇家宫苑园林外，臣僚显贵在长安城内和京郊兴建了数以百计的私人园林，或是受皇家赐赠池观以为宴游之地，使建宅造园风靡长安，竞相攀比。园林风格多样，各领风骚，多以山池、池台等命名。私人园林分以下两类：

①京城私人园林:长安城内街如棋盘,共有108坊,唐朝官员和富商宅第豪华,造园风格多样。有的以花木取胜,有的以动物取胜,有的以山野取胜,其中以水景园林取胜者不计其数,只列举数例,可窥一斑。

独孤公园:益州大都督独孤卿云在长安城内永宁坊私宅建成"独孤公园",内有渠道、池塘、深潭、喷泉、瀑布。宰相张说称赞此园:"有通渠转池,巨石嶔嵼,喷险淙潣,泂潭沈沈,殊声异状,而为形胜游衍之处者十四五。"

郭子仪园:位于长安城南大通坊,园内引永安渠凿地为池,掘土为山,亭榭园林,轻舟画舫,别有情趣。羊士谔《游郭驸马大安山池》中云:"仙杏破颜逢醉客,彩鸳飞去避行舟。洞箫日暖移宾榻……烟横北渚水悠悠。"吕温在《春日游郭驸马大安亭子》一诗中有"戚里容闲客,山泉若化成。寄游芳径好,借赏彩船轻。春至花常满,年多水更清"的描述。

曹郎中山池院:位于长安城内崇贤坊,引永安渠水为山池院。李洞作《赠曹郎中崇贤所居》一诗,盛赞水景园林:"闲坊宅枕穿宫水,听水分衾盖蜀缯。药杵声中捣残梦,茶铛影里煮孤灯。刑曹树荫千年井,华岳楼开万仞冰。诗句变风官渐紧,夜涛春断海边藤。"

宁王宪山池院:位于长安城内胜业坊东北隅,引兴庆宫池渠之水西流,疏凿屈曲。长藤结瓜,形成九曲池,筑土为基,叠石为山,广植松柏,有落猿岩、栖龙岫,奇石异木,珍禽怪兽,收列其中。水景中设鹤洲仙涛,殿宇相连,左沧浪,右临漪。宁王与宫人宾客常在此饮宴垂钓。

段成式山池园:位于长安城内修行坊,以山池取胜,兼有果园数亩。刘得仁《初夏题段郎中修竹里南园》中称:"高人游息处,与此曲池连。密树才春后,深山在目前。"

琼山县主山池院:位于长安城内朱雀街西的延福坊西北隅,开元年间,县主适慕容氏,家富于财,在私园内凿疏山池,溪磴自然,林木葱郁,为长安著名山池私园。

许敬宗山池院:位于长安城内永嘉坊,引龙首渠水,开山池院。唐太宗李世民到此,作《许敬宗家小池赋》有"引泾渭之余润,萦咫尺之方塘"之句。

冯宿山池院:位于长安城内亲仁坊。主人为剑南东川节度使冯宿,他喜爱鸭鹅杂禽之类,在私园凿山池,养水禽,以求其乐。

王镇山池院:位于长安城内太平坊,在府宅开凿山池,建有自雨亭,亭檐之上引水,飞流四注,每当盛夏,凛若高秋,又有宝锢井阑,不知其价。可见达官贵人建造水景园林,奢侈豪华,不惜工本。

裴度池亭:位于长安城内兴化坊,引清明渠水开山池院,傍水建亭阁。白居易到此,作《宿裴相公兴化池亭兼蒙借船舫游泛》诗,有"林亭一出宿风尘,忘却平津是要津。松阁晴看山色近,石渠秋放水声新"的描述。

此外,著名的私园有岐阳公主山池院、长宁公主山池院、杨慎交山池院、安禄山池亭、萧氏池台等,这里不一一赘述。

②京郊私人别墅园林:凡是以官、财为支撑的大家,不仅在长安城内有豪华宅第和园林,为避免城市的喧闹、夏季的酷热,或为求走马狩猎之乐,或追求山水田园之趣,或是追求隐士之所,他们还在京郊之地纷纷兴建别墅山庄园林。根据《陕西通志》记载:"唐京省入伏,假三日一开印。公卿近郭皆有园池,以至樊杜数十里间,泉石占胜,布满川陆,至今基地尚在。寺省皆有山池,曲江各置船舫。诸司家寺山池为最,船以户部为最。"

唐代京郊别墅园林大都集中在3个区域:

一是京城东郊浐河和灞河两岸。这里水源充沛,风景宜人,交通便利,邻近大明宫和兴庆宫,利于政事活动。所以皇亲国戚和显赫贵臣多在东郊兴建别墅,例如太平公主、长乐公主、安乐公主、薛王、宁王、驸马崔惠童、宰相李林甫的别墅均在东郊。安乐公主山庄蔚为壮观,虽史书缺乏详尽记载,但从一些诗作中,便可知其内水景园林之盛。韦元旦《奉和幸安乐公主山庄应制》一诗,有"刻凤蟠螭凌桂邸,穿池叠石写蓬壶。琼箫暂下钧天乐,绮缀长悬明月珠"的描述。宗楚客《奉和幸安乐公主山庄应制》一诗亦称"水边重阁含飞动,云里孤峰类削成。幸睹八龙游阆苑,无劳万里访蓬瀛"。

二是长安南郊樊川。距城35里,即今长安区韦曲和杜曲一带,潏河流贯其间,东南起自江村,西北至塔坡,川道长约30里,原名后宽川,又名华严川,后因汉高祖刘邦将此地赐封给大将樊哙,故名樊川。这里南靠终南山,北依少陵原,河川宽畅,地势平坦,景物秀丽。《长安志图》称樊川"天下之奇处,关中之绝景"。官僚文人多在此兴建别墅,长安韦、杜两家是唐代名门望族,仅宰相就有40人,加上名列三公九卿的要官,数以百计,故古人有"城南韦杜,去天尺五"之说。韦杜两家南郊别墅名冠天下,《长安志图》载:"韦杜二氏,轩冕相望,园林雅比。"另外从许多诗作,可知城南山泉池之盛。姚合《薛十二池亭》一诗云:"每日树边消一日,绕池行过又须行。异花多是非有时,好竹皆当要处生。斜竖小桥看岛势,远移山石作泉声。"周瑀《潘司马别业》一诗云:"门对青山近,汀牵绿草长。寒深抱晚橘,风紧落垂杨。湖畔闻渔唱,天边数雁行。萧然有高士,清思满书堂。"孟浩然《泛舟过滕逸人别业》亦云:"水亭凉气多,闲棹晚来过。涧影见松竹,潭香闻芰荷。"

三是终南山北坡沿线。终南山,又称太乙山,距京城40千米,是秦岭山脉自武功到蓝田县境的总称,包括翠华山、南五台、圭峰山、骊山等。这里重峦叠嶂,山谷幽静,泉瀑密布,森林茂密,鸟语花香,空气清新,景色多变,寺庙林立,为兴建别墅之胜地,不少文人雅士亦隐居于此,多有征召为官者,故有"终南捷径"之说。这一地区别墅,以王维辋川别业最富有代表性。辋川位于蓝田县西南秦岭北麓,因诸水汇流如车辅环辏,故名辋川。这里秀峰林立,松柏满山,辋水环绕,有竹洲、花坞,风景优美。王维官至尚书右丞,又是诗人画家,他在唐开元年间购得宋之问的辋川别业,晚年在此隐居。他利用这里的天然风景,按照"诗中有画,画中有诗"的意境,人工写意造园,利用山谷、冈岭、溪流、飞瀑、湖泊、河洲建成富有诗情画意的私园,点缀馆、桥、坞、亭,养殖鹿鹤等动物。主要景点有孟城坳、华子冈、文杏馆、斤竹岭、木兰柴、茱萸泮、宫槐陌、金屑泉、白石滩、临湖亭、奕家濑、欹湖、柳浪、鹿柴、漆园、椒园、辛夷坞等。王维在此著《辋川集》,其中《辋川二十咏》和《辋川图》成为珍贵的文化遗产。

此外,长安城西郊有安乐公主的定昆池,为西郊著名水景园林。安乐公主是唐中宗李显最小的女儿,骄横恃宠,要将昆明池作为私沼,中宗不允,公主大怒,夺民田,耗巨资,新开一池,延袤十数里,取名定昆池,广集花木鸟兽。新宅池建成,中宗幸临,大宴群臣,有人作诗云:"皇家贵主好神仙,别业初开云汉边。山出尽如鸣凤岭,池成不让饮龙川。"建造皇家私园给国家和人民造成了沉重的负担,受到后人的指责。总之,唐代长安园林是我国园林建设的一代高峰。在园林的规模、形制、功能和造园技术上都有所发展,在水景园林建设上更是大有突破,人工山池构筑蔚然成风,挖湖摄山，山以土石结合，"虽由人作，宛自天成"，使以自然山水园升华到写意山水园，融诗情画意于风景园林之中。

六、西安古代的花卉

从汉到隋唐，长安建造了中国历史上最大的园林。栽植树木的同时，还广泛栽植花卉，当时的长安是绿色的世界、花卉的海洋，逐渐形成了花卉交易市场。

古代长安栽培花木种类繁多。仅汉代上林苑中，"群臣远方，各献名果异卉三千余种"。到了唐代，除皇家宫苑外，臣僚显贵和巨商大贾的私园增多，加上街坊路旁河湖两岸的绿化，使长安园林更加兴盛。主要有观赏花木，包括木本花卉（牡丹、梅花、玉兰、海棠等）、草本花卉（菊花、兰花、芍药、玉簪等）、水生植物（荷花、菖蒲、沙草、芦苇等）、木本花果观赏性的树木（桃、杏梨、石榴等）、木本果树（葡萄、枇杷、樱桃等），此外还有观赏落叶乔木（垂柳、中槐、榆树、梧桐、枫树等），观赏常绿乔木（松、柏、女贞等），观赏竹藤类（竹、荆、葛等）。每个花木中还有不少品种，如汉代的梅花有朱梅、燕梅、猴梅、紫蒂梅、紫华梅、同心梅、丽枝梅7种之多。唐代长安的牡丹，已拥有红、粉、紫、黄、白等多色重瓣牡丹。白居易有"仙人琪树白无色，王母桃花小不香。宿露轻盈泛紫艳，朝阳照耀生红光。红紫二色间深浅，向背万态随低昂。"的诗句，可见牡丹品种之多。

古代长安花木栽培技术高超。主要表现在以下几个方面：一是野生品种的培育。如号称"花中之王"的牡丹，原产西北，秦岭山中多见，南北朝时已成观赏植物，隋代已广为栽培，唐代时经过人工培育极为兴盛，使长安成为第一个牡丹之乡，洛阳为第二个牡丹之乡，山东菏泽为第三个牡丹之乡。王象晋在《群芳谱》中记载："唐开元中，天下太平，牡丹始盛于长安。逮宋，唯洛阳之花天下冠。"另外如石榴，是汉代张骞从西域引种，首先在京都长安和京畿之地栽培，到唐代时长安石榴已普及京城。唐代诗人杜牧有"似火山榴映小山，繁中能薄艳中闲。一朵佳人玉钗上，只疑烧却翠云鬟"的描述。二是花木栽培技术高超。经过皇宫和官家花圃的花工和花农的努力，长安花卉栽培技术处于领先地位,引领全国的新潮流。牡丹的培育,以令狐楚住宅牡丹最为著名,慈恩寺内元果园牡丹早开半月,游人以先睹为荣,而大宁坊内的兴唐寺的一株牡丹在唐宪宗元和年间开花竟达2100朵,争奇斗艳,堪称牡丹王中王,引无数民众观光。石榴花经过长期培育,色彩多样,有大红、深红、粉红、紫红以及黄白、淡绿等色。三是温室栽培。古代长安气温虽然比现在略高,但还属温带,一些亚热带的植物难以栽培,使用温室可弥补气温不高的不足。如西汉时夏阳建扶荔宫,宫中引种栽培柑橘、荔枝、槟榔、橄榄等,尽管开花结果不够理想,但能生长存活,可见工艺水平之高。唐代用温室培植瓜果蔬菜和花卉,临潼县(今临潼区)利用温泉水栽培瓜果,诗人王建有"酒幔高楼一百家,宫前杨柳寺前花。内园分得温汤水,二月中旬已进瓜"的诗句。四是盆景花木栽培技艺高超。盆景是我国传统的园林艺术珍品,将自然山水花木浓缩于尺寸盆盂之间,构成一幅幅立体园林,形成树木盆景和山水盆景两大类。树木盆景起源很早,唐代成为一代高峰,1972年乾陵发掘章怀太子墓,发现侍女手捧盆景壁画果实累垂,可见唐代盆景盛行。因此韩愈才有《盆池诗》之作,王维有"以黄瓷斗贮兰蕙,养以绮石,累年弥盛"之记述。李贺还作《五粒小松歌》:"蛇子蛇孙鳞蜿蜿,新香几粒洪崖饭。绿波浸叶满浓光,细束龙髯铰刀剪。"五粒松即华山松,李贺对松树盆景和整枝造型做了生动的描述。

古代长安赏花买花成风,花市兴旺发达。古代长安园林兴盛,是绿色的世界,花的海洋。唐代诗人有"草色青青柳色黄,桃花历乱杏花香"(贾至《春思》)和"金络马衔原上草,玉颜人折路旁花"(胡曾《寒食都门作》)的赞誉之词。为了满足都城花木的需要,皇家显贵和民间花木苗圃应运而生,形成商品性的生产,出现花市,专门出售花木。唐长安城内的东市、西市和城南韦曲(今长安区)都是著名的花市,名贵花木比比皆是,有钱人不惜重金购买花木。诗人罗邺有"韦曲城南锦绣堆,千金不惜买花栽"(《春日偶题城南韦曲》)的诗句。白居易有"帝城春欲暮,喧喧车马度。共道牡丹时,相随买花去。贵贱无常价,酬直看花数……"(《秦中吟·买花》)的描述。名贵的花木一株相当四五匹白绢的价值。卖花通常分三种:一种是无根的花木,供作插瓶之用;第二种是盆景之花木,供摆设,可常年欣赏;第三种是带根的花木,供作移植栽培。花农为了出售花木,保证成活,苦心经营。"上张幄幕庇,旁织笆篱护。水洒复泥封,移来色如故。"(白居易《秦中吟·买花》)意思说花农在花圃中搭设凉棚以遮阴,四周做篱笆精心保护,出售时根上带土封泥,用水喷洒枝叶,使买花者回去保证成活,花的颜色鲜艳如故。长安花市,人涌如潮,花市成为京都一大景观,到花市和皇家园林赏花的人群蜂拥,诗人杨巨源有"若待上林花似锦,出门俱是看花人"的诗句。

七、西安古典园林对后世的影响

古代西安建设了许多著名的皇家宫苑园林,形成历史上规模最大、内容最丰富的中国古典园林建筑艺术,对我国古都洛阳、开封、北京等地的建筑园林产生了深远的影响。

这里仅以元明清首都北京的建筑为例说明。汉武帝元狩三年(公元前120年)在上林苑内开挖了巨大的人工湖昆明池。1751年,乾隆皇帝仿效汉武帝,假借昆明池,将瓮山泊改为昆明池,把水面扩大到200多万平方米,占颐和园的3/4,成为北京最大的水上风景区,以求与长安昆明池媲美。

秦始皇欲求长生不老,齐国方士徐福说东海有蓬莱、方丈、瀛洲三座仙山,有仙人居住,能生长长生不老之药。秦始皇一面派徐福渡海求仙药,一面在上林苑中开挖太液池,池中人工堆筑了蓬莱、方丈、瀛洲三座仙山。清代兴建圆明园时,也效法建设了福海景区,在东湖中兴建了"方壶胜境""蓬莱瑶台"等仙山。

秦始皇当年建阿房宫,"五步一楼,十步一阁,廊腰缦回……复道行空,不霁何虹"。唐代在大明宫内开挖蓬莱池,沿湖筑长廊,总长1200米。清乾隆皇帝也效法长安,在颐和园修筑长廊,总长728米,成为园中一大景观。

汉武帝在长安上林苑建章宫前殿西北兴建了一座神明台,台上有仙人手托承露盘,取玉露为汉武帝饮用。元代忽必烈在琼华岛(今北海白塔山)东面,竖起了一根高数十米的汉白玉石柱,柱上也立了一个铜仙人,手托荷叶形承露盘一个。

周文王建都丰京,修建灵囿和灵沼,建立了我国最早的动物园。北京西郊动物园,原为三贝子花园,清光绪三十二年(1906年),扩建为农事试验场,养有动物。1908年改为"万牲园",专门饲养珍禽异兽,新中国成立后扩建成我国最大的动物园。

由此可见西安古典园林对后世产生的深远影响。

第六节　重视环保　立法保护

古代西安生态环境良好,一个很重要的原因,就是从周秦到隋唐各个王朝,十分重视环境保护,制定了相关的法律、禁忌等。

《周书·大聚篇》记载,西周王朝颁布《伐崇令》规定:"毋坏屋,毋填井,毋伐树木,毋动六畜,有不如令者,死无赦",并提出"非山林时不登斤斧,以成草木之长,川泽非时不入网罟,以成鱼鳖之长,不卵不蹼(缚足之网)以成鸟兽之长",明确了对建筑、水源、森林、动物的保护措施。

夏季为动物繁殖季节,禁止打猎,王侯打猎也只能在春秋及冬季进行。周文王临终之时,叮嘱太子周武王,要重视环境保护。

《礼记·月令》对"四时之禁"提出了具体规定。所谓"四时之禁"是指每年12个月都有各自的禁令要求和侧重之点,它为当时的人制定了不同节令的行为规范,并为后世所沿用。

孟春一月:"命祀山林川泽,牺牲毋用牝,禁止伐木,毋覆巢,毋杀孩虫、胎、夭、飞鸟,毋麛、毋卵,毋聚大众,毋置城郭""毋聚大众,毋置城郭"意为不要出兵打仗,不要修筑城池。

仲春二月:"是月也,安萌芽,养幼子,存诸孤……毋竭川泽,毋漉陂池,毋焚山林。"

季春三月:"田猎、置罘、罗罔,毕翳、餧兽之药,毋出九门。"

孟夏四月:"继长增高,毋有坏堕,毋记土功,毋发大众,毋伐大树""是月也,驱兽毋害五谷,毋大田猎。"

仲夏五月:"令民毋艾蓝以染,此月蓝始可别。《夏小正》曰:五月始灌蓝蓼,毋烧灰,毋暴布。"

季夏六月:"树木方胜,乃命虞人入山行木,毋有斩伐,不可以兴土功,不可以合诸侯,不可以起兵动众,毋举大事,以摇养气,毋发令而待,以妨神农之事也。"

孟秋七月:"命百官,始收敛,完堤防,谨壅塞,以备水潦。"

仲秋八月:"可以筑城郭,建都邑,穿窦窖,修囷仓。乃命有司,趣民收颈,务畜菜,多积聚。"

季秋九月:"草木黄落,乃伐薪为炭,蛰虫咸俯在内,皆墐其户。"

孟冬十月:"乃命水虞渔师,收水泉池泽之赋,毋或敢侵削众庶兆民,以为天子取怨于下,其有若此者,行罪无赦……命农毕积聚,系收牛马,山林薮泽有能取蔬菜食田猎禽兽者,野虞教道之,其有相侵夺者,罪之不赦。"

仲冬十一月:"可以罢官之无事,去器之无用者,天地闭藏而万物休,可以去之,涂阙廷门闾,筑囹圄,此以助天地之闭藏也。"

季冬十二月:"命渔师始渔,天子亲往,乃尝鱼,先荐寝庙……"

这些记载都与长安有关。它从一个侧面反映了古代中国的环保意识与具体实践。

《周书·文传篇》中有"天有四殃,水旱饥荒,甚至天时,非以积聚何以备之"之说,指出在自然灾害面前要珍惜和节约资源,要有防旱抗灾的粮食贮备,使人与自然和谐相处。

到了秦代,在立法方面更加重视环保,秦孝公重用商鞅为相,实行变法,法度严明。汉代桑弘羊在《盐铁论·刑德篇》中称赞商鞅"商君弄弃灰于道,而秦民治,故盗马者死,盗牛者加,所以重本而绝轻疾之资也"。意思说秦国人若在路上撒灰、乱倒垃圾者必要判刑,可见对环境保护的重视。新中国成立后出土了云梦秦简,为秦代环境立法的存在提供了有力的证据。在云梦秦简中,秦国的法律对农田水利、作物管理、水旱灾荒、风虫病害、山林保护等做了具体规定。在《田律》《厩苑律》《仓律》《工律》《金布律》中,都有关于保护森林、土地、水流、野生动植物等自然资源的规定,其目的是保护"农本主义"赖以生存和发展的自然环境。例如,《田律》规定:"春二月,毋敢伐树木山林及雍堤水。不复月,毋敢夜草为灰,取生荔、麛䴕,毋毒鱼油鳖,置罔。到七月而纵之。唯不幸死而伐棺椁者,是不用时。邑之皂及它禁苑者,麛时毋敢将犬以田。百姓犬人禁苑中而不追兽及捕兽者,勿敢杀。其追兽及捕兽者,杀之,呵禁所杀犬,皆完入公;其他禁苑杀者,食其肉而入其皮。"

一年四季 12 个月,飞禽走兽,山森川泽,堤防水坝,该保护时就保护,该捕杀时就捕杀,该采伐时就采伐,面面俱到,秩序井然,维持着大自然的生态平衡。

秦代的《秦律》规定,东方六国的人到秦国来,入秦时必须用火熏其车上的衡轭。为什么要这样做呢?官方的解释是:如果来人不处治马身上的寄生虫,虫子附着在车的衡轭或驾马的绳索上,就会被带到秦国来,所以必须用火来熏,以便消毒防疫。似同我们现在的海关口岸的安检防疫。

到了西汉,于元始五年(5 年)以诏书颁布农事法律《四时月令十五条》,规定孟春禁止伐木,并注明"谓小大之木皆不得伐也",甚至提到要做好死尸及兽骸的掩埋;仲春毋焚山林,注明"谓烧山林田猎伤害禽兽也";季春要修缮堤防和沟渠等水利设施。

唐代也制定了严格的环保法律。《唐律·杂律》规定:"诸部内有旱、涝、霜、雹、虫、蝗为害之处,主司应言不言,及妄言者,杖七十""诸失火,及非时烧田野者笞五十""诸弃毁官私器物及毁伐树木、稼穑者,准盗论"。意思是凡烧毁农田秸秆者、撂荒者、毁林伐木者,都以盗贼论处,要被处以"杖""笞"之刑。

唐代还制定了我国古代著名的水利法典《水部式》。唐代法律分为律、令、格、式四类,《水部式》属于式一类。《水部式》于 1899 年在甘肃敦煌鸣沙山千佛洞被发现,是唐玄宗开元二十五年(737 年)的修订本,残存的《水部式》共 29 个自然条,2600 余字,内容包括农田水利管理、碾硙设置、用水量的规定、运河船闸的管理、渔政管理以及城市水道管理。水利管理要求珍惜水资源,杜绝浪费,维护农田灌溉次序。"灌田自远始,先稻后陆""凡用水,自下始",农田灌溉先灌末端的农田,避免了上下游争水的矛盾,灌溉上要求先灌水田（稻田），再灌旱地。唐代京城有权势的人家纷纷在长安东郊设置水碾，加工米面谋利，为此规定，每年正月初一至八月三十日，碾硙水闸必须加锁封印，禁止使用，以保证农田灌溉用水，其余农闲时节，才可开碾。京都郑白渠专设官吏和丁夫守护，合理分配和利用水源，维护灌溉秩序。

　　从周代至唐代，各个王朝都十分重视生态环境保护，主要以法律为准绳，约束和规范人们的行为，使得人与自然和谐共处，保持自然界的生态平衡。这促进了经济的发展，改善了人居环境，并取得了国泰民安的效果。

参考文献

一、专著

1. 司马迁. 史记. 北京：中华书局,1982 年.
2. 班固. 汉书. 北京：中华书局,1982 年.
3. 陈奇猷. 吕氏春秋. 上海：学林出版社,1984 年.
4. 何清谷. 三辅黄图. 西安：三秦出版社,1995 年.
5. 葛洪等. 西京杂记. 西安：三秦出版社,2006 年.
6. 魏徵. 隋书. 北京：中华书局,1985 年.
7. 李林甫. 元和郡县图志. 北京：中华书局,1995 年.
8. 郑处诲. 明皇杂记. 西安：三秦出版社,1990 年.
9. 王仁裕. 开元天宝遗事. 北京：中华书局,1990 年.
10. 段成式. 酉阳杂俎. 北京：中华书局,1981 年.
11. 封演. 封氏闻见记. 北京：中华书局,2005 年.
12. 刘昫. 旧唐书. 北京：中华书局,1985 年.
13. 欧阳修等. 新唐书. 北京：中华书局,1985 年.
14. 宋敏求. 长安志. 西安：三秦出版社,2006 年.
15. 李好文. 长安图志. 西安：三秦出版社,2006 年.
16. 程大昌等. 雍录. 西安：三秦出版社,2006 年.
17. 司马光. 资治通鉴. 北京：中华书局,1985 年.
18. 骆天骧等. 类编长安志. 西安：三秦出版社,2006 年.
19. 董浩. 全唐文. 北京：中华书局,1983 年.
20. 彭定求等. 全唐诗. 北京：中华书局,1978 年.
21. 张骅. 西安历代名人史话. 西安：三秦出版社,1988 年.

22. 张骅. 豳风斋闲话. 香港：香港工商出版社,1992 年.

23. 汪家伦等. 中国农田水利史. 北京：农业出版社,1990 年.

24. 张骅. 水文化初探. 济南：黄河出版社,1995 年.

25. 王学理. 秦物质文化史. 西安：三秦出版社,1994 年.

26. 史念海. 中国古都和文化. 北京：中华书局,1998 年.

27. 张骅. 治水兴陕五十年. 西安：陕西人民出版社,1999 年.

28. 张骅. 陕西治水史话. 香港：香港天马图书有限公司,1999 年.

29. 张骅. 水事春秋. 香港：香港天马图书有限公司,2002 年.

30. 周魁一. 中国科学技术史·水利卷. 北京：科学出版社,2002 年.

31. 杨希义. 西安的军事与战争. 西安：西安出版社,2002 年.

32. 张骅. 大秦一统——秦郑国渠. 西安：三秦出版社,2003 年.

33. 张骅. 三秦史话——水利泰斗李仪祉. 西安：三秦出版社,2004 年.

34. 唐群. 青铜故事. 西安：三秦出版社,2005 年.

35. 饶胜文. 布局天下——中国古代军事地理大势. 北京：解放军出版社,2006 年.

36. 张骅. 秦国名相. 西安：三秦出版社,2007 年.

37. 张骅. 水事杂览. 北京：华夏出版社,2010 年.

38. 张骅. 西安建筑文化. 西安：陕西人民美术出版社,2012 年.

39. 唐群. 山水与城市—诞生秦岭渭水间都城. 西安：陕西人民出版社,2012 年.

40. 张骅. 西安生态文明启示录. 西安：西安出版社,2013 年.

41. 唐群. 秦都咸阳遗存文化研究. 西安：陕西人民出版社,2013 年.

42. 佘树声. 西安宗教文化. 西安：陕西人民美术出版社,2012 年.

43. 陈桥驿. 中国六大古都. 北京：中国青年出版社,1983 年.

44. 周云庵. 陕西园林史. 西安：三秦出版社,1997 年.

45. 樊耀亭. 终南山佛寺游访记. 西安：陕西人民出版社,2003 年.

46. 梁思成. 中国建筑史. 天津：百花文艺出版社,1998 年.

47. 张永禄. 唐代长安词典. 西安：陕西人民出版社,1990 年.

48. 郭琦. 陕西五千年. 西安：陕西师范大学出版社,1989 年.

49. 惠焕章等. 陕西名人墓. 西安:陕西旅游出版社,2000年.

二、论文

1. 黄盛璋. 历史上的渭河水运. 西北大学学报,1958,(2).

2. 马正林. 渭河水运和关中漕渠. 陕西师大学报,1983,(4).

3. 张骅. 秦汉时期关中几项水利工程. 文博,1985,(2).

4. 张骅. 古代典籍与古代水利. 文博,1996,(1).

5. 张骅. 唐代的农田水利. 文博,1999,(5).

6. 张骅. 汉武帝兴邦治水的思想与关中农田水利. 黄河史资料,2000,(3).

7. 张骅. 渭河流域古代文明初探. 陕西水利,2007,(6).

后　记

　　2013年春天，太白文艺出版社的党晓绒、陈昕、蔡晶晶同志来到我家，请我参加编写"渭河文化丛书"。时年我已七十五岁，宣布封笔，当年由我编写的《西安生态文明启示录》一书为封笔之作，我一再婉言谢绝。经她们再三请求，盛情难却，我于是答应编写丛书中的《渭河文明》一书。

　　我一人编写此书，只觉力不从心，先后物色了几位文史专家，他们也多年老力衰，不愿承担。最后，文史专家李毓秦推荐唐群同志参与编写。唐群为"陕西历史文化百部丛书"编写了《青铜文化》一书，我编了《秦郑国渠》《秦国名相》《水利泰斗李仪祉》三本书，因此结识了唐群，经我电话联系，她欣然应允，我喜出望外。

　　唐群女士，1964年生于成都，1981年考入陕西师范大学历史系，1985年在咸阳师范学院任教，1993年由助教破格提拔为副教授，2001年晋升为教授，年仅三十八岁，成为咸阳师范学院的优秀骨干教师。两次完成省教育厅专科项目，分别获得陕西历史学会、教育厅优秀成果一等奖，已出版《青铜文化》《秦都咸阳遗存文化研究》《山水与城市——诞生在秦岭渭水间的都城》等书籍八部，发表论文多篇，为校重点学科带头人、地方志研究所所长、陕西省知识界协会理事，是一位年轻有为的历史学者。

　　我承担该书"全国交通枢纽地""古代农业兴起地""中国宗教发源地""环境优美灵秀地"等章节的编写任务。唐群同志完成了"史前文明发祥地""盛世文明中心地""国际贸易中心地""科学技术繁荣地"等章节的编写任务。书稿完成后，出版社审稿提出了修改意见，唐群同志对全书进行了修改补充。在这里，我很感谢这位年轻有为的学者，与我合作，完成了使命。

在编写过程中,承蒙太白文艺出版社蔡晶晶同志多次进行资料查找工作,《西安晚报》资深记者、第六届韬奋新闻奖获得者郭兴文先生在百忙中撰写序言。对以上同志我深表感谢。

该书资料纷繁庞杂,而对文献的考证毕竟有限。我是学林业的,干的是水利行业,文史写作只是业余爱好,作为该书编者班门弄斧而已。所以书稿的不足之处在所难免,欢迎读者与专家批评指正。

张骅

2014 年 7 月